高职高专"十三五"规划教材

物流管理系列

现代物流管理

周斌 主编

化学工业出版社

·北京·

本书为高职高专物流专业教材。全书共分为三篇，包括现代物流管理概述、现代物流管理的形成和发展、物流层次管理、物流系统协调管理、物流立体化管理、物流信息管理、物流核心管理、物流优化管理和其他物流管理形式九章，每章分为学习目标、学习导图、导入案例、案例分析、同步测试和实训操作几个部分。本书根据高职高专学生的学习特点，采用项目引领、任务驱动、理实结合的方法，注重学生动手能力的培养，强调理论素养与实践技能的结合。

本书适用于高等职业院校和应用型本科的物流管理专业，也可供企业物流管理人员，尤其是物流企业的业务人员学习与参考，并可作为普及物流知识的培训班与研讨班的培训教材。

本书配套教学课件，可在我社教学资源网（http://www.cipedu.com.cn）上下载使用。

图书在版编目（CIP）数据

现代物流管理/周斌主编．—北京：化学工业出版社，2019.8
ISBN 978-7-122-34342-0

Ⅰ.①现⋯ Ⅱ.①周⋯ Ⅲ.①物流管理-高等职业教育-教材 Ⅳ.①F252.1

中国版本图书馆CIP数据核字（2019）第074075号

责任编辑：王　可　蔡洪伟　于　卉　　　　文字编辑：王　芳
责任校对：王素芹　　　　　　　　　　　　　装帧设计：张　辉

出版发行：化学工业出版社（北京市东城区青年湖南街13号　邮政编码100011）
印　　刷：三河市航远印刷有限公司
装　　订：三河市宇新装订厂
787mm×1092mm　1/16　印张13　字数312千字　2019年8月北京第1版第1次印刷

购书咨询：010-64518888　　售后服务：010-64518899
网　　址：http://www.cip.com.cn
凡购买本书，如有缺损质量问题，本社销售中心负责调换。

定　　价：38.00元　　　　　　　　　　　　　　　　　　　　　　　版权所有　违者必究

前　言

进入 21 世纪以来，随着经济全球化和科学技术的迅速发展，现代物流管理成为支撑国民经济发展的重要支柱之一，物流是"企业的第三利润源"已经成为企业的共识，社会物流总费用在 GDP 中所占的比重的高低，已经成为衡量物流管理水平的一个重要指标。

发展现代化物流，离不开"物流硬件"（如技术、信息、设施、设备等）和"物流软件"（如物流人才、物流规划、物流政策与法规等）的支撑，针对现代物流人才的教育和培养，需要根据学生的层次特点编制与之相适应的教材。本教材根据物流行业对物流人才的需求及物流企业管理工作岗位对技能的要求，针对高职高专层次物流人才的培养目标，结合高职高专学生的特点，对教材的内容进行了甄选。

本书在编写过程中针对高职高专学生的特点，以够用和适用为出发点，对要求学生掌握的物流管理知识点进行了梳理和归纳，不求繁多，力求精练。全书共分为三篇，共 9 个章节。其基本知识结构如下图所示：

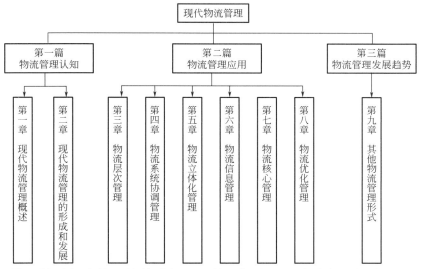

第一篇对物流管理的基础知识、基础概念和理论进行了概述，力求让

学习者对所要学习的知识结构心里有数，能够清晰了解基本知识点的组成，也方便读者能够快速查阅和掌握。

第二篇对现代物流的基本业务、现代企业物流、现代物流管理、现代物流技术和设备等现代物流管理应用的相关知识和技能点进行了编排，力求使读者能够尽可能通过该篇的内容基本了解和熟悉现代物流管理应用的基本职能、功能、流程、运营等。

第三篇对最新的物流发展形式、物流未来发展趋势做了介绍，此项目内容可以作为理解学习内容，让学生了解物流发展的前沿，激发学习的兴趣。对学习能力有余的学生，教师还可积极引导，培养学生自主探究学习的能力（随着社会经济发展而不断产生的新形态的细分物流，比如农村物流、社区物流、医药物流等，本书中未做介绍）。

在每个单元的项目内容编排上，根据高职高专学生的学习特点，采用项目引领、任务驱动、理实结合的方法，注重学生动手能力的培养，强调理论素养与实践技能的结合。在每个项目学习前设计了学习目标、学习导图、导入案例，可以让读者清晰了解要学习的知识内容和将要达到或要求掌握的目标要求，在每个项目的学习内容后，设计了学习案例分析、同步测试和实训操作项目，强调学习效果的巩固和技能目标的掌握，循序渐进，培养学生的思考分析能力和实践应用能力。

本教材由江苏农牧科技职业学院、河南农业职业学院、常州机电职业技术学院物流专业的教师联合编写。江苏农牧科技职业学院周斌老师担任教材主编，江苏农牧科技职业学院卞玲玲老师及河南农业职业学院孙阳老师担任副主编，常州机电职业技术学院朱洪春老师参与编写教材。

在编写过程中，我们参考借鉴了国内外部分有关物流和供应链管理方面的专著、教材和学术论文，在此对以上文献的作者表示诚挚的感谢！

由于编者水平有限，编写时间仓促，书中难免存在不足之处，敬请广大同仁专家、读者批评指正，并提出宝贵的意见。

编　者

2019 年 5 月

目 录

第一篇　物流管理认知

第一章　现代物流管理概述 —————————————————— 2

【学习目标】 …………………………………………………………… 2
【学习导图】 …………………………………………………………… 2
【导入案例】 …………………………………………………………… 2
第一节　物流与物流管理的基本概念 ……………………………… 3
　一、物流概述 ……………………………………………………… 3
　二、物流管理概述 ………………………………………………… 5
第二节　现代物流的构成要素与分类 ……………………………… 7
　一、物流的构成要素 ……………………………………………… 7
　二、物流的分类 …………………………………………………… 8
第三节　现代物流的内涵 …………………………………………… 10
　一、现代物流的定义 ……………………………………………… 10
　二、现代物流的特征 ……………………………………………… 10
　三、现代物流与传统物流的区别 ………………………………… 11
　四、物流的价值 …………………………………………………… 12
　五、物流的作用 …………………………………………………… 12
　六、现代物流的功能 ……………………………………………… 12
第四节　现代物流管理理念及内容 ………………………………… 14
　一、现代物流管理理念 …………………………………………… 14
　二、现代物流管理内容 …………………………………………… 16
【案例分析】 …………………………………………………………… 17
【同步测试】 …………………………………………………………… 18

【实训操作】……………………………………………………………… 19

第二章　现代物流管理的形成和发展————————————————20

　　【学习目标】……………………………………………………………… 20
　　【学习导图】……………………………………………………………… 20
　　【导入案例】……………………………………………………………… 21
　　第一节　现代物流的理论学说 ………………………………………… 21
　　　　一、物流管理的主要理论学说 …………………………………… 22
　　　　二、其他物流理论学说 …………………………………………… 23
　　第二节　国内外物流发展概况 ………………………………………… 24
　　　　一、国外物流发展概况 …………………………………………… 24
　　　　二、发达国家物流管理发展的特点 ……………………………… 25
　　　　三、我国物流发展概况 …………………………………………… 27
　　第三节　现代物流业发展趋势 ………………………………………… 29
　　　　一、现代物流发展趋势 …………………………………………… 29
　　　　二、现代物流企业的运营模式及其特点 ………………………… 30
　　【案例分析】……………………………………………………………… 33
　　【同步测试】……………………………………………………………… 35
　　【实训操作】……………………………………………………………… 36

第二篇　物流管理应用

第三章　物流层次管理————————————————————————38

　　【学习目标】……………………………………………………………… 38
　　【学习导图】……………………………………………………………… 38
　　【导入案例】……………………………………………………………… 39
　　第一节　物流战略管理 ………………………………………………… 41
　　　　一、物流战略管理概述 …………………………………………… 41
　　　　二、物流战略环境分析 …………………………………………… 44

　　　　三、物流战略管理的制定 …………………………………… 49
　　　　四、物流战略的实施与控制 …………………………………… 52
　　第二节　物流运营管理 ………………………………………… 57
　　　　一、物流运营管理的概念 ……………………………………… 57
　　　　二、物流运营管理的内容 ……………………………………… 57
　　　　三、物流运营管理的主体 ……………………………………… 58
　　第三节　物流作业管理 ………………………………………… 61
　　　　一、物流作业管理概念 ………………………………………… 61
　　　　二、物流作业管理必要性 ……………………………………… 61
　　　　三、物流作业管理的优化措施 ………………………………… 66
　　　　四、企业物流作业管理目标 …………………………………… 67
　【案例分析】……………………………………………………… 68
　【同步测试】……………………………………………………… 70
　【实训操作】……………………………………………………… 71

第四章　物流系统协调管理———73

　【学习目标】……………………………………………………… 73
　【学习导图】……………………………………………………… 73
　【导入案例】……………………………………………………… 73
　　第一节　物流系统管理 ………………………………………… 74
　　　　一、认知物流系统 ……………………………………………… 74
　　　　二、物流系统的构成 …………………………………………… 78
　　　　三、物流系统分析 ……………………………………………… 80
　　第二节　物流规划 ……………………………………………… 81
　　　　一、物流规划概述 ……………………………………………… 81
　　　　二、物流规划的基本过程 ……………………………………… 83
　【案例分析】……………………………………………………… 86
　【同步测试】……………………………………………………… 88
　【实训操作】……………………………………………………… 89

第五章　物流立体化管理 —————————————— 90

【学习目标】……………………………………………………… 90
【学习导图】……………………………………………………… 90
【导入案例】……………………………………………………… 91
　第一节　企业物流管理 …………………………………………… 91
　　　一、企业物流概述 …………………………………………… 91
　　　二、企业物流的分类 ………………………………………… 93
　　　三、企业物流的增值作用 …………………………………… 98
　第二节　第三方与第四方物流管理 …………………………… 99
　　　一、第三方物流概述 ………………………………………… 99
　　　二、第三方物流的利益来源和价值创造 ………………… 101
　　　三、第三方物流的评价与选择 …………………………… 103
　　　四、第四方物流概述 ……………………………………… 104
　第三节　国际物流管理 ………………………………………… 106
　　　一、国际物流的概念 ……………………………………… 106
　　　二、国际物流的分类 ……………………………………… 106
　　　三、国际物流的特点 ……………………………………… 107
　　　四、国际物流的通关 ……………………………………… 107
【案例分析】…………………………………………………… 109
【同步测试】…………………………………………………… 110
【实训操作】…………………………………………………… 111

第六章　物流信息管理 —————————————— 113

【学习目标】…………………………………………………… 113
【学习导图】…………………………………………………… 113
【导入案例】…………………………………………………… 114
　第一节　物流信息管理认知 …………………………………… 114
　　　一、物流信息的概念及特征 ……………………………… 114
　　　二、物流信息对于物流信息系统的作用 ………………… 115

三、物流信息的分类 …………………………………………… 116
四、物流信息管理的内容 ……………………………………… 117
五、物流信息管理的发展历程 ………………………………… 117
第二节 物流信息系统 ……………………………………………… 118
一、物流信息系统的概念及特点 ……………………………… 118
二、物流信息系统的组成 ……………………………………… 119
三、物流信息系统的层次 ……………………………………… 120
四、物流信息系统的功能 ……………………………………… 120
第三节 物流信息技术 ……………………………………………… 121
一、条形码技术 ………………………………………………… 121
二、射频识别（RFID）技术 …………………………………… 125
三、全球定位系统（GPS） ……………………………………… 127
四、地理信息系统（GIS） ……………………………………… 130
五、电子数据交换（EDI）技术 ………………………………… 132
第四节 物联网技术与物流信息化 ………………………………… 135
一、物联网与物联网技术 ……………………………………… 135
二、物流信息化 ………………………………………………… 137
三、实现物流信息化的主要技术条件 ………………………… 137
【案例分析】 …………………………………………………………… 138
【同步测试】 …………………………………………………………… 139
【实训操作】 …………………………………………………………… 140

第七章 物流核心管理 —————————— 141

【学习目标】 …………………………………………………………… 141
【学习导图】 …………………………………………………………… 141
【导入案例】 …………………………………………………………… 141
第一节 物流服务管理 ……………………………………………… 142
一、物流服务概述 ……………………………………………… 142
二、物流服务内容与客户满意度 ……………………………… 144

三、物流服务水平影响因素及提升途径 …………………… 146
　第二节　物流成本管理 ………………………………………… 148
　　　一、物流成本及物流成本管理认知 …………………………… 148
　　　二、物流成本的构成及分类 …………………………………… 149
　　　三、物流成本计算 ……………………………………………… 150
　　　四、物流成本控制 ……………………………………………… 152
　【案例分析】……………………………………………………… 154
　【同步测试】……………………………………………………… 155
　【实训操作】……………………………………………………… 156

第八章　物流优化管理————————————— 158

　【学习目标】……………………………………………………… 158
　【学习导图】……………………………………………………… 158
　【导入案例】……………………………………………………… 158
　第一节　物流标准化管理 ……………………………………… 159
　　　一、物流标准化的概念 ………………………………………… 159
　　　二、物流标准化的特点 ………………………………………… 160
　　　三、物流标准化的形式 ………………………………………… 161
　　　四、物流标准化的分类 ………………………………………… 161
　　　五、物流标准化的重要性 ……………………………………… 163
　　　六、物流标准化的方法 ………………………………………… 164
　第二节　物流供应链管理 ……………………………………… 166
　　　一、供应链概述 ………………………………………………… 166
　　　二、供应链管理概述 …………………………………………… 167
　　　三、供应链管理与物流管理的关系 …………………………… 169
　　　四、电子商务下的集成供应链管理 …………………………… 170
　【案例分析】……………………………………………………… 171
　【同步测试】……………………………………………………… 171
　【实训操作】……………………………………………………… 172

第三篇　物流管理发展趋势

第九章　其他物流管理形式 —— 176

【学习目标】……………………………………………… 176
【学习导图】……………………………………………… 176
【导入案例】……………………………………………… 176

第一节　绿色物流 …………………………………… 177
一、绿色物流概念 …………………………………… 177
二、绿色物流管理的内容 …………………………… 178
三、绿色物流创造的价值 …………………………… 180
四、实现绿色物流的意义 …………………………… 180
五、推行绿色物流主要措施 ………………………… 181

第二节　电子商务物流 ……………………………… 182
一、电子商务物流的概念 …………………………… 182
二、电子商务物流的特点 …………………………… 182
三、电子商务物流的过程 …………………………… 183
四、电子商务物流的模式 …………………………… 183

第三节　精益物流 …………………………………… 185
一、精益物流的概念 ………………………………… 186
二、精益物流的内涵 ………………………………… 187
三、精益物流管理的实施 …………………………… 189

【案例分析】……………………………………………… 191
【同步测试】……………………………………………… 192
【实训操作】……………………………………………… 193

参考文献 —— 194

第一篇 物流管理认知

第一章
现代物流管理概述

【学习目标】

知识目标	技能目标
（1）了解物流定义及演变的过程； （2）了解物流及物流管理的基本理论； （3）熟悉现代物流的功能、分类、特征及内容； （4）理解现代物流与传统物流的区别	（1）掌握现代物流的概念和内涵； （2）掌握物流的功能及各功能在物流过程中的合理化； （3）掌握物流各种常用名词的内涵； （4）掌握物流学习方法

【学习导图】

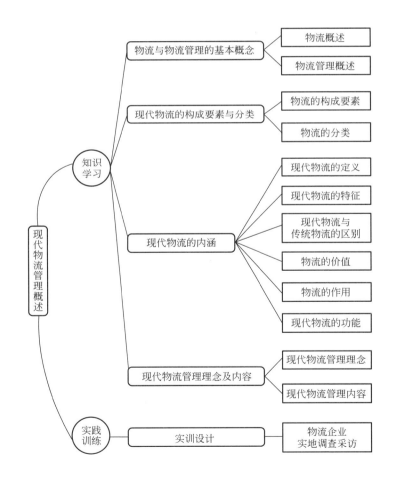

【导入案例】

何谓物流？从一瓶洗发水说起

从超市的货架上随手取下一瓶洗发水，你能想到这瓶洗发水从走下流水线那一刻起，到你拿到手中为止,中间究竟被多少辆卡车运转到多少个物流配送中心?历经多少个批发商以及多少人的手才被送上货架?它要经过多少道工序才变成你看到的样子?更重要的是,需要怎样做才能够更经济地将这瓶洗发水送到零售店里去?这就是物流!在这每一道工序或环节中起到衔接、转运和增值作用的就是我们说的物流。

物流现象与人们的日常生活息息相关,在一年的52周、一周的7天和一天的24小时中,物流始终存在。例如,家中的纯净水用完了,电话预约后,配送工会按时送来;身在异地的大学生在父母生日时,可以通过快递公司送去一束鲜花;工厂里,半成品工件由上道工序传到下道工序、由一个车间传到另一个车间,搬运小车在车间里穿来穿去;仓库里叉车忙着把货物从汽车上卸下来,又堆放到仓库的货架上,由售货员向顾客推销货物,并按要求包装好,交到顾客手中。诸如此类人们习以为常的现象都是物流现象。可以说没有物流的支持,生产和销售的具体实践只能是天方夜谭。

 问题

什么是物流?你认为生活中还有哪些活动属于物流范畴?

第一节 物流与物流管理的基本概念

一、物流概述

(一)物流的来源

物流(现代物流英文:modern logistics,传统物流英文:physical distribution)

物流的概念主要通过两条途径从国外传入我国:一条途径是在20世纪80年代初随"市场营销"理论的引入而从欧美引入,因为在欧美的所有市场营销教科书中,都毫无例外地要介绍"physical distribution",这两个单词直译为中文即为"实体分配"或"分销物流",所谓"实体配送"指的就是商品实体从供给者向需求者的物理性移动。另一条途径是"physical distribution"从欧美传入日本,日本人将其译为日文"物流",20世纪80年代初,我国从日本直接引入"物流"这一概念。

物流的定义出处很多,一般认为,物流活动是从配送与后勤管理中演变形成的。如图1-1所示。

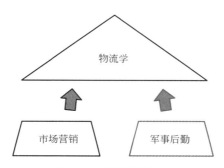

图1-1 物流学的起源

（二）物流定义

物流的定义有多个版本，并随着市场的变化而不断变化。这里主要介绍4种典型的物流定义。

（1）我国的物流定义：中华人民共和国国家标准《物流术语》中将物流定义为"物品从供应地向接收地的实体流动过程。根据实际需要，将运输、储存、搬运、包装、流通加工、配送、信息处理等基本功能实施有机结合。"

（2）日本的物流定义：日本通商产业省运输综合研究所《物流手册》中认为："物流是将货物由供应者向需求者的物理移动，它由一系列创造时间价值和空间价值的经济活动组成，包括运输、保管、配送、包装、装卸、流通加工及物流信息处理等多项基本活动。"

（3）美国的物流定义：美国物流协会认为，"物流是为了满足顾客的需要所发生的从生产地到销售地的物质、服务以及信息的流动过程，以及为使保管能有效、低成本进行而从事的计划实施和控制行为。"物流管理是供应链管理的一部分，它对来源地与消费地之间的货物、服务及相关信息正向和反向有效率、有效益的流动与储存，进行计划、执行与控制，以满足顾客要求。

（4）联合国的物流定义：联合国物流委员会1999年对物流做了新的界定，它指出，"物流"是为了满足消费者需要而进行的从起点到终点的原材料、中间过程库存、最终产品和相关信息有效流动和储存计划、实现和控制管理的过程。

（三）物流关键概念的理解

从整个物流的过程来说，物流是由"物"和"流"两个基本要素组成的。

1. 物的概念

物流中"物"的概念是指一切可以进行物理性位置移动的物质资料。泛指一切物质，有物资、物体、物品的含义。物流中所指"物"的一个重要特点，是其必须可以发生物理性位移，而这一位移的参照系是地球。因此，固定了的设施等不是物流要研究的对象。

2. 流的概念

物流中之"流"，指一切运动状态，即物理性运动。有移动、运动、流动的含义。

3. 物流的概念

物流是指物质资料从供给者到需求者的物理性运动，是主要创造时间价值和空间价值有时也创造一定加工价值的活动。

（四）商流、物流、信息流、资金流的关系

在流通活动的全部过程中通常伴随着的四个流（即商流、物流、信息流、资金流）产生和交替过程，它们的关系如图1-2所示。

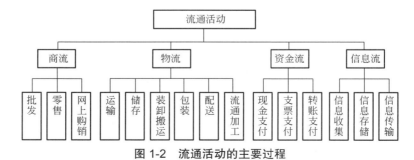

图1-2 流通活动的主要过程

在以上流通过程中，商流是动机和目的，资金流是条件，信息流是手段，物流是过程。"四流"之间有时是互为因果关系。

商流是物流、资金流和信息流的起点，也可以说是后"三流"的前提，一般情况下，没有商流就不太可能发生物流、资金流和信息流。反过来，没有物流、资金流和信息流的匹配和支撑，商流也不可能达到目的。没有及时的信息流，就没有顺畅的商流、物流和资金流。没有资金的支付，商流不成立，物流也不会发生。

二、物流管理概述

（一）物流管理的定义

物流管理（logistics management）是指在社会再生产过程中，根据物质资料实体流动的规律，应用管理的基本原理和科学方法，对物流活动进行计划组织、指挥、协调、控制和监督，使各项物流活动实现最佳的协调与配合，以降低物流成本，提高物流效率和经济效益。现代物流管理是建立在系统论、信息论和控制论的基础上的。

（二）物流管理主要特点

（1）以实现客户满意为第一目标；
（2）以企业整体最优为目的；
（3）以信息为中心；
（4）重效率更重效果。

（三）实施物流管理的目标

良好的物流管理可以提高企业竞争力，可以挖掘企业潜力，降低总的经营成本；同时也可以提高客户满意程度，扩大销售，提高市场占有率，最终都将给企业带来利润的增加，成为企业重要的竞争优势。物流管理最基本的目标就是以最低的成本向用户提供满意的物流服务。物流管理的具体目标包括：快速反应、最小变异、最低库存、整合运输、产品质量以及生命周期支持等。

1. 快速反应

快速反应关系到企业能否及时满足客户的服务需求的能力。信息技术的提高为企业创造了在最短的时间内完成物流作业并尽快交付的条件。快速反应的能力把物流作业的重点从预测转移到以装运和装运方式对客户的需求做出迅速反应上来。

2. 最小变异

最小变异就是尽可能控制任何会破坏物流系统表现的、意想不到的事件。这些事件包括客户收到订货的时间被延迟、制造中发生意想不到的损坏、货物交付到不正确的地点等。传统解决问题的方法是建立安全储备库存或使用高成本的溢价运输。在充分发挥信息作用的前提下，采取积极的物流控制手段可以把这些风险减少到最低限度，作为经济上的结果可以提高物流的生产率。

3. 最低库存

保持最低库存的目的是把库存减少到与顾客服务目标相一致的最低水平，以实现最低的物流总成本。"零库存"是企业物流的理想目标，物流设计必须把资金占用和库存周转速度当成重点来控制和管理。

4. 整合运输

最重要的物流成本之一是运输。一般来说，运输规模越大及需要运输的距离越长，每单位的运输成本越低。这就需要有创新的规划，把小批量的装运聚集成集中的、较大批量的整合运输。

5. 产品质量

由于物流作业必须在任何时间、跨越广阔的地域来进行，对产品质量的要求被强化，因为绝大多数物流作业是在监督者的视野之外进行的。由于不正确的装运或运输中的损坏导致重做客户订货所花费的费用，远比第一次就正确地履行所花费的费用多。因此，物流是发展和维持全面质量管理不断改善的主要组成部分。

6. 生命周期支持

某些对产品生命周期有严格需求的行业，回收已流向客户的超值存货将构成物流作业成本的重要部分。如果不仔细审视逆向的物流需求，就无法制定良好的物流策略。

（四）物流管理的原则

（1）在总体上，坚持物流合理化的原则，就是在兼顾成本与服务的前提下，对物流系统的构成要素进行调整改进，实现物流系统整体优化。

（2）在宏观上，除了完善支撑要素建设外，还需要政府以及有关专业组织的规划和指导。

（3）在微观上，除了实现供应链的整体最优管理目标外，还要实现服务的专业化和增值化。现代物流管理的永恒主题是成本和服务，即在努力削减物流成本的基础上，努力提升物流增值性服务。

（4）在服务上，具体表现为7R原则，即适合的质量（right quality）、适合的数量（right quantity）、适合的时间（right time）、适合的地点（right place）、优良的印象（right impression）、适当的价格（right price）和适合的商品（right commodity）。即为客户提供上述7个方面的恰当服务。

（五）物流管理发展的三个阶段

物流管理按管理进行的顺序可以划分为三个阶段，即计划阶段、实施阶段和评价阶段。

1. 物流计划阶段的管理

计划是作为行动基础的某些事先的考虑。物流计划是为了实现物流预想达到的目标所做的准备性工作。物流计划首先要确定物料所要达到的目标，以及为实现这个目标进行的各项工作的先后顺序。其次，要分析研究在物流目标实现的过程中可能发生的任何外界影响，尤其是不利因素，并确定对这些不利因素的对策。最后，做出贯彻和指导实现物流目标的人力、物力、财力的具体措施。

2. 物流实施阶段的管理

物流的实施阶段管理就是对正在进行的各项物流活动进行管理。它在物流各阶段的管理中具有最突出的地位。这是因为在这个阶段中各项计划将通过具体的执行而受到检验。同时，它也把物流管理与物流各项具体活动进行紧密地结合。

（1）对物流活动的组织和指挥。物流的组织是在物流活动中把各个相互关联的环节合理地结合起来，而形成一个有机的整体，以便充分发挥物流中的每个部门、每个物流工作者的作用。物流的指挥是指在物流过程中对各个物流环节、部门、机构进行的统一调度。

（2）对物流活动的监督和检查。通过监督和检查可以了解物流的实施情况，揭露物流活动中的矛盾，找出存在的问题，分析问题发生的原因，提出克服的方法。

（3）对物流活动环节的调节。在执行物流计划的过程中，物流的各部门、各环节总会出现不平衡的情况。遇到上述问题，就需要根据物料的影响因素，对物流各部门、各个环节的能力做出新的综合平衡，重新布置实现物流目标的力量。这就是对物流活动的调节。

3. 物流评价阶段的管理

在一定时期内，人们对物流实施后的结果与原计划的物流目标进行对照、分析，这便是物流的评价。通过对物流活动的全面剖析，人们可以确定物流计划的科学性、合理性如何，确认物流实施阶段的成果与不足，从而为今后制定新的计划、组织新的物流提供宝贵的经验和资料。

第二节 现代物流的构成要素与分类

一、物流的构成要素

（一）物流活动诸要素

物流活动的构成要素除了实现物质、商品空间移动的运送以及时间移动的库存这两个中心要素外，还有为使物流顺利进行而开展的流通加工、包装、装卸、信息等要素。具体讲，物流活动由物资包装、运输、储存、流通加工、配送、物流情报等项工作构成，如表1-1所示。

表1-1 物流活动诸要素

活动要素	说明
运输	运输方式及服务方式的选择；运输路线的选择；车辆调度与组织
储存	原料、半成品、成品的储存策略；储存统计、库存控制、养护等
装卸搬运	装卸搬运系统的设计；设备规划与配置和作业组织等
包装	包装容器和包装材料的选择与设计；包装技术和方法的改进；包装系列化、标准化、自动化等
流通加工	加工场所的选定；加工机械的配置；加工技术与方法的研究与改进；加工作业流程的制定与优化
配送	配送中心选址及优化布局；配送机械的合理配置与调度；配送作业流程的制定与优化
物流信息	对反映物流活动内容的信息、物流要求的信息、物流作用的信息和物流特点的信息所进行的搜集、加工、处理、存储和传输等

（二）物流系统诸要素

物流系统本身是一个非常复杂的系统，物流系统诸要素包括基本要素和支持要素。物流基本要素由劳动者、资金和物三方面构成；物流支持要素由物流信息和信息技术、标准化、物流平台、物流运作企业以及组织与管理五个方面组成，如表1-2所示。

表 1-2　物流系统诸要素

活动要素	说明
劳动者（人）	人是物流系统的主体因素，是物流得以顺利进行和提高物流水平的关键因素
资金（财）	资金是物流活动中不可缺少的物质基础，物流服务本身也是以货币为媒介的，同时物流系统的建设和完善也是以资金作保证的
物	物是指开展物流业务活动所需要消耗的物化劳动如原材料、能源等物资条件以及所使用的劳动手段及工具如设施、设备、器具等
信息和信息技术	掌握和传递物流信息的手段，将系统联结起来
标准化	保证物流环节协调运行，保证物流系统与其他系统在技术上实现联结
物流平台	包括物流设施平台、物流信息平台、物流装备平台
物流运作企业	整个物流系统运动的主体
组织与管理	它是物流网络的"软件"，起着联系协调、组织指挥各要素的作用，以保障物流系统目标的实现

二、物流的分类

社会经济领域中物流活动无处不在，许多有本身特点的领域都有有自己特征的物流活动。对物流的分类目前在分类标准方面并没有统一的看法，根据物流在社会再生产中的作用不同、物流服务对象不同、物流活动范围不同、物流研究对象的着眼点不同采取了对应的划分方法，见表 1-3。

表 1-3　物流的分类

划分标准	种类
物流在社会再生产中的作用	宏观物流、微观物流
物流服务对象	社会物流、行业物流、企业物流
物流活动范围	国际物流、区域物流
物流研究对象的着眼点	一般物流、特殊物流

（一）依据物流在社会再生产中的作用划分

1. 宏观物流

宏观物流是指社会再生产总体的物流活动。这种物流活动的参与者是构成社会总体的大产业、大集团，宏观物流也就是研究社会再生产总体物流，研究产业或集团的物流活动和物流行为。宏观物流还可以从空间范畴来理解，在很大空间范畴的物流活动往往带有宏观性，在很小空间范畴的物流活动则往往带有微观性。宏观物流也指物流全体，从总体看物流而不是从物流的某一个构成环节来看物流。

因此，在我们常提出的物流活动中，下述若干物流应属于宏观物流，即：社会物流、国民经济物流、国际物流。宏观物流研究的主要特点是综观性和全局性。宏观物流主要研究内容是物流总体构成，物流与社会的关系和在社会中的地位，物流与经济发展的关系，社会物流系统和国际物流系统的建立和运作等。

2. 微观物流

消费者、生产者企业所从事的实际的、具体的物流活动属于微观物流。在整个物流活动中，其中的一个局部、一个环节的具体物流活动也属于微观物流。在一个小地域空间发生的具体的物流活动也属于微观物流。针对某一种具体产品所进行的物流活动也是微观物流。我们经常涉及的下述物流活动皆属于微观物流，即：企业物流、生产物流、供应物流、销售物流、回收物流、废弃物物流、生活物流等，微观物流研究的特点是具体性和局部性。由此可见，微观物流是更贴近具体企业的物流，其研究领域十分广阔。

（二）依据物流服务对象的范围划分

1. 社会物流

社会物流指超越一家一户的以一个社会为范畴面，以面向社会为目的的物流。这种社会性很强的物流往往是由专门的物流承担人承担的。社会物流的范畴是社会经济的大领域。社会物流研究再生产过程中随之发生的物流活动，研究国民经济中物流活动，研究如何形成服务于社会、面向社会又在社会环境中运行的物流，研究社会中物流体系结构和运行，因此带有宏观和广泛性。

2. 企业物流

企业物流是指企业内部的物品实体流动。它从企业角度上研究与之有关的物流活动，是具体的、微观的物流活动的典型领域。

（三）依据物流活动的范围划分

1. 国际物流

国际物流是现代物流系统发展很快、规模很大的一个物流领域，国际物流是伴随和支撑国际间经济交往、贸易活动和其他国际交流所发生的物流活动。由于近十几年国际间贸易的急剧扩大，国际分工日益深化，东西方之间冷战的结束，以及诸如欧洲等地一体化速度的加快，国际物流也成了现代物流研究的热点问题。

2. 区域物流

相对于国际物流而言，一个国家范围内的物流，一个城市的物流，一个经济区域的物流都处于同一法律、规章、制度之下，都受相同文化及社会因素影响，都处于基本相同的科技水平和装备水平之中，因而都有其独特的特点，都有其区域的特点。

（四）依据物流研究对象的着眼点划分

1. 一般物流

一般物流指物流活动的共同点和一般性。物流活动的一个重要特点，是涉及全社会、各企业。因此，物流系统的建立，物流活动的开展必须有普遍的适用性。物流系统的基础点也在于此，否则，物流活动便有很大的局限性、很小的适应性，物流活动对国民经济和社会的作用便大大受限了。

一般物流研究的着眼点在于物流的一般规律，建立普遍适用的物流标准化系统，研究物流的共同功能要素，研究物流与其他系统的结合、衔接，研究物流信息系统及管理体制，等等。

2. 特殊物流

专门范围、专门领域、特殊行业，在遵循一般物流规律基础上，带有特殊制约因素、特殊应用领域、特殊管理方式、特殊劳动对象、特殊机械装备特点的物流，皆属于特殊物流范围。特殊物流活动的产生是社会分工深化、物流活动合理化和精细化的产物，在保持通用的、一般的物流活动前提下，能够有特点并能形成规模，能产生规模经济效益的物流便会形成本身独特的物流活动和物流方式。特殊物流的研究对推动现代物流的发展作用是巨大的。

特殊物流可进一步细化划分如下：

（1）按劳动对象的特殊性，有水泥物流、石油及油品物流、煤炭物流、腐蚀化学物品物流、危险品物流等；

（2）按数量及形体不同有多品种、少批量、多批次产品物流，超大、超长型物物流等；

（3）按服务方式及服务水平不同有"门到门"的一贯物流、配送等；

（4）按装备及技术不同有集装箱物流、托盘物流等；

（5）对于特殊的领域有军事物流、废弃物物流等；

（6）按组织方式有加工物流等。

第三节　现代物流的内涵

一、现代物流的定义

现代物流指的是将信息、运输、仓储、库存、装卸搬运以及包装等物流活动综合起来的一种新型的集成式管理，其任务是尽可能降低物流的总成本，为顾客提供最好的服务。

二、现代物流的特征

根据国外物流发展情况，将现代物流的主要特征归纳为以下几个方面。

1. 物流反应快速化

物流服务提供者对上游、下游的物流配送需求的反应速度越来越快，前置时间越来越短，配送间隔越来越短，物流配送速度越来越快，商品周转次数越来越多。

2. 物流功能集成化

现代物流着重于将物流与供应链的其他环节进行集成，包括：物流渠道与商流渠道的集成、物流渠道之间的集成、物流功能的集成、物流环节与制造环节的集成等。

3. 物流服务系列化

现代物流强调物流服务功能的恰当定位与完善化、系列化。除了传统的储存、运输、包装、流通加工等服务外，现代物流服务在外延上向上扩展至市场调查与预测、采购及订单处理，向下延伸至配送、物流咨询、物流方案的选择与规划、库存控制策略建议、货款回收与结算、教育培训等增值服务；在内涵上则提高了以上服务对决策的支持作用。

4. 物流作业规范化

现代物流强调功能、作业流程、作业动作的标准化与程式化，使复杂的作业变成简单的、易于推广与考核的动作。

5. 物流目标系统化

现代物流从系统的角度统筹规划一个公司整体的各种物流活动，处理好物流活动与商流活动及公司目标之间、物流活动与物流活动之间的关系，不求单个活动的最优化，但求整体活动的最优化。

6. 物流手段现代化

现代物流使用先进的技术、设备与管理为销售提供服务，生产、流通、销售规模越大、范围越广，物流技术、设备及管理越现代化。计算机技术、通信技术、机电一体化技术、语音识别技术等得到普遍应用。世界上最先进的物流系统运用了全球卫星定位系统（GPS）、卫星通信、射频识别装置（RF）、机器人，实现了自动化、机械化、无纸化和智能化，如 20 世纪 90 年代中期，美国国防部（DOD）为在前南斯拉夫地区执行维和行动的多国部队提供的军事物流后勤系统就采用了这些技术，其技术之复杂与精湛称世界之最。

7. 物流组织网络化

为了保证对产品促销提供快速、全方位的物流支持，现代物流需要有完善、健全的物流网络体系，网络上点与点之间的物流活动保持系统性、一致性，这样可以保证整个物流网络有最优的库存总水平及库存分布，运输与配送快速、机动，既能铺开又能收拢。分散的物流单体只有形成网络才能满足现代生产与流通的需要。

8. 物流经营市场化

现代物流的具体经营采用市场机制，无论是企业自己组织物流，还是委托社会化物流企业承担物流任务，都以"服务—成本"的最佳配合为总目标，谁能提供最佳的"服务—成本"组合，就找谁服务。国际上既有大量自办物流相当出色的"大而全""小而全"的例子，也有大量利用第三方物流企业提供物流服务的例子，比较而言，物流的社会化、专业化已经占到主流，即使是非社会化、非专业化的物流组织也都实行严格的经济核算。

9. 物流信息电子化

由于计算机信息技术的应用，现代物流过程的可见性（visibility）明显增加，物流过程中库存积压、延期交货、送货不及时、库存与运输不可控等风险大大降低，从而可以加强供应商、物流商、批发商、零售商在组织物流过程中的协调和配合以及对物流过程的控制。

三、现代物流与传统物流的区别

传统物流一般指产品出厂后的包装、运输、装卸、仓储，而现代物流提出了物流系统化或叫综合物流、综合物流管理的概念，并付诸实施。具体地说，就是使物流向两头延伸并加入新的内涵，使社会物流与企业物流有机结合在一起，从采购物流开始，经过生产物流，再进入销售物流，与此同时，要经过包装、运输、仓储、装卸、加工配送到达用户（消费者）手中，最后还有回收物流。可以这样讲，现代物流包含了产品从"生"到"死"的整个物理性的流通全过程。

现代物流与传统物流的区别如表 1-4 所示。

表 1-4 现代物流与传统物流的区别

现代物流	传统物流
提供增值服务	提供简单的位移
主动服务	被动服务
实施信息管理	实行人工控制
实施标准化服务	无统一服务标准
构建全球服务网络	侧重点到点或线到线服务
整体系统优化	单一环节的管理

四、物流的价值

物流并不是"物"和"流"的简单组合,而是经济、政治、社会和实物运动的统一。

1. 物流创造的时间价值

"物"从供给者到需求者之间有一段时间差,因此改变这一时间差创造的价值,称作"时间价值"。时间价值通过物流获得的形式有以下几种:缩短时间创造价值;弥补时间差创造价值;延长时间差创造价值。

2. 物流创造的场所价值

"物"从供给者到需求者之间有一段空间差,供给者和需求者之间往往处于不同的场所,因此改变这一场所的差别创造的价值称作"场所价值"。场所价值有以下几种具体形式:从集中生产场所流入分散需求场所创造的价值;从分散生产场所流入集中需求场所创造的价值;从甲地生产场所流入乙地需求场所创造的价值。

3. 物流创造加工附加值

现代物流的一个重要特点是根据自己的优势从事一定的补充性的加工活动,这种加工活动不是创造商品主要实体并形成商品,而是带有完善、补充、增加性质的加工活动。

五、物流的作用

关于物流的作用,概要地说,包括服务商流、保障生产和方便生活三个方面。

1. 物流服务商流

在商流活动中,商品所有权在购销合同签署的那一刻,便由供方转移到需方,而商品实体并没有因此而移动。除了非实物交割的期货交易,一般的商流都必须伴随相应的物流过程,即按照需方(购方)的需要将商品实体由供方(卖方)以适当方式、途径向需方转移。在这整个流通过程中,物流实际上是以商流的后继者和服务者的姿态出现的。没有物流的作用,一般情况下,商流活动都会退化为一纸空文。电子商务的发展需要物流的支持,就是这个道理。

2. 物流保障生产

从原材料的采购开始,便要求有相应的物流活动将所采购的原材料运输到位,否则,整个生产过程便成了无米之炊。在生产的各工艺流程之间,也需要原材料、半成品的物流过程,实现生产的流动性。就整个生产过程而言,实际上就是系列化的物流活动。合理化的物流,通过降低运输费用而降低成本,通过优化库存结构而减少资金占压,通过强化管理进而提高效率等方面的作用,有效促进整个社会经济水平的提高。

3. 物流方便生活

实际上,生活的每一个环节都有物流的存在。通过国际间的运输,可以让世界名牌出现在不同肤色的人身上;通过先进的储藏技术,可以让新鲜的果蔬在任何季节亮相;搬家公司周到的服务,可以让人们轻松地乔迁新居;多种形式的行李托运业务,可以让人们在旅途中享受舒适的情趣。

六、现代物流的功能

(一)物流的基本功能

从现代物流的角度看,物流的基本功能应包括运输、储存、装卸搬运、包装、流通加工、配送和物流信息 7 项。其具体功能应该包括以下内容。

（1）运输：主要包括运输方式、运输路线和车辆调度的组织。

（2）储存：主要包括原料、产品的库存控制管理和保管。

（3）装卸搬运：主要包括装卸搬运系统的设计、组织。

（4）包装：主要包括包装容器、包装材料、包装技术、包装标准化和系列化等。

（5）流通加工：主要包括加工方法与技术的研究、加工场所的布局、加工流程的制定与优化。

（6）配送：主要包括配送作业流程的制定与优化、配送的合理配置与调度、配送中心的优化布局等。

（7）信息：主要包括对反映物流活动内容的信息和物流要求的信息，以及物流作用的信息和反应物流特点的信息进行收集、处理、储存和传输，为物流活动服务。

（二）物流的增值功能

1. 物流增值服务的含义

物流增值服务，是指能够满足客户的特定需要，增加用户价值并围绕物流服务进行的创新性服务。这里包含以下 4 层含义。

（1）满足用户的特殊需求。

（2）增加用户价值。

（3）围绕物流基本服务而开展的服务。

（4）增值服务是一种创新性服务。

2. 物流增值服务的特点

（1）相对性。物流增值服务无论是从服务的深度还是广度上讲，都是相对于物流的基本服务功能而言的，是物流的 7 项基本服务功能的合理延伸。

（2）从属性。物流增值服务与物流基本服务有主从关系，基本功能是物流服务的核心业务，而增值服务则是围绕基本服务向外延伸的服务。如果这种增值服务游离于基本服务功能范围之外，那么它只能算是一种多元化经营的服务项目。

（3）增值性。从增值服务的含义可知，物流增值服务必须增加价值，理应比物流基本功能创造更多的价值。从利润的角度分析，物流增值服务的利润率确实高于基本服务的利润率。

（4）创新性。创新性是物流增值服务的基本特性，正是这种创新服务，才大大提升了物流企业服务的竞争力。

3. 物流增值服务的内容

物流服务一般包括以下内容。

（1）提供便利的服务。物流效率要求物流服务要简单方便，在提供服务时，推行诸如门到门的一条龙服务。免费培训、维护、省力化设计、安装、全天候服务、自动订货、代办转账、货物监控跟踪等多项增值服务。

（2）提高反应速度的服务。在服务经济时代，快速反应已经成为物流服务要求之一，而对用户快速反应的方法有二：

一是提高运输设施、设备的技术性能，如修建高速铁路、公路及火车、汽车提速等；二是采用具有增值性的物流服务方案，优化生产和流通的物流配送中心，重新设计适合的流通渠道，简化流程，从而提高物流系统的快速反应能力。

（3）延伸性服务。物流的延伸性服务内容有：向上可以延伸到市场调查、采购、订单处理；向下延伸到物流咨询、物流方案设计、库存规划控制、物流教育培训、代配送、代结算等。

4. 物流增值服务的作用

（1）增值服务是物流供需双方潜在的利润增长点，是"第三方利润源"的重要源泉。创新服务拓展了新的市场机会，为用户提供增值服务，使供方和物流企业都获得了新的利润增长点，从而获取更多的利润。物流的创新服务能够为需方——用户企业提高产品本身竞争力，从而占有更多的市场份额，获取更大的利润价值。

（2）物流增值服务是物流企业的重要竞争手段。随着市场向服务经济的扩展，物流企业面临的市场竞争局面愈演愈烈。在物流基本服务都能提供的情况下，物流服务竞争焦点将会由物流的基本服务向增值服务方面拓展，没有创新的增值服务，物流服务就很难在物流市场中立足，更谈不上拓展更多的高级客户，创造更大的价值。

（3）促进物流服务的不断完善和物流业的不断发展。物流业的竞争促进物流业的发展，物流业在发展中提高了服务水平、服务档次。一项物流增值不可能成为物流企业获得竞争力的永久性手段，物流业在不断发展，物流服务在不断完善，只有不断地推出新的创新性增值服务，才能满足用户不断增长的服务需求。这样周而复始地不断循环促进了物流业和物流服务的持续发展。

（三）物流的综合功能

（1）创造物品之间的空间效用。通过运输或配送将物品从供方送到用户手中，克服供需之间物品的空间距离，从而实现物品的空间功能。

（2）创造物品之间的时间效用。通过储存保管将物品从供方送到用户手中，克服供需之间的物品的时间距离，从而实现物品的时间功能。

（3）创造物品之间的性质效用。将物品从供方通过加工改变成需方需要的形状、性质再送到用户手中，克服供需之间物品的形状、性质的距离，从而实现物品的性质功能。

（4）创造物品之间的信息效用。将物品从供方通过信息活动实现运输、储存、装卸、包装、加工等功能，克服了物流各环节的信息不对称，从而实现供需之间物品流通的整体功能。

第四节　现代物流管理理念及内容

一、现代物流管理理念

现代物流就是指物品从起点到终点及相关信息有效流通的全过程，它是将运输、仓储、装卸搬运、流通加工、整理配送和信息处理等功能有机结合，形成完整的供应链，从而为用户提供多功能、一体化的综合物流服务。

1. 市场的延伸理念

物流被认为是市场的延伸，如今又赋予了它新的内涵。

（1）通过为用户提供物流服务的手段来拓展市场。
（2）将物流功能和物流设施看作是潜在的市场机会。
（3）物流是市场竞争的手段和策略。
（4）物流是企业的核心竞争内容之一。

2. 服务理念

军事后勤为战争服务，工业后勤为生产活动服务，商业后勤为商业经营服务，总之，物流的职能就是服务。随着服务理念的深化，物流服务出现了层次上的变化，以物流功能服务推进到物流的增值服务和超值服务（高投入，高产出）。如今，无论是生产企业还是流通企业都要面对提供优质服务的问题，物流服务理念和物流战略已成为企业发展的基本战略之一。

3. 价值与利润理念

物流学者把物流比作降低成本的最后处女地，称其为"第三利润源"，因此，人们逐步有了"物流是降低成本的宝库"这一基本认识。于是物流的价值和利润的理念在经济界受到了极大的关注，开始强调高度重视物流管理。根据发达国家的经验，随着市场竞争的日益加剧，在原材料、设备和劳动力成本降低的空间已趋于饱和的情况下，会将成本的降低转向物流领域。

4. 系统化理念

物流系统是指在特定的社会经济大环境中的物品和物流设备设施、人员和信息收集等相互制约的动态要素所构成的，具有特定功能的一体化系统。在物流运行中存在"效益背反"性特点，它是指物流功能间、物流服务与物流效益之间的二重矛盾性，即追求一面必然舍弃另一面的矛盾状态。研究物流成本的"效益背反"关系，实际上是研究物流的经营管理问题。追求物流合理化需要用物流总成本来评价，物流系统是一个庞大的系统，在这个系统中又有若干个子系统，而子系统间又有广泛的横向和纵向的联系。物流系统又具有一般系统所共有的特征，即整体性、相关性、目的性、环境适应性，同时还具有规模庞大、结构复杂、目标众多等庞大系统所具有的特征。

5. 一体化理念

物流一体化是指物流管理手段使产品在有效的供应链内运动，从而使供应链内所有成员都获得利益的新理念。

物流是企业与用户和供应商之间的联系纽带，它直接影响到企业的发展。用户的订单、产品需求信息通过销售活动、预测及其他形态传递到企业，会转化成具体的生产计划、采购计划，从而形成产品的增值，最终将产品的所有权让渡给用户。从企业内部分析，物流一体化是将所有涉及的物流功能和工作有机结合起来形成企业内部物流的一体化作业。而在市场竞争的局面下，企业必然将其物流活动扩展到用户与供应商相结合的层面，这种通过外部物流一体化的延伸，被称为供应链一体化。物流一体化利用物流的作用使物品在有效的供应链上移动，使供应链各参与者都能获益，从而形成一套科学的、相对独立的体系——物流、商流、信息流的一体化体系。

6. 专业化理念

随着社会生产力水平的提高和科学技术的进步，物流服务领域的分工不断深化，促进了物流专业化的发展。全球经济一体化及专业分工使物流发达国家敏锐地意识到物流自营成本过高，转而发展专业化的第三方物流来达到降低成本、改善服务的目的。现在专业化的第三方物流已经成为物流发达国家的主要经营模式，是现代化物流发展的大趋势。

7. 精益物流理念

精益物流是最早起源于日本丰田公司的一种生产管理理念，其核心是关注零库存，以此为目标发展出一系列管理方法。而物流学者则从物流管理的角度对比，并与供应链管理的思想密切结合起来，进而提出了精益物流的新概念。精益物流的内涵则是运用精益理念对物流活动进行管理。其目标就是在为用户提供满意服务的同时，把物流成本降低到最低。

始于日本丰田公司的JIT（准时制生产方式）在全世界被崇尚，其本质就在于它能够灵活经营，适应市场需求变化，从经济性和适应性两方面来保证企业利润的不断提高。在准时制管理中对物流的要求就是做到及时物流，即在准确的时间、准确的地点、提供准确的原材料和产品以保证供应，它应遵循以下基本原则。

（1）从用户的角度而不是从企业或职能部门的角度来研究什么能够产生价值。

（2）按照整个价值流确定供应、生产和配送产品中所必需的流程及活动。

（3）提供及时、持续、快捷的物流增值活动。

（4）消除浪费、追求完善。

8. 合作共赢理念

基于物流的联盟作为最可观的合作理念已逐渐被人们所认识。20世纪80年代中叶发展物流联盟和广泛开展合作关系的思想已经成为物流实践的基础。合作最基本的形式是发展有效的组织间联盟，以形成多种形式的业务伙伴关系。一方面促使企业从外部资源寻找物流服务以提高效率、降低成本；另一方面促使两个或两个以上的物流供应商与需求商组织联合起来。物流企业是物流联盟的主体，现代的第三方、第四方物流能够提供系统的现代化物流服务，物流外包则是生产制造企业物流管理的一种主体模式。

随着经济全球化发展，世界大市场概念已经成为现实。全球化经济对各种生产方式和营销模式产生了巨大的影响，企业通过世界市场采购原材料，又在世界各地组织生产，然后将产品销往世界各地，这就必然导致物流的全球化。而全球化物流又是企业全球战略的产物，是世界范围内进行物流的联盟与合作的支持条件。

9. 可持续发展理念

环保物流及绿色物流，是指在物流实现的过程中，为了实施国家可持续发展战略的根本大计，而降低因物流活动的增加导致物流量的急剧扩张对环境造成的危害。同时实现对物流环境的净化和保护，使社会环境和物流资源得到充分利用，形成一种能促进社会经济发展和人类健康发展的环保型物流。

二、现代物流管理内容

物流管理的发展经历了配送管理、物流管理和供应链管理3个过程。物流管理的内容也随着社会经济的发展和现代物流科技的进步在不断地演变和丰富，现代物流管理强调的是运用系统方法解决问题，即寻求服务优势和成本优势的一种动态平衡，并由此创造企业在竞争中的战略优势。物流管理的基本内容包括物流作业管理、物流战略管理、物流成本管理、物流服务管理、物流组织与人力资源管理、供应链管理等。

1. 物流作业管理

物流作业管理是指对物流活动或功能要素的管理，主要包括运输与配送管理、仓储与物料管理、包装管理、装卸搬运管理、流通加工管理、物流信息管理等。

2. 物流战略管理

物流战略管理（logistics strategy management）是对企业的物流活动实行的总体性管理，是企业制定、实施、控制和评价物流战略的一系列管理决策与行动。其核心问题是使企业的物流活动与环境相适应，以实现物流的长期、可持续发展。

3. 物流成本管理

物流成本管理是指有关物流成本方面的一切管理工作的总称，即对物流成本所进行的计划、组织、指挥、监督和调控。物流成本管理的主要内容包括物流成本核算、物流成本预测、物流成本计划、物流成本决策、物流成本分析、物流成本控制等。

4. 物流服务管理

所谓物流服务，是指物流企业或企业的物流部门从处理客户订货开始，直至商品送交客户过程中，为满足客户的要求，有效地完成商品供应、减轻客户的物流作业负荷，所进行的全部活动。

5. 物流组织与人力资源管理

物流组织是指专门从事物流经营和管理活动的组织机构，既包括企业内部的物流管理和运作部门、企业间的物流联盟组织，也包括从事物流及其中介服务的部门、企业以及政府物流管理机构。

6. 供应链管理

供应链管理（supply chain management），是用系统的观点通过对供应链中的物流、信息流和资金流进行设计、规划、控制与优化，以寻求建立供、产、销企业以及客户间的战略合作伙伴关系，最大限度地减少内耗与浪费，实现供应链整体效率的最优化并保证供应链成员取得相应的绩效和利益，满足顾客需求的整个管理过程。

【案例分析】

经营中的尴尬局面

在一家小型超市里，某酒厂的一位促销员到超市送货，以下是她和超市店长的一段对话。

某酒厂促销员："店长，我给您送货来啦……"超市店长："你们公司的送货太慢了，我要的货应该昨天上午就到，怎么你们现在才刚到！这不，我的客户都给跑光了！"促销员："不好意思，我们厂那头出了点小问题。"超市店长："你们送货不仅慢，而且送来的货与我们所定的货的规格、品种不一样啊。"促销员："是吗？"超市店长说："这批商品和我要的商品不符，我要的500毫升瓶装的，你却送的是250毫升罐装的；我要的是3箱，你们只送了1箱！搞什么名堂，像你们这样供货，客户迟早都得跑光。你们不仅把订货内容搞错了，而且还不守时！这样，你们先把这批货退回去，我要和你们解除合同。再也不和你们打交道了！"

❓ 思考与分析

1. 你认为应该怎样解决以上问题？
2. 结合此案例，分析物流管理要解决的基本问题。

【同步测试】

一、单项选择题

1．一般认为，物流活动是从（   ）与后勤管理演变形成的。
   A．运输   B．搬运   C．储存   D．配送
2．依据物流服务对象的范围划分可以划分为社会物流和（   ）。
   A．企业物流   B．国家物流   C．区域物流   D．一般物流
3．下列不属于现代物流特征的是（   ）。
   A．物流功能集成化   B．物流控制复杂化
   C．物流作业规范化   D．物流目标系统化
4．下列属于物流创造的价值是（   ）。
   A．使用价值   B．加工附加值   C．功能价值   D．安全价值
5．（   ）是起源于日本丰田汽车公司的一种物流管理思想，其核心是追求消灭包括库存在内的一切浪费，并围绕此目标发展的一系列具体方法。
   A．价值与利润理念   B．一体化理念
   C．精益物流理念   D．合作共赢理念

二、多项选择题

1．物流的概念主要通过（   ）引入到我国。
   A．英国   B．美国   C．韩国   D．日本
2．流通的全部过程通常包括（   ）。
   A．商流   B．物流   C．资金流   D．信息流
3．以下属于物流管理目标的是（   ）。
   A．快速反应   B．最大利润   C．最低库存   D．整合运输
4．依据物流在社会再生产中的作用划分，可以划分为（   ）。
   A．社会物流   B．区域物流   C．宏观物流   D．微观物流
5．物流创造的价值有（   ）。
   A．时间价值   B．场所价值   C．加工附加值   D．使用价值

三、判断题

1．我国将物流定义为"物流是货物由供应者向需求者的物理移动，它由一系列创造时间价值和空间价值的经济活动组成，包括运输、保管、配送、包装、装卸、流通加工及物流信息处理等多项基本活动。"   （   ）
2．物流研究的对象必须是可以发生物理性位置移动的物体。   （   ）
3．物流管理的主要特点是以满足客户需求为中心，以信息技术为支持，以实现企业最大利润为目标。   （   ）
4．物流的构成要素包括物流活动诸要素和物流系统诸要素。   （   ）
5．现代物流的功能包括物流基本功能、物流增值功能和物流综合功能。 （   ）

四、理解应用题

1．请思考以下几种情况是物流吗？为什么？

（1）自行到超市买东西提回家
（2）电信短信的收发
（3）自来水的输送
（4）生活垃圾回收处理
（5）人的运输（公交）
2．就"中国中小物流企业无序竞争"现象，上网收集相关资料并分析探讨原因。

【实训操作】

【实训设计】

选择当地有影响力的物流企业一家或两家进行教学参观考察，并对其进行调查和访问。

【实训目的】

1．通过实地采访物流企业，了解该企业的发展史，熟悉物流企业发展壮大所必须经历的过程。

2．通过实地调查该企业的物流运行流程，加深对物流企业运营状况的了解，熟悉物流企业的一般运行过程。

3．初步了解物流企业运行过程中常见的一些设施与设备以及其工作环境。

【实训步骤】

1．由教师指导，班长或学习委员配合对班级学生进行分组，每组以5人左右为宜，选择当地有影响力的物流企业1～2家进行调查访问。

2．在调查访问前，应根据课程所学的基本理论知识制定调查访问提纲，包括调查问题与安排。

3．事先访问企业的网页，以便学生对该企业有初步的了解。

4．事先安排好行动路线和其他需要注意的安全事项。

【实训成果】

1．调查采访后，每位同学提交一份简要调查报告。任课老师组织一次课堂讨论。

2．经过讨论评选出几篇有价值的调查报告让全班学生交流，提高学生对物流企业运行的理解与认识。

第二章
现代物流管理的形成和发展

【学习目标】

知识目标	技能目标
（1）熟悉物流管理的理论学说； （2）了解其他物流理论； （3）熟悉物流学在我国的发展； （4）了解现代物流发展的趋势	（1）熟知物流管理的理论学说； （2）熟悉发达国家物流管理发展的特点； （3）掌握现代物流企业的运营模式及其特点

【学习导图】

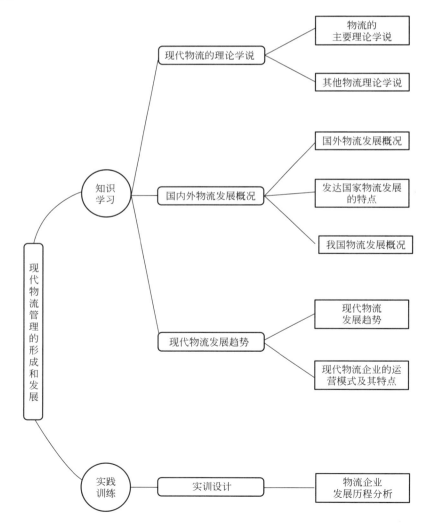

【导入案例】

3M 公司的全球物流战略

1992 年，3M 公司以全球收入 68 亿美元成为世界 100 强企业之一，向人们说明了一个成功的全球观念。

在 3M 公司成立的 90 年中，几乎有一半时间是投身于国际作业的，它的收入中大约有 50% 来自美国境外。3M 公司经营着 32 家大型企业，生产 6 万多种产品，而这些产品的制造需要 100 多种技术。目前，在全球 55 个国家里，有 8.9 万名 3M 公司的雇员。3M 公司产品的成功，是其在研究方面投入巨资的结果。3M 公司在 21 个国家里进行研究和开发工作，在 41 个国家里开展制造和变换作业。

近年来，3M 公司和其他世界级的制造商已缩短了生产期，根据产品而不是根据工艺技术来重新组织工厂的布局，将更大的地方控制权分配给生产现场，并利用 JIT 存货方式来提高制造生产率和灵活性。这些变化提高了对顾客需求的反应能力。为了获得这些变化带来的利益，3M 公司认为，全球制造战略必须把营销和物流结合进去。

公司在广泛区域内的制造和研究表明，它承担了一种复杂的物流支持任务。3M 公司 20 世纪 90 年代的物流形象，使其成为仓储、包装、数据处理、顾客服务以及运输方面的最佳服务公司。营造这种形象的一个主要目的是要排除多余的物流成本。该公司还通过建立更大、更有效的仓库替代大量的微型配送中心，以改善配送能力。

全球制造需要一系列影响许多国家环境的物流网络。3M 公司被认为是关心环境问题的全球最主要法人公民之一。3M 公司的环境政策强调开发制造工艺要实现"零废弃物"，公司郑重提出"全面质量等于无损失"，也即全面质量意味着无浪费。1975 年，该公司首先提出的 3P（pollution prevent pays）规划——防污染投资现在已是其集团环境政策的一个组成部分。事实上，3M 公司声称已从其环境政策的底线获益，减少废弃物意味着制造效率更高，危害性材料的物流运输越少，潜在的责任越小，非生产性转换的物流成本也越低。

在其全球物流战略中，3M 公司对其运输公司提出了严格的服务质量标准：100% 的准时和无损失送货。3M 公司与它的主要客户和 27 家汽车运输公司，利用电子计算机联网交换信息，以考核各运输公司提供的服务水平。

? 问题

1. 3M 公司为什么要采取全球物流战略？
2. 3M 公司采取的全球物流战略有什么特点？
3. 3M 公司在实施全球物流战略的同时也推行了绿色物流战略，这种战略给它带来什么好处？
4. 3M 公司是如何选择和监控其运输公司的？
5. 试说明该案例带给我们的启示是什么。

第一节 现代物流的理论学说

国外物流理论研究始于 20 世纪 30 年代，研究的内容主要是物流概念，还没有深入地涉及其他的理论问题。到了 20 世纪 50 年代，世界经济开始复苏，商品流通规模不断扩大，物流的影响和作用日趋明显，其在经济发展中的地位不断提高，人们对物流的认识和关切程度也逐渐深化，有关物流理论研究逐渐深入，研究的视角不断扩大，从而物流理论研究逐步形成了独立运动，并产生了许多新理论和新学说。归纳起来有以下几大理论和学说。

一、物流管理的主要理论学说

1. 物流与商流分离说

商品从生产领域到消费领域的转移过程称为商品流通。在这个过程中，商流和物流的活动表现为：一是商品价值的转移，即商品所有权的转移；二是商品使用价值的转移，即商品实体的转移。前者称为商流，后者称为物流。商流和物流的统一，构成了商品流通。

随着商品经济的发展，商流和物流发生了分离，即商业流通和实物流通各自按照自己的规律和渠道独立运动。

商流与物流产生分离究其原因是商流运动的基础——资金流和实物移动具有相对独立性。实物的运动是通过资金的运动来实现的，也就是说资金的分配是实物运动的前提，两者的运动渠道、运动形态不同。商物分离实际上是商品流动中专业分工、职能分工的产物，是通过这种分工实现大生产式的社会再生产的产物，这是物流科学中重要的新概念。物流科学正是在商物分离基础上才得以对物流进行独立的科学考察，进而形成物流科学。

总之，商流和物流构成了商品流通的两个支柱。商流搞活了，能加速物流的发展，给物流带来活力。而物流的畅通无阻能使商品源源不断地被送到消费者手中。商流与物流分离的积极意义是充分发挥资金流动和实物流动的各自规律性和有效性，从而推动商品流通向更现代化的方向发展。

2. "黑大陆"说

著名管理学权威彼得·德鲁克认为，流通是经济领域里的"黑暗大陆"。这是由于流通中物流活动的模糊性尤其突出，物流是流通领域中人们认识不清的领域。所以，现在看来，"黑大陆"说主要是针对物流而言的，认为物流这个领域未知的东西太多了，理论和实践都不成熟，它也意味着物流可以产生的利润空间极大。

从某种意义上讲，"黑大陆"说是一种未知学的研究领域，是战略分析的结果，带有哲学的抽象性。这一学说对研究物流这一领域起到了启迪和动员作用。

3. "冰山"说

物流的"冰山"说是日本早稻田大学西泽修教授提出来的。他是在专门研究物流成本时发现当时的财务会计和会计核算方法（由于其分门别类设立账目）不可能掌握物流费用的实际情况，因此，人们对物流费用的了解是一片空白，甚至有很大的虚假性，很像沉在水面下的冰山一样，露出水面的那部分仅仅是冰山的一小部分，而沉在水面下是我们所看不到的、很有挖掘潜力的部分——物流便是一座冰山。

西泽修教授用物流成本的具体分析，论证了德鲁克的"黑大陆"说，用以说明物流领域的方方面面对我们来说，不清楚和未知的东西太多。"黑大陆"的未知领域和"冰山"的水下部分，正是物流需要开发的领域，也是物流的潜力和吸引人之处。

4. "森林"说

物流的"森林"说是美国学者提出来的，该学说认为物流整体效应如同森林，其过程包括一系列活动，如运输、储存、包装、配送、流通加工等。在物流过程中不是单纯地追求各项功能要素的优化，更主要的是追求整体效果的有机联系，即追求总体效果最优。

美国学者提出"物流是一片森林而非一棵棵树木",用物流森林的结构概念来表述物流的整体观点,指出物流是一种"结构",对物流的认识不能只见功能要素不见结构要素,即不能只见树木不见森林,物流的总体效果是森林的效果。

物流"森林"说强调的是总体观念。在物流理论中,还有很多提法也反映了类似的观念。如物流系统论、多维结构论、物流一体化观念、综合物流观念和物流供应链理论等。

5. "第三利润源"说

"第三利润源"的说法主要来自日本,其强调利润中心即直接效益。

第一利润源是指利用物流资源获得利润,这里的资源起初是指廉价的原材料、燃料,然后则是指依靠科技进步、节约消耗、使用代用品、综合利用、回收利用乃至大量使用人工合成资源而获得高额利润。

第二利润源是利用人力资源获得利润,这里的人力资源最初是指廉价劳动力,其后是指依靠科技进步提高生产率、降低人力消耗或采用机械化、自动化来降低劳动消耗,从而降低成本、增加利润。

第三利润源是利用劳动工具、劳动对象和劳动者潜力获得利润,即物流利润。

随着经济的发展,第一、第二利润源潜力越来越小,利润增长越来越困难,而物流领域的潜力日益为人们所重视。三者的差别在于关注的生产力要素不同。第一利润源的挖掘对象是生产力中的劳动对象;第二利润源的挖掘对象是生产力中的劳动者;第三利润源则主要挖掘生产力要素中的劳动工具的潜力,同时,又挖掘劳动对象和劳动者的潜力,因而更具有全面性。

第三利润源不仅将物流看成直接谋利手段,而且还强调它的战略意义,特别强调它是在经济领域中潜力将尽的情况下的新发现,是经济发展的新思路,这将会对今后的经济发展起到推动作用,这正是目前学术界给予该理论更多关注的主要原因。

6. "效益背反"说

"效益背反"指的是物流的若干功能要素之间存在着损益的矛盾。即在某一个功能要素优化和利益发生的同时,可能会存在另一个或另几个功能要素的利益损失;反之也如此。这是一种此长彼消、此盈彼亏的现象,虽然在许多领域中这种现象都是存在的,但物流领域中这个问题似乎尤为严重。

在这个整体中,部分的合理化和最优化并不代表整体的合理化或最优化。物流系统作为一个有机整体,其要素之间存在着"效益背反"的关系。换言之,"效益背反"原理体现的是对一方利益的追求要以牺牲另一方的利益为代价的相互排斥的状态,这种状态在物流系统中随处可见。例如,提高物流服务水平要以增加物流成本为代价;仓库里货物的高层堆码能够提高保管效率,但却降低了货物拣选等作业的效率。掌握效益的背反原理,对于正确理解和把握物流系统各个部分之间的关系十分重要。认识"效益背反"规律后,物流学的理论研究正在不断寻求解决和克服各功能要素的"效益背反"现象,寻求物流的整体最优。

二、其他物流理论学说

1. 供应链管理理论

供应链是指从采购开始,经过生产、分配、销售最后到用户而形成的具有一定流量的环环相扣的链条。物流受供应链管理的制约,物流的供应链管理理论强调的是物流链节与接口的总体管理。现代管理和现代技术可以提供总体的信息给整个链条共享,这样就可以扩展物流视野,使管理者能从总体上管理整个供应链,而不是像过去那样只管理各个链节之间的接口或只管理其中的一部分。供应链管理实际上就是把物流和企业全部活动作为一个统一的过程来管理。

供应链管理在欧洲较为盛行,这和欧洲对物流的认识有关。在欧洲的物流观念中,始终强调综合的观念,而不太强调各个功能的观念。例如,英国采用先进的综合物流观念,强调物流总体战略目标而非某一环节,在世界处于领先地位。英国许多企业通过供应链管理,使企业效益明显提高,没有调整前物流成本占总成本的平均比例为7.24%,调整后物流费用比例降低为5.28%,而同时期德国在11%以上,美国和日本则更高。

2. 成本中心说

物流在企业战略中只对企业营销活动的成本发生影响,物流环节是企业成本的主要发生源。因此,解决企业的物流问题,主要不在于物流的合理化、现代化,也不在于物流对其他活动的支持保障,而是在于通过物流的管理来降低物流成本,以及通过物流的一系列活动来降低企业其他环节的成本。因此,这里的"成本中心"既是指主要成本的产生点,又是指降低成本的关注点。这也是物流是"降低成本的宝库"等说法的形象表述。

3. 服务中心说

服务中心说主要反映了欧美国家的学者对物流的认识。他们认为,物流活动最大的作业不在于为企业节约了消耗,降低了成本或增加了利润,而在于提高了企业对用户的服务水平,进而提高了企业的竞争能力。因此,他们在使用描述物流的词汇上选择了后勤(logistics)一词,特别强调其服务保障的职能,通过物流的服务保障,让企业以其整体能力实现成本的压缩和利润的增加。

4. 战略说

随着世界经济的全球化发展,越来越多的实际工作者和理论工作者逐渐认识到,物流更具有战略性。无论是行业、部门还是企业,只有从战略高度认识和把握物流,才能真正重视物流的影响,也才能全力以赴地推进或推动物流的建设和发展。从战略上认识和理解物流,人们才不会将物流仅仅看做是一项具体的操作性任务,而是关系一个国家、一个地区或一个企业的生存和发展的大事,从而将物流上升到战略高度加以认识和研究。

第二节 国内外物流发展概况

一、国外物流发展概况

了解物流管理的发展,必然首先涉及美国的物流管理,因为物流活动和物流管理的研究起源于美国,而且美国的物流理论研究及物流实现都最为先进、最为完善,并且成为其他国家学习和效仿的楷模。

"物流"这个概念最早出现在美国,1915年美国人阿奇·肖在《市场流通中的若干问题》一书中第一次提出"物流"这个词,并提出了"物流创造不同需求"的问题。第二次世界大战中围绕战争供应,美国提出了"后勤理论",并成功地运用于战争中,把后勤与战争的物资生产、采购、运输、配给等问题作为一个整体来考虑,使战略物资的后勤供应服务得更好。由于经济的发展需要,"后勤"这个词被工商企业引用,于是出现了商业后勤、流通后勤的提法。此时的后勤已包含了生产过程和流通过程的物流，而且形成了一个更广泛的物流概念。1954 年美国人鲍尔·D·康柏斯指出"物流是市场营销的另一半，重视市场营销中的物流是物流管理发展的一个里程碑。"1962 年，美国著名经济学家德鲁克在题为《经济的黑暗大陆》一文中强调应高度重视流通及流通中的物流管理，并出现了斯马凯伊等人撰写的世界上第一部关于"物流管理"的教科书，物流管理被纳入美国大学学科教育体系中，这些都对物流实践和物流理论产生了重要的推动作用。在此基础上，物流理论研究和物流实践都领先于世界各国的美国成立了世界物流管理协会。

20 世纪 50 年代中叶，日本经济复苏过程中十分重视西方科技发展的研究，派出了考察团到美国，从物流发达的美国学到了物流的精髓，继而引发了日本后来物流发展的异军突起。到了 70 年代末，日本已经成为亚洲领先、世界上物流最发达的国家之一。

二、发达国家物流管理发展的特点

物流经过了几十年的发展，各国物流发展的水平和阶段不尽一致。发达国家物流产业迅速发展，已形成了适合本国国情的现代化物流体系。其中美国、日本和欧洲尤为突出。以下就美国、日本和欧洲的物流发展现状做具体介绍。

（一）美国物流的发展

美国物流发展较早，也是世界上物流最发达、最先进的国家。从美国物流研究与实践的发展历史来看，大致可分为以下四个阶段。

1. 物流观念的萌芽和产生阶段（1945—1960 年）

此阶段是以仓储业为主的物流阶段。在当时的卖方市场中，企业生产的产品有很好的销路，大量生产的产品放在仓库中，仓储管理水平不断提高和缩短仓储时间是当时物流的主要特征。

2. 物流管理的实践与推广阶段（1960—1980 年）

此阶段转为流通型为主的物流阶段。这个时期市场由推动型即卖方市场，转为拉动型即买方市场。产品竞争异常激烈，物流在降低成本中的作用呈现出来。高架仓库的兴建，各种物流大通道的形成降低了物流成本，提高了流通效率。

3. 物流管理逐步走向现代化（1980—1990 年）

此阶段进入综合物流阶段。这个时期，美国的信息水平提高很快，物流开始利用高新技术武装起来，IT 技术的发展和互联网技术的成熟使美国的物流建立在现代化物流信息平台上，形成了现代物流，并且把商流、物流、信息流结合起来，形成了三流合一，又进一步提高流通效率，促进了物流的发展。

4. 物流国际化、信息化及迅速发展的阶段（1990 年至今）

此阶段进入物流一体化阶段。供应链管理理论的产生和应用使美国的物流企业与产品供应链上的各个企业联合起来，协调产品供应链上各企业之间的关系，使产品在供应链中达到最低成本、最优效益。在提高产品竞争力中使供应链上的各企业达到共赢。现今美国的物流企业向集约化、协同化、全球化方向发展。

（二）日本物流的发展

日本物流的发展紧随美国之后，进展速度快而且又有许多新的内容添加，如精益物流等。学者们将其划分为四个阶段。

1. 物流概念的引入和形成阶段（1953—1963年）

战后日本经济迅速恢复，1956年日本开始从美国引进物流概念并付诸实施。在对国内物流状况进行调研的基础上，将物流称之为"物的流通"。这一时期，日本政府加强了物流设施建设，如1953—1958年交通运输投资占公共投资总额的19.25%，1959—1963年交通运输投资已占公共投资总额的29.5%，从基础设施上为物流打下了良好的基础。在日本物流需求者的推动下，孕育了许多物流企业，此阶段的物流企业主要为日本的制造业服务。

2. 以流通为主导的发展阶段（1963—1973年）

20世纪60年代中期至20世纪70年代初期是日本经济高速增长的时期，商品流通量大大增加，推动了物流业的大发展。对物流的基础设施和设备提出更高的要求，在日本政府《中期5年经济计划》中，强调要实现物流的近代化。作为具体的实施举措有如下特点。

日本政府：在全国范围内开展高速道路网、港口设施、流通聚集地等各种基础设施建设。

物流企业：建立了相应的专业部门，积极推进物流基础设施建设，并且开始广泛采用叉车等机械化装卸设备和自动化仓库，灵活运用托盘和集装箱，实现货物单元成组装卸。同时，建立物流中心，积极推行物流联网系统，开发车辆调度问题（VSP）软件、配车系统软件等。

3. 物流优化管理阶段（1973—1983年）

在这一阶段，日本的经济发展迅速，并进入了以消费为主导的时代。由于社会物流的需要，日本加强了商业流通领域的物流建设如配送中心、物流中心等，并且进行优化管理，建立以信息技术为支撑的物流网络体系，使日本的物流迈向现代物流行业。

4. 物流现代化阶段（1983年至今）

20世纪80年代以来，日本企业的生产经营发生了重大变革，消费需求差异化的发展使物流应对市场需求产生了新的变化。物流与信息流结合以后进入了物流一体化阶段，即物流和商流的结合。许多日本物流企业买断产品，把产品销售和物流结合起来，既承担起商流的职责，又充分发挥物流的作用，从而大幅度降低成本、提高服务水平，日本物流现今正在向物流全球化迈进。

（三）欧洲物流的发展

欧洲是引进"物流"概念较早的地区之一，而且也是较早地将现代技术用于物流管理的先锋。欧洲物流发展的鲜明特点是服务和覆盖范围不断扩大，形成了不同的物流发展阶段。

1. 工厂物流阶段（20世纪初—20世纪60年代）

早在20世纪中期，欧洲各国为了降低产品成本，便开始重视企业范围内物流过程的信息传递，对传统的物料搬运进行变革，对企业内的物流进行必要的规划，以寻求物流合理化的途径。当时制造业（工厂）还处于加工车间模式，工厂内的物资由厂内设置的仓库提供。企业为了实现客户当月供货的服务要求，在内部实行严密的流程管理。这一时期的管理技术还相当落后，信息交换通过邮件，产品跟踪采用贴标签的方式，信息处理的软硬件平台是纸带穿孔式的计算机及相应的软件。这一阶段储存与运输是分离的，各自独立经营，可以说是欧洲物流的初级阶段。

2. 综合物流阶段（20世纪60年代—20世纪70年代）

此阶段是欧洲经济快速发展时期。随着商品生产和销售的进一步扩大，多个工厂联合的企业集团和大公司出现，成组技术被广泛采用，物流需求增多，客户期望同一周内供货或服务，工厂内部的物流已经不能够满足企业集团对物流的要求，因而形成了基于工厂集成的物流。仓库不再是静止封闭的储存式设施，而是动态的物流配送中心。需求信息不只是凭订单，而主要是从配送中心的装运情况获取。这个时期信息交换采用电话方式，通过产品本身的标记（product tags）实现产品跟踪，信息处理的硬件平台是小型计算机，企业（工厂）一般使用自己开发的软件。

3. 供应链物流阶段（20世纪80年代—20世纪90年代）

随着经济和流通的发展，不同的企业（厂商、批发业者、零售业者）都在进行各种物流革新，建立相应的物流系统，其目的是在追求物流系统集成化的过程中实现物流服务的差别化，发挥各自的优势与特色。由于流通渠道中各经济主体都拥有不同的系统，必然会在经济主体的联结点产生矛盾。为了解决这个问题，20世纪80年代，在欧洲开始应用物流供应链概念，发展联盟型或合作型的物流新体系。供应链物流强调，在商品的流通过程中企业间应加强合作，改变原来各企业分散的物流管理方式，通过供应链物流这种合作型（或称共生型）的物流体系来提高物流效率，创造的成果由参与的企业共同分享。为此，欧洲各国出现了半官方的组织协作物流委员会（corporate logistics council）以推动供应链物流的发展。这一时期制造业已采用 JIT 模式，客户的物流服务已发展到可同一天供货（或服务）。因此，供应链的管理进一步得到加强，实现了供应的合理化，如组织好港、站、库的交叉衔接，零售商管理控制总库存量以及产品物流总量的分配等。在这一时期，物流需求信息可直接从仓库出货点获取，通过传真方式进行信息交换，产品跟踪采用条形码扫描，信息处理的软硬件平台是客户/服务器模式和商品化的软件包，值得一提的是这一时期欧洲第三方物流开始兴起。

4. 全球物流及电子物流阶段（20世纪90年代以后至今）

20世纪90年代以来，全球经济一体化的发展趋势非常强劲，欧洲企业纷纷在国外建立生产零部件的基地，甚至根据市场预测和区位的优势分析在国外建立总装厂，这一趋势大大增加了国与国之间的商品流通量，又由于国际贸易的快速增长，全球物流应运而生。此时欧洲的供应链着眼于整体提供产品和物流服务的能力，因此物流中心的建设迅速发展，在供应链管理上采用供应链集成的模式，供应方与运输方通过交易寻求合作伙伴。20世纪90年代，欧洲提出设立首席物流主管作为供应链管理的主导者，这一时期物流企业的需求信息直接从顾客消费地获取；采用在运输链上实现组装的方式，使库存量实现最小化，信息交换采用 EDI（电子数据交换）系统，产品跟踪应用射频标识技术，信息处理广泛应用互联网和物流服务方提供的软件。目前，基于互联网和电子商务的电子物流正在欧洲兴起。

欧洲重视发展社会化、专业化的物流，始终强调综合的观念，提倡第三方物流服务的理念。欧洲的供应链理论和技术应用相当出色，许多企业通过直接控制供应链降低物流成本，提高物流效益，因此供应链管理很盛行。欧洲物流发展的重点是提高采购、生产、销售各环节之间的效率，物流一体化程度很高。

三、我国物流发展概况

（一）我国物流发展现状

我国20世纪70年代末从国外引入"物流"概念，20世纪80年代开展物流启蒙和宣传普及，20世纪90年代物流起步，21世纪初期物流"热"开始升温。根据我国物流现状和目前蓬勃发展的趋势来看，可以说，我国的物流已经从起步阶段转向全面启动阶段。

1. **形成阶段（1978—1999年）**

1978年11月，"物流"概念引入我国，一些专业刊物刊出相关文章。1984年8月，我国第一个物流专业研究团体，也是中国物流学会的前身——中国物流研究会成立，开始出现一批较有影响的著作。1979年6月，中国物资工作者考察团参加在日本举行的第三届国际物流会议，代表团第一次将"物流"概念引入中国。一批学者开始学习，引进日本和欧美的物流理论，推广物流理念，陆续出版了一批物流理论著作，部分大专院校开设了物流专业课程，由单纯引进到独立开展研究，理论水平显著提高。

2. **普及与发展阶段（1999—2002年）**

1999年后，随着我国经济体制转轨、国外物流思想的引入，国民经济各部门普遍关注物流，形成了全国性的物流热。一些大型现代企业将构造现代物流系统、强化物流管理作为降低物流成本、提高企业经济效益和企业竞争能力的重要手段。2001年3月，我国六部委（国家经贸委、铁道部、交通部、信息产业部、外经贸部、中国民用航空总局）联合发布了《关于加快我国现代物流发展的若干意见》，这是有史以来第一次由涉及物流的多部门联合制定的政策性指导文件，显示出政府主管部门对于现代物流的关注和加快现代物流发展的意向。

3. **全面启动阶段（2002年至今）**

2002年后，我国发展现代物流的积极性和热情被唤醒，工业、商业及物流企业运用物流技术的领域不断扩展，各类物流基础设施建设呈现出良好势头，物流园区的建设也破土动工，全国至少有20多个省、市和30多个中心城市政府制定了区域性物流发展规划和政策，并将开发物流园区作为发展物流的品牌。长江三角洲、珠江三角洲和环渤海等地区相继进入物流规划的实施阶段。2004年8月5日，国务院批准并正式印发了《关于促进我国现代物流业发展的意见》，这份由国家发展改革委员会、商务部、公安部、铁道部、交通部、海关总署、国家税务总局、中国民用航空总局、工商行政管理总局九部委联合制定的文件有力地推动了我国物流业的大发展。此外，根据中国加入世贸组织的承诺，2005年我国全面开放服务业，而物流业正是服务业的重要行业，因此，我国现代物流业正步入快速发展的新时代。2006年，国家"十一五"规划确立物流产业地位。2009年2月25日，国务院总理温家宝主持召开国务院常务会议，审议并原则通过了《物流业调整和振兴规划》，这是我国物流业第一个专项规划。

（二）物流学在我国的发展

中国物资流通学会于1989年5月在北京成功举办了第八届国际物流会议，对我国的物流发展起了促进作用。物流学在我国作为一门独立的学科正式确立，一些物流学的专著和译著出版发行。

1993年，中国开始将物流管理专业列入本科专业目录。到1998年全国共有15所高校开设物流管理专业，培养出一批物流专业人才。但是在1998年新修订的本科专业目录中物流专业却又被取消了。从1978年到1999年这一阶段可以称之为我国物流的准备阶段或形成阶段。

2000年，北京物资学院被教育部批准重新设立物流管理本科专业。2001年，又新增了6所高等院校设立物流管理本科专业，并恢复招收物流工程专业的本科生。截止到2009年，全国共有254所本科院校设立物流管理专业，54所院校设立物流工程本科专业。

目前，我国物流研究咨询机构达到100多家，专职研究人员数以千计。政府、协会、企业、高校、新闻机构、咨询机构，积极参与物流研究，研究成果逐年增多。一些成果被政府部门制定规划和政策时采纳，或在企业经营实践中被采用，取得了很好的经济和社会效益。我国1500多所各类院校开设了物流专业，在校在读的高职、高专、本科和硕士、博士研究生超过60万人。物流类专业报刊已有30多种，物流类相关网站预计在3000家左右。物流理论研究、教育培训和新闻宣传工作蓬勃兴起，为现代物流理论和实践的发展奠定了基础。

第三节　现代物流业发展趋势

一、现代物流发展趋势

进入20世纪90年代，传统物流已逐渐开始向现代物流转变。现代物流包括运输合理化、仓储自动化、包装标准化、装卸机械化、加工配送一体化、信息管理网络化等。纵观现代物流的发展趋势，不难发现其在下述五个方面表现得极为突出。

1. 物流的系统化趋势

传统物流一般指产品出厂后的包装、运输、装卸、仓储，而现代物流提出了物流系统化或叫总体物流、综合物流管理的概念，并付诸实施。具体地说，物流系统化使物流向两头延伸并加进了新的内涵，使社会物流与企业物流有机结合在一起，从采购物流开始，经过生产物流，再进入销售物流，与此同时，要经过包装、运输、仓储、装卸、加工配送到达用户（消费者）手中，最后还有回收物流。可以这样讲，现代物流包含了产品从"生"到"死"的整个物理性的流通全过程。即通过统筹协调、合理规划，控制整个商品的流动，以达到效益最大和成本最小，同时满足用户需求不断变化的客观要求。物流系统也就成了一个跨部门、跨行业、跨区域的社会系统。这样，就可以适应全球"经济一体化""物流无国界"的发展趋势。因此，物流的系统化是一个国家流通现代化的主要标志，是一个国家综合国力的体现。物流的系统化可以形成一个高效、通畅、可调控的流通体系，可以减少流通环节，节约流通费用，实现科学的物流管理，提高流通的效率和效益，进而提高国民经济的质量与效益。

2. 物流的信息化趋势

由于全球"经济一体化""物流无国界"的趋势，当前物流业正向高科技、现代化和信息化发展。电子数据交换技术与国际互联网的应用，使物流质量、效率和效益的提高更多地取决于信息管理技术。物流的信息化是指商品代码和数据库的建立，运输网络合理化，销售网络系统化，物流中心管理电子化，电子商务和物品条码技术应用等。电子商务是指在电子计算机与通信网络基础上，利用电子工具实现商业交换和行政作业的全部过程。电子商务（EC）所涵盖的内容应包括电子数据交换（EDI）和互联网上贸易（IC）两个主要方面。而物流条码是指物流过程中用以标识具体实物的一种特殊代码，它是由一组黑白相间的条、空组成的图形，利用识读设备可以实现自动识别、自动数据采集。可以说，在商品从生产厂家到运输、交换，整个物流过程中都可以通过物流条码来实现数据共享，使信息的传递更加方便、快捷、准确，提高整个物流系统的经济效益。现代社会是高度信息化的社会，各种高科技信息手段在流通领域被广泛应用是一种必然要求。

3. 物流中心、批发中心、配送中心的社会化趋势

随着市场经济的发展，专业化分工越来越细，一个生产企业生产某种产品，除了一些主要部件自己生产外，大多外购。生产企业与零售商所需的原材料、中间产品、最终产品大部分由不同的物流中心、批发中心或配送中心提供，以实现少库存或零库存。目前国外实行配送的商品已十分广泛，不仅有生产资料、日用工业品，连生活用品、一次性消耗商品，以及图书、光盘等均可配送。这种配送中心或物流中心、批发中心不仅可以进行集约化物流，在一定半径之内实现合理化物流，从而大量节约流通费用，而且可以节约大量的社会流动资金，实现资金流的合理化，既提高经济效益，又提高社会效益。显然，完善和发展物流中心、批发中心和配送中心是流通社会化的必然趋势。

4. 仓储、运输的现代化与综合体系化趋势

物流离不开运输与仓储。仓储现代化，要求高度的机械化、自动化、标准化，组织起高效的人、机、物系统。运输的现代化要求建立铁路、公路、水路、空运与管道的综合运输体系，实现"一条龙"服务。所以发达国家都致力于港口、码头、机场、铁路、高速公路、立体仓库等建设，为了减少运输费用，大力改进运输方式，采用先进物流技术，开发新的装卸机械，应用现代化物流手段和方式，比如发展集装箱运输、托盘技术等，使仓储与运输呈现综合体系化趋势。

5. 物流与商流、信息流一体化趋势

按照流通规律，商流、物流、信息流是三流分离的，商流解决的是商品价值与使用价值的实现，经过商流，商品变更了所有权；物流解决的是商品生产地与销售地域的位移，生产时间与销售时间的变更和商品价值的实现；信息流解决的是商流和物流之间的信息传递，它们是纵横交错、相互交织的信息流的综合。在现代社会，不同产品形成了不同的流通方式与营销途径，比如生产资料不仅有直达供货与经销制，而且还有配送制、连锁经营、代理制等，这就要求物流随之变化。据资料得知，许多国家的物流中心、配送中心已实现了商流、物流、信息流的统一，而且这种"三流"一体化趋势已逐渐为物流界人士所认可。

二、现代物流企业的运营模式及其特点

随着经济的快速发展和经济全球化步伐的加快，商品贸易规模迅速扩大，物资空间移动的广度和深度也随之扩展，因而对于物流活动的效率、物流的快速反应能力以及信息化程度都提出了更高的要求。同时，物流需求的个性化、多样化和高度化，要求物流服务企业必须不断改进和优化企业的经营模式，有针对性地开发新型物流服务，以适应物流市场的变化，提高企业的竞争力。因此每种类型的物流企业必然有着适合于自身的、独特的运营模式。

1. 传统外包模式

传统外包模式是指物流企业独立承包一家或多家生产商或经销商的部分或全部物流业务。随着现代经济运行方式的全球化、专业化方向发展，企业往往会集中自己的精力于主营业务上，而把与业务开展相关的物流业务外包给专业的物流企业。当前大多数物流企业都是这种运营模式。

传统外包模式的特点如下：

（1）物流企业以契约形式与客户形成长期合作关系，保证了自己稳定的业务量，避免了设备闲置。

（2）以生产商或经销商为中心，物流企业几乎不需专门添置设备和进行业务训练，管理

过程简单。

（3）订单由产销双方完成，物流企业只完成承包服务，不介入企业的生产和销售计划。

（4）生产企业、销售企业与物流企业之间缺少沟通的信息平台，会造成生产的盲目和运力的浪费或不足，以及库存结构的不合理。

2. 战略联盟模式

战略联盟模式是指物流企业以契约形式结成战略联盟，实现内部信息共享和信息交流，相互协作，形成物流网络系统。联盟可包括多家同地和异地的各类物流企业。理论上联盟规模越大，可获得的总体效益越大。目前我国的电子商务物流企业大多属于这种运营模式。

战略联盟模式的特点如下。

（1）联盟企业信息处理可以共同租用某信息经营商的信息平台，由信息经营商负责收集处理信息，也可连接联盟内部各成员的共享数据库实现信息共享和信息沟通。

（2）联盟企业间实现了信息共享和信息交流，并以信息为指导制定运营计划，在联盟内部优化资源。

（3）信息平台可作为交易系统，完成产销双方的订单和对物流服务的预定购买。

（4）联盟内部各实体实行协作，某些票据联盟内部通用，可减少中间手续，提高效率，使得供应链衔接更顺畅。

（5）联盟成员是合作伙伴关系，实行独立核算，彼此间服务租用，因此有时很难协调彼此的利益，在彼此利益不一致的情况下，要实现资源更大范围的优化就存在一定的局限。

3. 综合物流模式

综合物流模式是指集仓储、运输、配送、信息处理和其他一些物流服务（如包装、装卸、流通加工等）为一体，提供综合性、一体化物流服务的运营模式。

综合物流模式的特点如下。

（1）必须进行整体网络设计，即确定每一种设施的数量、地理位置、各自承担的工作。其中信息中心的系统设计和功能设计以及配送中心的选址流程设计都是非常重要的问题。

（2）综合物流模式的构建主要有三种方案。

①方案一是投资新建或改建自己原有设备，完善综合物流设施，组织执行综合物流各功能的业务部门，这种方案非常适合迫切需要转型的大型的运输、仓储企业，可充分利用原有资源，凭借原有专项实力，有较强的竞争力。

②方案二是收购一些小的仓储、运输企业以及一部分生产、销售企业原有的自备车辆和仓库，对其进行整编改造。

③方案三就是原有的专项物流运营商以入股方式进行联合，这种方式初期投入资金少，组建周期短，联合后各单项物流运营商还是致力于自己的专项，业务熟悉利于发挥核心竞争力，参股方式可避免联盟模式中存在的利益矛盾，更利于协作。

（3）必须根据自己的实际情况选择网络组织结构。主要有两种网络结构，一种是大物流中心加小配送网点的模式，另一种是连锁经营的模式。前者适合商家、用户比较集中的小地域，选取合适地点建立综合物流中心，在各用户集中区建立若干小配送点或营业部，采取统一集货、逐层配送的方式。后者是在业务涉及的主要城市建立连锁公司，负责该城市和周围地区的物流业务，地区间各连锁店实行协作，该模式适合地域间或全国性物流，连锁模式还可以兼容前一模式。

4. 协同运作模式

协同运作模式是指为其他物流企业提供信息技术、管理技术、供应链策略和战略规划方案等，并与这些企业共同开发市场，但并不参与物流业务的具体实施，而是指导其他物流企业完成物流业务。

协同运作模式的特点：具有雄厚的物流配送实力和最优的解决方案，业务范围多集中在物流配送管理方面，针对性强、灵活性大。

5. 方案集成模式

方案集成模式是指为物流需求者提供运作和管理整个供应链的解决方案，并利用其成员的资源、能力和技术进行整合和管理，为需求者提供全面、集成的供应链管理服务。这种模式通常由物流公司和客户成立合资或合伙公司，客户在公司中占主要份额，物流企业可集成多个服务供应商的资源，重点为一个主要客户服务。如中远货运公司在广州与科龙电器公司合资成立的安泰达物流公司，就主要是为科龙集团服务的。

方案集成模式的特点如下。

（1）这种模式的运作一般是在同一行业范围内，供应商和加工制造商等成员处于供应链的上下游和相关的业务范围内，彼此间专业熟悉，业务联系紧密，有一定的依赖性。

（2）物流企业以服务主要客户为主，带动其他成员企业的发展。

（3）该模式的好处是服务对象及范围明确集中，客户的商业和技术秘密比较安全。

（4）物流企业与客户的关系稳定、紧密而且具有长期性。

（5）要求客户的业务量要足够大，使参与的服务商对所得到的收益较为满意，否则大多数服务商不愿把全部资源集中在一个客户上。

6. 行业创新模式

行业创新模式是指借助自身资源、技术和能力的优势，为多个行业的客户提供供应链解决方案，它以整合供应链的职能为重点，以各个行业的特殊性为依据，领导整个行业供应链实现创新。

行业创新模式的特点如下。

以核心物流企业为主导，联合其他物流企业，为多个行业客户提供运输、仓储、配送等全方位、高端的供应链解决方案。如美国卡特彼勒物流公司从起初的只负责总公司的货物运输，发展到后来为其他多个行业的客户提供供应链解决方案，包括戴姆勒—克莱斯勒公司、标志公司、爱立信公司等。

7. 动态联盟模式

动态联盟模式是指一些相对独立的服务商（如第三方物流、咨询机构、供应商、制造商、分销商）和客户等面对市场机会，通过信息技术相连接，在某个时期内结成供应链管理联盟。它的组成和解散主要取决于市场机会的存在与消失、原企业可利用的价值。

动态联盟模式的特点如下。

（1）联盟企业间在设计、供应、制造、分销等领域里分别为该联盟贡献出自己的核心能力，以实现利润共享和风险分担。

（2）它们除了具有一般企业的特征外，还具有基于公共网络环境的全球化伙伴关系及企业合作特征、面向经营过程优化的组织特征、可再构与可变的特征等。

（3）能以最快速度完成联盟的组织与建立，优势集成，抓住机遇，响应市场，赢得竞争。

【案例分析】

中国航运界第一家现代物流企业——中海集团

中海物流有限公司是国内航运界第一家现代物流企业，作为国有航运特大型企业和世界15大班轮公司之一，规模和实力不断增强，拥有一支800万吨运力的庞大船队，现有98艘集装箱船，12万箱位的集装箱运输规模，形成了40余条内外贸集装箱班轮航线。2000年完成了集装箱运量150万标准集装箱，内贸集装箱运输市场占有率达70%以上。中海集团还拥有开展物流所需的陆岸基础设施和覆盖全国的业务网络，为发展综合物流提供了有利条件。

一、中海物流的发展阶段

中海物流的发展可分为三个阶段，首先是开业至1997年，那是公司的创业期，它的特点是以提供简单的仓储为主营服务，以追求收支平衡、满仓操作为主要目标，属于传统型的仓储行业。第二阶段从1998年到2001年，是企业转型发展期。与IBM（国际商业机器公司）的合作使中海物流在全国物流行业首家开展高科技产品的国际配送业务，并促使公司完成了从传统仓储企业向现代物流企业的转变，实现了质的飞跃，构建了中海物流的核心竞争力。

2001年以来，中海物流进入其发展的第三阶段，即对外拓展期。这一阶段，中海物流面临中国入世后的巨大挑战，也进入以投资来带动公司规模发展的时期。

二、四流合一的配送业务

中海物流与IBM的合作，在全国15家保税区中率先开辟了在进口保税、监管环境下从事第三方物流服务的先河。不过，其中真正吸引客户的，是中海物流在国际精确配送业务上的优势。

中海物流继携手IBM后，又与日本美能达（MINOLTA）合作开展物流配送业务。这些业务的共同特点就是精确配送，而美能达业务的规模之大，精度之高，流程之复杂，均代表了当今国际精确配送的较高水准。

为了实现精确配送的国际水平，中海物流在业务中实现了商流、物流、信息流、资金流的四流合一。

1. 纷繁复杂的商流网络

中海物流配送中心通过委托合同的形式为IBM和MINOLTA提供第三方物流服务：两者与各供应商根据料件的类别、型号和价值分别签署不同的贸易合同，而且同一供应商的不同料件也有不同的条款，如CIF香港、EX-Factory等，由中海物流配送中心配送料件的所有权，一部分归工厂，一部分归供应商；中海物流配送中心根据上述贸易合同，分别与供应商签署不同的物流服务委托合同，从而确定服务委托方。IBM和MINOLTA与供应商之间的商流通过中海物流配送中心的实物配送、信息传递来实现，中海物流配送中心与IBM、MINOLTA以及供应商之间的商流通过提供第三方物流服务来实现。

2. 快捷畅通的物流渠道

目前，IBM境内外供应商达160多家，遍布世界各地。中海物流除利用自己的硬件和软件设施以外，还通过与陆路运输公司及海运、空运货代建立稳定的合作伙伴关系，使正向物流和反向物流通畅无阻，世界各地物料在到港后24小时内即可送达珠三角工厂生产线上，保证其在零库存状态下进行正常生产，同时使不合格原料在规定时间内准确无误地送达各境内外指定地点。

3. 高效及时的信息流动

"物流未动,信息先行"。为了保证满足客户的需求和物流项目的顺利进行,中海物流自主开发了"中海2000物流管理信息系统"。该系统的应用,支撑了中海物流数百家客户、数千家供货商和数万种料件的第三方物流服务。

4. 准确无误的资金流向

中海物流处于买方和卖方中间,是买卖双方完成商流的结点,同时也扮演了一个结算中心的角色。每个作业完毕,依据物流状况,按照中海物流与工厂以及供应商之间的服务合同,各种费用自动生成,并各流其向,准确无误。

三、独具特色的物流模式

经过七年的发展,中海物流的配送业务从无到有、从熟悉到成熟,逐步摸索出了一套与国际标准接轨而又符合中国国情的物流运作模式。

中海物流探索出的这些模式包括"多对一"、"多对多"、信息系统支撑下的5R服务(right time——适时、right place——适地、right quality——适质、right quantity——适量、right price——适价)、物流服务的电子商务化、服务过程的流程化和可视化等。

"多对一"的运作模式:IBM配送项目的特点是配送中心承担多家供应商为一家工厂供货的任务,即为"多对一"。"多对多"的运作模式:MINOLTA配送项目的特点是配送中心不仅承担多家供应商向美能达本部供货,还要承担向美能达分布在海外和国内不同地区的几十家分供方供货的任务。

以5R服务为例,中海物流承担着四种物流形式中最困难最复杂的生产型物流服务,这种服务必须要在无障碍的信息通信条件下才可以实现。正是在强大的信息支持系统下,中海物流真正实现了5R服务,即在正确的时间,以正确的方式,将正确的货物,送达正确的地点和正确的客户。物流的首要目标是以低成本和高效率的服务满足客户的需求,中海物流正在不断地为接近这一目标而不懈努力。中海物流公司所有的物流运作均采用国际惯例,实现全程流程化管理,并不断根据运行情况实施流程重组和优化。公司的信息系统完整地覆盖了每一个物流操作流程,客户的任何一个作业指令的操作都能通过信息系统进行实时跟踪,客户也可通过中海物流网完整地了解到整个物流过程,就像客户自己在进行物流操作一样,实现了整个物流过程的可视化。

如今,中海物流已发展成为一个集储存、运输、报关、配送、货代和物流咨询、软件开发为一体的综合性第三方物流企业。

思考与分析

1. 中海物流是怎样一步一步地从仓储企业发展为现代物流企业的?
2. 中海物流"四流合一"的内涵是什么?
3. 为了实现四流合一,中海物流做了哪些工作?
4. 中海物流的物流模式有哪些?
5. 该公司如何实施5R服务和可视化服务?

【同步测试】

一、单项选择题

1．"黑大陆"说由下列哪位学者提出（　　）。
   A．德鲁克　　　　B．西泽修　　　C．麦克斯韦　　　D．玻尔
2．物流的"森林"说是由（　　）学者提出。
   A．英国　　　　　B．日本　　　　C．德国　　　　　D．美国
3．第三利润源来自（　　）。
   A．资源领域　　　B．物流领域
   C．人力领域　　　D．制造领域
4．精益物流的理念来自（　　）。
   A．澳大利亚　　　B．加拿大　　　C．日本　　　　　D．美国
5．我国第一次将"物流"概念引入中国是从（　　）。
   A．1978年11月　B．1984年8月
   C．1979年6月　　D．2001年3月

二、多项选择题

1．现代物流企业运营模式有（　　）。
   A．战略联盟模式　　B．综合物流模式
   C．协调运作模式　　D．动态联盟模式
2．下列属于现代物流发展趋势的有（　　）。
   A．系统化趋势　　　B．完善化趋势
   C．一体化趋势　　　D．社会化趋势
3．下列属于欧洲物流的发展阶段的有（　　）。
   A．工厂物流阶段　　B．综合物流阶段
   C．供应链物流阶段　D．功能完善阶段
4．我国的物流发展阶段可以归纳为（　　）。
   A．规划制定阶段　　B．普及与发展阶段
   C．形成阶段　　　　D．全面启动阶段
5．下列属于其他物流理论的有（　　）。
   A．供应链理论　　　B．成本中心说
   C．服务中心说　　　D．战略说

三、判断题

1．服务中心说反映了日本的学者对物流的认识。（　　）
2．供应链理论强调的是联结与接口的部分管理。（　　）
3．商品从生产领域到消费领域的转移过程称为商品流通。（　　）
4．供应链理论在美国较为盛行。这和美国人始终强调各个功能，不太强调综合的观念有关。（　　）
5．效益背反是指物流的若干功能要素之间存在着损益的矛盾。（　　）

四、理解应用题

1. 分析欧美日等发达国家所经历的物流各发展阶段的各自特点，思考如何借鉴他国的物流发展经验发展我国的现代化物流。

2. 联系自己所学的专业并结合现代物流的发展趋势，思考怎样做好自己的物流职业规划。

【实训操作】

【实训设计】

让学生从美国、欧洲以及中国物流企业中各选择 1～2 个有代表性的物流企业，通过多媒体搜集资料并进行分析，最终形成调查报告。

调查报告考核内容涉及这几家物流公司的特点、所处的物流发展阶段、企业运营模式以及未来发展潜力。

【实训目的】

1. 通过完成实训项目，培养学生分析问题、解决问题的能力。
2. 培养利用多媒体自主学习、信息处理和独立思考能力。
3. 提升学生的调查报告撰写能力。

【实训步骤】

1. 由教师布置实训作业并提出实训要求（建议由学生个人独立完成）。
2. 运用多媒体搜集相关资料并进行整理、分析。
3. 个人独立完成调查报告。

【实训成果】

1. 每位同学要根据实训要求撰写并提交实训调查报告，教师从中挑选出几篇有价值的调查报告。
2. 让学生对提交的调查报告进行课堂交流和学习，以提高学生对物流企业的特点、发展方式的认识。

第二篇
物流管理应用

第三章

物流层次管理

【学习目标】

知识目标	技能目标
（1）了解物流战略管理的基本概念； （2）熟悉物流战略环境，以及物流战略的制定、实施与控制； （3）了解物流运营管理的概念； （4）熟悉物流运营管理的内容与主体； （5）熟悉物流作业管理的概念以及必要性； （6）熟悉物流作业管理的优化措施； （7）了解物流作业管理的目标，以及如何进行连锁物流作业管理	（1）会分析物流战略环境，懂得如何制定物流战略，并会实施与控制； （2）能够对物流作业管理提出相关优化措施

【学习导图】

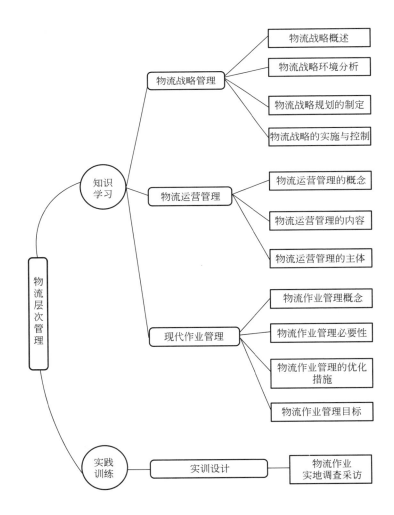

【导入案例】

宝供物流的发展战略

一、宝供是如何开展第三方物流服务的?

一是物流策划,包括物流规划与模式设计,按客户的需求进行个案分析,为客户度身量体设计出独特而适宜的物流规划方案,从而支持和满足客户持续发展的需要。

二是物流运作管理,包括运输、仓储、装卸、包装、分拣和理货等管理,具体表现为规范化的业务运作管理系统,规范业务部门的运作标准,明确规定业务运作管理机构的设置及职能、操作岗位及职责、作业分类及运作流程、各项作业的标准操作程序(SOP)以及各项作业的考核办法。

三是物流信息,包括信息系统规划、信息技术支持、信息管理,为公司和客户双方监控物流过程提供实时、准确的信息服务。

第三方物流服务,能够向客户提供专业化、规范化和更经济的物流运作管理服务,使客户放心地将原材料采购、运输、仓储和产品加工、配送等物流服务业务交由宝供第三方物流企业去运作,有利于客户专注于主业的发展,增强企业的市场竞争能力。进而推动中国现代物流实现跨越性的发展,全面提升中国现代物流的管理水平和运作水平,进一步满足市场发展的需要,提升企业的物流服务水平。

二、第三方物流经历的步骤,具体体现在哪些方面,并有哪些可借鉴的经验?

1. 具体步骤

1994年起至今,随着客户分销网络的拓展,宝供集团逐渐建立起覆盖全国的分支机构体系,并向境外延伸,形成了国内第一个覆盖全国、提供物流全过程服务的物流运作网络,业务蒸蒸日上,声誉不断提高。在为客户提供服务的过程中,宝供集团始终秉承"为客户创造价值"的经营理念,不断优化客户服务模式,提高服务质量,降低物流成本。从2000年至今,宝供已先后完成客户的物流系统整合优化,使客户分销中心数量、库存水平明显降低,服务质量也得到了很大改善,创造了巨大的整合价值。宝供在为飞利浦公司提供服务的两年多时间里,通过信息技术的运用和运作模式的改变,使其电视机库存从几十万台下降到几万台,利润直线上升。1997年,宝供集团建成国内第一个INTERNET(国际互联网络)/INTRANET(企业内部互联网络)的物流信息系统,在与客户进行电子数据交换方面取得重大突破,并在此基础上,实现了企业间物流、资金流、信息流的流程整合,优化了客户供应链,标志着第三方物流服务供应链体系的形成。

2. 可借鉴的经验

(1)不断创新经营理念,促进物流经营的现代化。现代物流业是一门新兴产业,现代物流不同于传统意义上的仓储、运输,而是集成各种现代高科技手段、网络信息通信技术以满足客户的需要,在此基础上建立供应链一体化物流服务。

(2)宝供集团自成立之日起,就不断汲取国外先进物流理念,大胆探索和创新。集团成立初期,基于对市场的敏锐观察和分析,率先打破传统的分块经营、多头负责的储运模式,建立门对门的物流服务方式。

(3)充分发挥第三方物流服务的优势,增强企业的市场竞争力。所谓第三方物流服务,是指相对于生产、消费的"第三方"为生产和消费双方提供的专业化的物流服务。宝供集团第三方物流经营模式,是以市场需求为导向,物流系统优化为基础,信息技术和管理技术为手段,推动资源的合理配置和社会优势资源的整合,构筑完整的综合价值链,为客户提供一体化、专业化、全过程的物流服务。

三、主要劣势表现在哪些方面？对于宝供的发展战略提出自己的想法和建议？

劣势：

1. 客户需求

宝供最初的业务是仓储和运输，凭借灵活的经营方式和优质的服务，1994年它迎来了对自己未来事业产生深远影响的客户——宝洁公司。然而，宝洁业务遍布全球，疯狂扩张给只在广州打天下的宝供很大的压力。

2. 内部管理需求

以前依仗着宝供较完善的业务运作规范，管理以本地为核心的业务并不困难，但分支机构一多以后，总部对整个公司的业务运作和质量监控就成为难题。宝供集团未来几年的企业发展战略规划主要有以下几个方面的想法和建议。

（1）供应链一体化发展战略。宝供集团十年来致力于现代企业供应链一体化的高水准服务，并形成领先行业的水平和基础。近年来开始探索和实践在流通领域中的分销及连锁企业中的配送业务、港口物流业务和快运业务，并取得成效。基于对未来市场变化的判断，宝供集团决定在未来的三至五年间，投入较大的资源，通过与铁路、航空、港口等社会机构的合作，致力于形成包括供应链物流、快运业务、流通配送为主体的三大物流体系和服务网络，以提升宝供集团的整体竞争力和企业价值。

（2）网络战略。

① 为了更好地适应市场发展以及满足客户的需求，发挥宝供全国运作网络的作用，提高物流运作水平，宝供集团拟在全国20条主要干线构造一个安全、稳定、准时、可靠的快速通道，现在已经开通了广州—上海的定时汽车班车，与大连港合作开通了广州—大连的南北航线；拟进一步与铁路部门及航空公司共同开辟新的运输线路，与其他同行探讨以武汉为中心的南北干线的交叉理货中心的建设。最后将形成一个快速的干线运输网络。

② 在全国10个主要城市开展深度分销配送业务，构建一个 B TO B（business to business）、B TO C（business to customer）的运作网络，形成一个干线运输（大动脉）、区域配送（血管）和城市配送（毛细血管）三级联动的运输配送体系。目前，配送业务已经在广州、上海、北京、沈阳、成都正式启动，配送的范围有的已经到达了蒙古包、漠河边疆、哨所，以及乡镇、家庭。最后将形成一个深度覆盖的配送网络。

（3）基地战略。为抓住中国加入WTO所带来的机遇，以及适应生产模式、营销模式转变带来的变化，宝供集团拟在全国15个经济发达城市投资建设大型现代化的支持全球供应链一体化的综合性物流服务平台（每个服务平台占地面积20万～60万平方米），形成一个以现代化物流服务平台为节点的运作网络。该平台不仅是一个现代物流中心，还是商品增值服务中心、商品采购中心、运输中心、交叉理货中心、多种运输交换作业中心，同时也是商品交易中心、金融结算中心、信息处理服务中心，从而成为国内采购集团的采购中心、国内外著名品牌在不同区域的分销中心以及当地工商企业的物流中心。

（4）科技战略。为了更好地服务于客户，向客户提供更多、更好、更快的物流服务，促使物流生产模式由人力密集型向技术密集型转变，不断提高运作效率和管理水平，宝供加大了技术开发力度，以科技促发展，逐步提高公司的技术水平。宝供不仅加大力度完善、提升宝供现有物流信息管理系统的服务能力，还与全球著名的IBM公司签订有关引进国外先进信息技术的合同，从而联手共同打造一个支持全球供应链一体化的信息服务平台。同时，还将引进国外先进成熟的、适应中国物流状况的部分信息系统和软硬件技术，以及先进的运作设备和运作技术。

第一节　物流战略管理

一、物流战略管理概述

（一）物流战略和物流战略管理的含义

关于物流战略和物流战略管理，从不同的角度可以下不同的定义。其中，《中华人民共和国国家标准物流术语》（GB/T18354—2006）对这两个概念的定义分别为：物流战略是为寻求物流的可持续发展，就物流发展目标以及达成目标的途径与手段而制定的长远性、全局性的规划与谋略；物流战略管理是物流组织将已制定的物流战略付诸实施和控制的过程。综合已有的研究并结合战略的一般定义，可重新给这两个概念下定义：

物流战略是指在企业战略的总体框架下，为寻求物流的可持续发展，根据外部环境与内部条件要适应的原则，就物流的任务、发展目标以及达成目标的途径与手段而制定的长远性、全局性的谋划。简单地说，有关物流的长期决策就形成了物流战略。它是企业为更好地开展物流活动而制定的行动指南。

物流战略涉及企业物流活动的全部环节，其内容主要包括：

①物流战略总体目标。
②竞争、合作、防御等经营战略。
③采购、运输、库存、选址、配送、信息管理等具体职能或功能战略。
④专业化、多元化、一体化等发展战略或成长战略。更广义地说，物流战略包括了与物流和供应链管理有关的所有战略性决策、政策、计划和文化。

物流战略管理是指以物流活动为管理对象，根据企业外部环境和内部条件，确定物流活动的长期目标，并为实现目标而进行环境分析、战略制定、战略实施以及评价和控制的动态管理过程。其中，环境分析、战略制定、战略实施以及战略评价和控制，既是物流战略管理的主要过程，也是其基本要素。

（二）物流战略的性质和重点

1. 物流战略的性质

从本质上说，企业战略表明必须要做的事是什么，确立了企业的目标和大体方向，职能战略则表明如何完成这些目标。和营销、研发、人力资源相类似，物流战略也是一种为实施企业战略而提供支持的职能战略，如果企业战略是以最低成本提供某种产品，那么，物流战略就可能需要将目标定位于如何把物流成本减少到最低。物流战略把比较抽象、比较高级的战略与物流的具体运营联系起来。企业战略和经营战略描述了一般目标，物流战略则描述了支持这些目标所需要的物料的实际运动。

对于制造企业或商品流通企业来说，物流战略是一种职能战略，对于专业的物流企业来说，它是企业的一种物流战略，因为，这样的企业也有营销、财务、人力资源等战略，在不十分严格区分的情况下，我们有时直接将企业战略理解为物流战略，并且将企业的使命定位在物流服务上。例如，位于美国零担货运公司前列的 Roadway Express（陆路快运公司）在使命陈述中写道："我们将通过提供可靠、反应灵敏和有效率的服务来促进客户的成功和满意。我们的主要产品经过北美的国际航线两天内就能送达。"欧洲最大供应链管理软件供应商 Mercia software（梅西亚软件）在使命陈述中写道："Mercia 的任务是为客户提供所需的最佳商业解决方案和供应链规划。"

2. 物流战略的重点

企业只有向客户提供比竞争对手更能使客户满意的产品才能生存下来。物流影响提前期、有效性、可得性、成本、客户支持、损坏率、客户对产品的看法等。这就说明，物流能对产品的设计、质量、有形价值和成功做出贡献，增加附加值。但是，哪些因素对这种贡献最重要呢？在物流战略中应该强调哪些因素呢？我们可以采用传统市场营销的观点来讨论这个问题。传统市场营销理论认为，企业营销集中于"4P"，即产品（product）、价格（price）、促销（promotion）和地点（place）。在这里，物流对"产品"（从出资生产到整体产品包装）"地点"（通过材料配送）和"价格"（通过对运营成本的影响）都有一定的影响，因此，物流战略也能有效地强化这些方面。但需要注意的是，物流与营销最主要的界面或接触点是地点，它涉及物流的渠道、设施。

一般来说，客户对成本、质量、服务水平、配送速度、有效性、灵活性、可信度、选址、来源、供应商关系、环境影响、回收及其他所有方面的关心，都依赖于物流的各个方面。然而，在不同情况下，几乎物流的所有方面对客户满意度来说都很重要，物流战略都应该加以强调。在实践中，物流战略一般会强调下列因素。

（1）成本。大部分企业希望取得低成本，于是采用使物流成本最小化的战略。这一战略实现的话，就可以既使企业得到较高的利润，又能给客户提供较低价格的产品，实现"双赢"。低成本还为发动价格战奠定了基础。

（2）客户服务。物流控制存货水平、配送频率、响应速度以及有关客户服务的其他评价指标，通过把物流战略集中到客户服务方面，企业能获得长期竞争优势。

（3）时间控制。一般来说，客户希望尽快得到产品，所以常见的物流战略都要求保证快速交付。时间控制也意味着迅速提供新产品，或者根据客户要求的特殊时间进行交付。

（4）质量。客户总是要求企业提供高质量的服务。常见的物流战略都瞄准高质量的服务，即使很难说明"高质量物流服务"是什么意思。

（5）产品柔性。这是企业使产品按照不同的需求进行客户化的能力。如采用物流延迟战略，就可以将产品客户化行为延迟到需求明确的最后一刻，这就使得产品的标准化与差异化有效地结合起来，既增强了产品的灵活性，利用了标准化生产的规模经济效益，又满足了市场多样化的需求。

（6）产出量柔性。产出量是指货物的通过量、吞吐量、处理量等，具有这方面的柔性，意味着能够适应需求高峰和低谷的要求，对需求的变化做出快速响应。

（7）技术。物流的发展，有赖于物流技术的发展和使用，如 CRM（客户关系管理）、WMS（仓库管理系统）、GPS（全球定位系统）/ GIS（地理信息系统）、ETC（不停车收费系统）等，有的企业已制定了发展和应用最新技术的战略。

（8）选址。客户一般希望要配送的产品离他们越近越好，如汽车制造企业周围总是聚集着大量的供应商的仓库，连锁企业的门店总是靠近或就在居民区，或者批发商总是在主要城市附近建立区域物流中心。因此，为企业的设施确定选址，是物流战略需要考虑的重大问题。而在物流设施的选址中，运输成本往往是考虑的主要因素之一。例如，一家位于港口附近的钢铁厂的竞争力要远大于离港口 200 公里远的另一家钢铁厂。

总之，企业希望每件事都做好，低成本、优质客户服务、快速配送、柔性等，但俗话说，"鱼与熊掌不可兼得"，企业往往不得不在提高服务水平与降低成本之间进行权衡，这将成为物流战略选择需要考虑的一个重点。一些企业（如 Ryanair）看重成本，提供廉价的服务；另一些企业（如 FedEx）侧重于配送速度；还有一些侧重于可信性或者客户化服务等。

（三）物流战略（管理）的目标

物流战略目标为企业的物流活动指明方向，主要体现在以下几个方面。

1. 降低成本

降低成本指物流战略实施的目标是将与运输、储存等相关的可变成本降到最低。要达到这一目标，通常要有备选的行动方案，然后评价选择。例如，在不同仓库选址中进行选择或在不同运输方式中进行选择，以形成最优战略。在保持服务水平不变的情况下，找出成本最低的方案。如果企业战略是服务大众市场，并以价格作为竞争武器，那么，该企业的物流战略最好将目标定位于成本最低。物流成本的高低与物流活动的效率密切相关，所以，降低成本即意味着提高效率。

2. 改进服务

一般来说，企业收入取决于所提供的物流服务的水平。尽管提高物流服务水平将可能大幅提高成本，但收入的增长可能会超过成本的增长。改进服务不仅体现在服务水平的提高，而且体现在提供与竞争对手完全不同的服务，即服务的差异化。

3. 物流合理化

就是使一切物流活动和物流设施趋于合理，以尽可能低的成本获得尽可能好的物流服务。追求物流的合理化，就需要站在战略的层次上对物流的实际流程进行全盘设计、规划，而不是单纯强调短期内某些环节和功能的合理、有效、节省成本。

4. 减少投资

指战略实施的目标是使物流系统的投资最少化。其根本出发点是投资回报率最大化。例如，将产品直接配送到客户而不经过仓储，选择公共仓库而非建设自有仓库，选择 JIT 供应方式而非储存方式，利用第三方物流而非由自己承担物流活动。由于投资减少，可变成本则可能增加，投资回报率可能提高，投资回收期则缩短，且柔性增加，使企业能集中于核心业务领域。

5. 提高响应能力

响应能力是指当客户的需求发生变化后，迅速调整计划、调动资源应对变化、满足需求的能力。在一个较稳定的物流市场，这种能力似乎不那么重要，但在一个竞争激烈的不确定性市场，是否拥有这种能力，将决定企业能否保持、赢得市场份额。如果企业的战略是服务于某一细分市场，并以客户快速响应为竞争武器，那么，该企业建立响应能力强的物流系统将有助于获得竞争优势。响应与效率之间常常需要权衡。如在运输中，响应与效率的权衡主要体现在运输方式的选择上。快捷的运输方式，如空运，虽然响应很快，但成本也高。较慢的运输方式，如水路运输和铁路运输，虽然成本效率高，但响应速度慢。由于运输成本可占到一条供应链运营成本的三分之一，因此运输方式的选择尤为重要。再如，在选址决策中，响应与效率之间的权衡就是要决定是将活动集中在少数地点以获取规模经济和效率,还是将活动分散在多个靠近客户和供应商的地点以提高运作的响应速度。选址决策对于物流的成本与绩效特性有很大影响。一旦确定了设施的规模、数量和地点,那么,流向终端客户的产品运输线路数也就确定了。选址决策反映了一个企业制造产品并将其送达市场的基本战略。

物流战略管理是将制定的物流战略加以实施、评价与控制的过程,以保证物流战略的目标得以实现,因此,本质上说,其目标与物流战略的目标是一致的。

二、物流战略环境分析

分析物流市场环境,主要是为了识别环境给物流带来的机会和威胁,环境中的有利影响为物流带来了机会,而不利影响则限制物流的发展以致带来威胁。作为物流企业或企业物流总部,在物流综合管理的过程中,则必须关注市场环境的变迁,在环境对应的基础上,制定出合理的物流发展战略。事实上,近几十年来,物流经营环境正处在一个巨大的变革期,这种环境的变化对物流的影响十分深远,而且这种变革目前仍在持续之中。不断延续的环境变迁已经成为企业在物流战略上不断求新、求变、追求竞争优势的动力源泉。

(一)宏观环境

在宏观环境分析中,各种因素并不是完全等于国家宏观社会经济要素,它们是以国家宏观社会经济要素为基础,结合物流的行业特点而制定的指标。也就是说,宏观环境分析所针对的是行业,而不是某个企业。进行物流战略宏观环境分析,就是要使企业明确物流所面临的发展机会和威胁,以及企业内部具有的竞争优势和劣势。经常性的战略分析可以使物流在环境变化之前就有所准备,同时能够缩短对环境变化做出反应的时间。

1. 经济环境

经济环境是指国家的总体经济状况。对物流行业而言,经济环境最终表现为社会和个人购买力,而购买力的大小又取决于社会总体收入水平、负债水平和资金供应程度、市场规模和经济发展等因素。经济环境任何因素的变化,都会成为物流行业发展的机会或者威胁。因此,要研究和把握经济环境的发展状况以及规律,为物流的战略决策服务。经济环境主要包括如下内容。

(1)国民生产总值以及增长速度。国民经济的发展状况和发展速度主要用国民生产总值以及增长速度来衡量,它反映了一个国家的总体经济发展水平和国家的富裕程度以及经济发展的情况。

(2)市场规模。市场规模是指一个国家的市场总容量或者是对商品需求的总水平。一个国家的市场大小、有无市场潜力,对企业的影响非常大。衡量市场规模的主要指标有人均国民收入、消费者的消费倾向和消费结构等。

(3)要素市场的完善程度。要素市场的完善程度取决于是否有健全的市场体系和健全的市场运行机制。健全的市场体系包括商品市场、资金市场、劳动力市场、技术市场、房地产市场和信息市场。对企业来说,是否有健全的市场体系决定着企业经营所需要的生产要素能否通过市场交易获得。

(4)经济政策。一个时期国家的经济政策和产业政策会给企业经营带来巨大的影响。例如,国家的产业政策,当产业政策鼓励某些产业的时候,从事这些产业的企业可以顺利并快速地发展;反之,受产业政策抑制,企业的发展就会受到很大约束。目前,针对物流行业对经济发展的重要作用，各地方政府正积极制定各项政策促进物流业的发展。

2. 技术环境

任何企业的活动都需要一定的物质条件，这些物质条件反映着一定的技术水平。社会的技术进步会影响其先进程度，从而影响利用这些条件的企业的活动效率。因此，企业必须关注技术环境的变化，及时采取应对措施。

（1）现代科技带给企业发展的新机会和发展动力。每一种新技术的运用都会使物流环节的效率得以提高，物流运作加速完成。随着新技术的采用，企业物流基础设施得以优化利用，物流工具更加现代化、智能化，为物流企业的发展创造了新的动力。

（2）现代科技提高企业物流管理水平。先进的设备、仪器、管理系统、信息系统在企业物流中的运用，使企业物流的经营管理效率得到极大的提高。

（3）现代科技促进了物流企业装备的现代化发展。一方面，如物流设备、集装设备、仓库设备及铁道货车、货船、汽车等物流装备有了较大发展；另一方面，与现代物流企业发展相适应的信息技术和网络设备得到了较快发展。

3. 政治环境

政治环境主要包括国家政治体制、政府法规、国际关系、法律体系等方面的环境。其中，政府关于交通运输方面的法规是企业的外部约束，从理论上说具有很强的约束力。国家制定的公路法、航运法、环境保护法等，对物流的发展都会产生一定的影响。除了法规以外，国家的有关政策也是企业必须考虑的外部因素。例如，我国对国内的交通运输业一直是限制外商进入的，随着我国加入WTO，外资参与国内运输业是不可避免的。事实上，目前已有相当数量的外资企业进入我国的物流产业，特别在经济开放地区，如上海浦东新区已出现了相当数量的外商独资或合资的物流公司。为了规范外资行为，使我国物流市场能健康发展，政府正在考虑制定有关的政策和法规。

在我国，政府法规对物流行业的影响到底有多大，尚没有具体的资料。但是在国外已有较多的研究结果，例如在美国，自1980年国会通过《汽车运输公司规范改革及现代化条例》后，有100多家普通的汽车运输公司宣告破产，与此同时也有一些传统运输公司和新建的创新性公司因顺应该条例而得到创纪录的增长。因此，制定物流战略计划时必须对政府法规及今后的动向做认真的研究。

由于物流所面临的环境正在发生重大的变化，如技术革命、政府政策调整、产品生命周期缩短、产品品种增多、传统加工业与零售业关系转变，以及来自消费者的强大压力等，与以前相比更加复杂和不可预测，物流企业面临更大、更多的机遇的同时也面临更强的挑战。

（二）行业环境分析

行业环境又称为运营环境，它直接影响物流环境，对于物流有着更为现实的影响。

1. 行业环境分析的内容

行业环境分析就是指对行业整体的发展状况和竞争态势进行详细分析，并确定本物流企业在行业中的地位。行业环境的特点直接影响着企业的竞争能力。影响物流行业内竞争结构及强度的环境因素主要包括现有竞争对手、潜在竞争对手以及用户这三种。

（1）现有竞争对手。物流企业的竞争首先是同行业间的竞争，因此，物流企业要对竞争企业的情况了如指掌。现有竞争对手的研究主要包括以下内容：竞争对手的数量、实力、发展战略，以帮助企业制定相应的竞争策略；同时要了解竞争对手的发展动向，包括市场发展和转移动向以及产品或服务发展动向，密切关注竞争对手的发展方向，分析竞争对手可能避开的新产品或服务、新市场，从而帮助企业领先一步，争取时间优势，使企业在竞争中取得主动地位。

（2）潜在竞争对手。一种物流服务的成功开发，会引来许多物流企业的加入。这些新进入的企业既会给行业注入新的活力，促进市场竞争，又会给原有物流企业造成压力，威胁其市场地位。新企业进入行业的可能性大小，既取决于由行业特点决定的进入壁垒，又取决于现有企业可能做出的反应。进入某个行业的难易程度通常受到规模经济、产品或服务差异以及综合优势等因素的影响。

（3）用户研究。用户研究包括两个方面的内容：需求研究和用户的价格谈判能力研究。需求研究包括总体需求、需求结构、用户购买力研究等。用户的价格谈判能力是众多因素综合作用的结果。这些因素主要有购买量的大小、企业物流服务的性质、用户后向一体化的可能性、企业物流服务在用户产品形成中的重要性。

2. 特殊环境研究

一个物流企业在某个行业中的竞争状况，仅靠三种竞争力量是远远不够的，还要受到目标市场对物流企业的包容性和接纳程度、行业生命周期、行业的技术经济支持情况等多种竞争力量或者相关因素的直接影响。所以，行业环境的分析还包括以下内容。

（1）目标市场对物流企业的包容性和接纳程度。不同地区的消费群体可能存在不同的文化传统和价值观念，因此可能导致对不同物流企业的企业文化的接受程度不同。这种价值观念和文化的影响有的直接进入了法律体系，有的成为政府的政策，有的则只是以社会习惯的形式出现。如果进入目标市场时，未对其进行详细的分析和了解，就会受到政府、行业协会、工会、消费群体的排斥，有可能造成投资失败。

（2）行业生命周期。行业生命周期的划分与产品生命周期相类似，只是它所针对的不只是一件产品，而是整个行业的发展趋势。行业生命周期包括开发期、成长期、成熟期、衰落期四个阶段。行业生命周期反映了该行业的变化规律，一般采用评价某些关键因素的方法来判断行业生命周期的阶段。不同行业中的关键性评比可能不同，每一因素在物流企业中的重要性可能也不同。

（3）行业的技术经济支持情况。一个物流企业在目标市场内投资还是撤出投资，不仅要看自己经营的产品是否有销路，而且要考虑市场内的配套设施是否完善。物流企业的发展需要人才、资金、技术等要素的保障，物流企业应该充分考虑目标市场的要素提供能力，如果某种要素不能满足物流企业的需要，物流企业应该设法解决。

3. 物流企业内部环境分析

物流企业内部环境分析的对象由于物流企业的组织结构不同而有明显的差别。对物流企业内部环境的分析可以从以下两个方面来进行：对物流企业内部各职能部门进行分析，对物流企业的生产要素进行分析。

对物流企业内部各职能部门进行分析的方法涉及物流企业内部的各职能部门，主要研究目前物流企业各职能的现状及发展趋势，以及与业务部门之间的协调程度，而不涉及与其他相关物流企业进行比较的问题。其目的是找出物流企业的"瓶颈"部门，并指出该部门的主要问题所在。而对物流企业各生产要素进行分析的方法打破了职能部门间的严格界限，从物流企业整体发展的角度分析了物流企业中各要素对物流企业发展的影响，因而更适合于物流企业总体战略的分析。

（三）物流战略环境综合分析的方法

进行物流战略环境综合分析，需要借助于科学的分析方法。可供选择的综合分析方法主要有以下几种。

1. SWOT 分析法

SWOT 分析法即 S（优势）、W（劣势）、O（机会）、T（威胁）。这种方法是利用企业内外环境相互联系、相互制约、相互影响的原理，把企业内外环境所形成的机会、威胁、优势、劣势四个方面的情况结合起来进行分析，并用十字图表对照分析以寻找制定适合本企业实际情况的经营战略和策略的思路。这种方法又叫十字形图表法。

这里介绍一家电子商务物流公司对十字形图表法的应用。该公司隶属于中国网通 A 省物流公司 B 分公司，是规模最大的物流配送运营企业。主营业务有电子商务呼叫中心、数据业务、互联网业务、物流配送业务。B 物流公司通过对自己所处的竞争环境的分析，对其优势（S）、劣势（W）、机会（O）、威胁（T）进行了概括，如表 3-1 所示。

表 3-1　B 物流公司内外环境对照分析

	机会（O）	威胁（T）
外部环境	（1）A 省物流业务发展迅速，在全国位居前列； （2）公司地区 GDP 连年来按两位数增长，人们的可支配收入增长快； （3）公司地区物流业增长高于当地的 GDP 增长； （4）当地政府出台了加快物流业发展的政策； （5）随着人均收入的提高，物流配送需求日益增加； （6）随着物流新技术的发展，电子商务物流信息、宽带数据等业务在大中型企业有可观的潜在需求	（1）当地竞争对手依托中国物流的品牌、技术资源、资金优势和邮政网，采用价格竞争方式，大量抢占公司固定物流业务，尤其是大客户； （2）竞争对手依托信息技术，大力建设物流信息网，发展物流信息，吸引高端用户； （3）竞争对手依托更先进的物流配送网络体系发展 JIT 配送，吸引了高端用户
	优势（S）	劣势（W）
内部环境	（1）是本地区最先进入、最大的物流公司，客户量大，品牌知名度高； （2）拥有比较完善、可控性强的纵向组织物流营销系统； （3）技术基础好； （4）员工敬业精神强，获荣誉称号	（1）历史包袱沉重，需要养起来的退休人员多，在职冗员多； （2）在计划经济期间遗留下来的以及不断改组积成的不良资产多； （3）员工紧迫感、危机感不足，市场观念淡薄； （4）营销方式不灵活，物流营销网络体系不太健全； （5）在主要经营的物流业务上，定价缺乏自主权

B 物流公司通过对照分析，进行 SO、ST、WO、WT 组合，从而提出了可供选择的多种组合战略方案，其组合战略方案如图 3-1 所示。

由这个实例可以看出，十字形图表法的主要优点是简便、实用和有效，主要特点是通过对照，把企业外部环境中的机会和威胁，企业内部环境中的优势和劣势，联系起来进行综合分析，有利于开拓思路，正确地制定经营战略。

2. 波士顿矩阵分析法

这是将需求增长率和相对市场占有率作为衡量标准并形成矩阵图形，然后对企业的经营领域进行分析和评价的一种综合方法。需求增长率反映了市场需求对企业的吸引力，某种经营领域的需求增长率大，对企业从事该生产经营活动的吸引力也大。相对市场占有率反映了企业某种经营领域在市场中的竞争地位，这一指标高，反映该经营领域的竞争地位强。

图 3-1　B 物流公司的 SWOT 战略组合

这一方法是将需求增长率和相对市场占有率分别按一定的水平划分为高、低两种状况，两个指标一组合，就形成四个象限，即四个区。如图 3-2 所示。

图 3-2　波士顿矩阵图

处于双高位置的区是"明星"区；处于双低位置的区是"瘦狗"区；需求增长率高，相对市场占有率低的区属于"野猫"区，也叫风险区；需求增长率低，相对市场占有率高的区是"现金牛"区，也叫厚利区。波士顿矩阵图对企业现有的各种经营领域进行综合分析，并为今后进行经营领域的选择指明了方向。这就是：对处于"明星"区位置的经营领域，应抓住机遇，加强力量，重点投资，促其发展；对处于"现金牛"区位置的经营领域，应严格控制投资，维持现有规模，设法获取尽可能多的利润，以支持处于"明星"区和"野猫"区经营领域的发展；对处于"野猫"区的经营领域，因需求增长率高，有发展前途，应加以完善和提高，促使其成为新的"明星"经营领域；处于"瘦狗"区的经营领域，属于失败或衰退的经营领域，应果断放弃和淘汰。这一方法有助于企业进行经营领域的选择和资源的有效分配。但它有一定的适用条件，即企业环境动荡水平比较低，市场需求的增长比较容易预测，不会出现难以预料的变化。

3. 麦肯锡矩阵分析法

这是以战略经营领域的吸引力和企业的竞争地位两个综合性指标进行组合，形成矩阵，进行分析的综合性方法。这种方法与波士顿矩阵分析法一样，也形成四个区，只是衡量的指标有所变化，如图3-3所示。

图 3-3 麦肯锡矩阵图

每个指标所涵盖的内容比波士顿矩阵分析法的两个指标更丰富。例如，战略经营领域吸引力这一指标除包括未来需求增长率这一具体指标外，还包括未来的盈利率指标，并考虑环境中的相关变化和偶发事件对各个经营领域的影响，确定其机会和风险，最后根据需求增长率和盈利率的估计值确定其战略经营领域的吸引力大小。又如企业竞争地位这一指标则根据三个因素的综合而加以确定，这三项因素是：

①企业在某一经营领域的投资达到最佳投资水平的程度；
②企业实施的竞争战略当前达到的竞争优势的程度；
③企业目前能力达到该经营领域一流企业所需能力的程度。

把这些因素结合起来分析，即可确定企业在某一经营领域中的竞争地位。战略经营领域吸引力这一指标根据一定的标准可划分为强、弱两种状况；企业竞争地位可划分为优、劣两种状况。两个指标一组合，形成四个区，然后把企业所有的经营领域根据这两个指标的水平，分别列入各区，再来进行经营领域的分析和选择。

这一方法克服了波士顿矩阵方法的某些不足，从而扩大了适用范围，即对企业处于不同竞争环境包括比较动荡的不稳定环境进行经营领域的分析和选择也是适用的。

三、物流战略管理的制定

无论在小公司或大型公司中，管理者均要充当战略家和企业家的角色，对其战略形式进行选择和评价。制定战略计划是比较详尽和正式的，通常需要收集大量的数据，并进行大量的形势分析，对特定的问题作深入的研究，让各个组织层次的管理者参与分析和研究，并举行会议来探索、质疑、筛选，最后研究出各个层次的战略。战略制定通常并不规范，往往来自管理者个人的经验、观点和看法，口头上的交流和辩论以及高层管理者和企业家的判断。但是，无论是战略的分析还是战略的制定，管理者都必须了解企业战略类型。

（一）物流企业战略制定的影响因素

战略制定是指做出选择某一特征战略方案的决策。战略决策的制定者常常需要对未来进行再评估，随着事态发展不断发现新的问题，并及时对企业的资源进行调整，求得新的平衡，以适应变化。决策过程总的来说是动态的，没有真正的开始或结束。不过，一些研究表明，在这一"决策流"程序中，确实有几个因素扮演着关键角色，其中包括：

1. 企业过去战略的影响

对大多数企业来说，过去的战略常作为战略制定过程的起点。这样，一个很自然的结果是进入考虑范围的战略方案的数量会受到基于企业过去的战略的限制。

2. 管理者对风险的态度的影响

企业的管理者对风险的态度影响着战略制定的决策。一些企业看起来乐于承担风险，而另一些企业则对风险有一种强烈的回避倾向。风险承担者一般采取进攻性战略，对环境的变化主动地反应。风险回避者则通常采取防御性战略，只有在环境变化迫使其做出反应时才不得不这样做。风险回避者十分倚重过去的战略，而风险承担者则寻求一种更广泛的选择。表3-2列出了风险承担型企业和风险回避型企业各自的一些主要特征。

表3-2 风险承担型企业和风险回避型企业的一般特征

风险承担型企业的一般特征	风险回避型企业的一般特征
在寻求变化着的行业环境中运行	在稳定的行业环境中运行
寻求高风险、高潜力的投资机会	避免高风险、高潜力的投资机会
倾向于执行进攻性增长战略	倾向于执行防御性、稳定增长战略
考虑选择战略方案的范围较宽	只考虑很少的战略方案
常常引进全新的产品或进入新市场	引进新产品或进入新市场的速度较慢；通常跟随该领域的风险承担型企业行动

3. 企业所面临环境的影响

企业总是存在于一个通常受到股东、竞争者、客户、政府、行业协会和社会影响的环境之中，企业对这些环境力量中的一个或多个因素的依赖程度也影响其战略制定。对环境较高的依赖程度，通常会削弱企业在其战略制定过程中的灵活性。

4. 企业文化与权力关系的影响

企业文化和权力关系对企业目标设置过程有深刻的影响。企业文化是一种价值观，它为企业的活动和行为设定一种模式。"权力"则是存在于人们之间的一种相互关系，凭借这种关系，某一个人能够对另一个人或群体施加影响，使之做一些没有这种关系就无法做到的事情。企业文化和权力关系都对战略制定过程有着重大影响。

5. 管理人员素质的影响

低层管理者和职能部门人员（尤其是公司的计划人员）对企业的战略制定有重要影响。

低层管理者和职能部门人员对战略制定的影响是通过准备提交的战略方案以及通过评价与各种方案相联系的风险来实现的。一般来说,低层管理者或职能部门人员对战略制定提出的建议和评价倾向于少冒风险,并且与过去的战略仅有细微的区别。

6. 时限考虑的影响

影响战略制定过程的另一个因素是可供做出决策所用时间的长短。时间限制的压力不仅减少了能够考虑的战略方案的数量,而且也减少了可以收集来用于方案评价的信息的数量。当人们被置于时限的压力之下时,他们倾向于把否定性因素看得比肯定性因素更重要一些,并且在做出决策时只考虑为数更少的因素。

(二)物流战略制定的流程

物流系统中的每一个环节都需要进行计划,物流战略制定必须与其他的组成部分相互衔接与平衡,如图 3-4 所示。

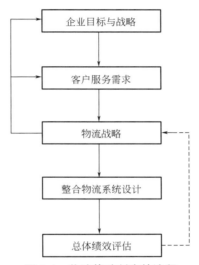

图 3-4 物流战略制定的流程

物流战略制定试图回答做什么、何时做和如何做的问题,涉及三个层面:战略层面、战术层面和操作层面。它们之间的主要区别在于计划的时间跨度。战略层面的计划是长期的,时间跨度通常超过一年。战术层面的计划是中期的,一般短于一年。操作层面的计划是短期决策,是每个小时或者每天都要频繁进行的决策。决策的重点在于如何利用战略性计划的物流渠道快速、有效地运送产品。

各个规划层次有不同的视角。由于时间跨度长,战略计划所使用的数据常常是不完整、不精确的。数据也可能经过平均,一般只要在合理范围内接近最优,就认为规划达到要求了。而运作计划则要使用非常精确的数据,计划的方法应该既能处理大量数据,又能得出合理的计划。

1. 确定行动计划

行动计划是为了完成一个单一用途计划所必须采取的行动或步骤。制订行动计划的目的是使战略具有可执行性。物流战略只有转化为具体的行动计划,才不至于变成空洞的口号。例如,某制造企业为了大幅度降低物流成本而制定了低成本物流战略,因此,管理层决定实施一系列的行动计划,包括合并采购、营销等与物流有关的部门,将相关人员数量减少 20

人；出售现有的运输车辆，解雇相关的驾驶、维护、管理人员；出租经常闲置的 5 处仓库；与两个有实力的第三方物流公司签订物流外包合同，一年后，根据物流供应商的服务情况，再将业务主要集中到一家等。

2. 编制预算

制订了行动计划之后，就可以开始预算过程。预算就是企业用金钱来衡量的资源，它列出每项行动计划预计需要的费用。预算不仅反映详细行动计划需要的耗费，使管理层确定行动计划在财力上是否能够承受或是否经济，而且通过事前预计的财务报表，还可将行动计划对企业未来财务的预期影响反映出来。制订预算计划是企业对所选战略的可行性最后一次实实在在的检验。

3. 建立标准操作程序

标准操作程序是由详细描述一项特定任务或工作如何做的一系列步骤和技巧构成的系统。它们一般都详细说明为了完成企业的行动计划所必须实施的各种行为和行动步骤、注意事项。例如，运输操作程序、装卸操作程序、配送操作程序等。

四、物流战略的实施与控制

（一）物流战略的实施

在战略实施过程中，战略制定与战略实施配合越好，战略管理越容易获得成功。而企业战略计划系统则是两者之间的媒介，或者说，企业战略计划系统是战略实施的具体化。

1. 物流战略实施的内容

（1）对总体物流战略的说明。即说明什么是企业的总体物流战略，为什么做这些选择，实现此战略将会给企业带来什么样的重大发展机遇。这种说明还包括总体物流战略目标和实现总体物流战略的方针政策。被说明的物流战略目标是总体物流战略所预期的未来目的地。对这些目的地可以定量加以描述，同样也可以定性地描述。

（2）企业分阶段物流目标。分阶段物流目标是企业向总目标前进时，欲达到的有时间限制的里程碑。一般需要对分阶段目标加以尽可能具体与定量的阐述，这也是保障实现物流总目标的依据。企业的分阶段物流目标常常与具体的行动计划和项目捆在一起，而这些行动计划与项目均为达成总目标的具体工具。

（3）企业物流战略的行动计划和项目。行动计划是组织为实施其物流战略而进行的一系列资源重组活动的汇总。各种行动计划往往通过具体的项目（通过具体的活动来进行资源分配以实现企业总目标）来实施。

（4）企业物流的资源配置。物流战略计划的实施需要设备、资金、人力资源等。因此，对各种行动计划的物流资源配置的优先程度应在战略计划系统中进行明确规定。物流战略计划系统应指明在实施物流战略中需要的各种资源。并且，所有必要的资源，在尽可能的情况下应该折算成货币价值，并以预算和财务计划的方式表达出来。预算及财务计划对理解物流战略计划系统来说具有重要意义。

（5）企业组织结构的物流战略调整及物流战略子系统的接口协调。为了实现企业的物流战略目标，必须以相应的组织结构来适应企业物流战略发展的要求。由于企业物流战略需要适应动态发展的环境，因此，组织结构必须要具备相当的动态弹性。另外，企业物流战略计划系统往往包括若干子系统。如何协调、控制这些子系统，以及计划系统对这些子系统间的接口处的管理、控制应相当明确。

（6）制订应变计划。有效的物流战略计划系统要求一个企业必须具备较强的适应环境的能力。要获得这种能力，就要有相应的应变计划作为保障。要看到各种可能条件在一定时间内所可能发生的突如其来的变化，不能仓促应战。

2. 物流战略资源的配置

资源配置是物流战略实施的重要内容。在企业的物流战略实施过程中，必须对所属资源进行优化配置。

企业物流战略资源是指企业用于物流战略行动及其计划推行的人力、物力、财力等的总和。具体来讲，战略资源包括：采购与供应实力、生产能力和产品实力、财务实力、人力资源实力、物流技术开发实力、物流管理实力、时间以及物流信息等无形资源的把握能力。

企业物流战略资源的分配是指按物流战略资源配置的原则方案，对企业所属物流战略资源进行的具体分配。企业在推进战略过程中所需要的物流战略转换往往就是通过资源分配的变化来实现的。企业物流战略资源的分配一般可以分为人力资源和资金的分配两种形式。

（1）人力资源的分配。人力资源的分配一般有三个内容：

①为各个物流战略岗位配备管理和技术人才，特别是关键岗位上关键物流人物的选择。

②为物流战略实施建立人才及技能的储备，不断为物流战略实施输送有效的人才。

③在物流战略实施过程中，注意整个队伍综合力量的搭配和权衡。

（2）物流资金的分配。企业一般采取预算的方法来分配物流资金资源。而预算是一种通过财务指标或数量指标来显示企业目标的方法。物流战略的文件通常采取以下几种现代预算方式。

①零基预算。即一切从零开始的预算。它不是根据上年度的预算编制，而是将一切经营活动都从彻底的成本—效益分析开始，以防止预算无效。

②规划预算。它是按照规划项目而非职能来分配物流资源。规划预算的期限较长，常与项目规划期限同步，以便直接考察一项规划对资源的需求和成效。

③灵活预算。它允许费用随产出指标而变动，因而有较好的弹性。

此外，企业组织结构是实施物流战略的一项重要工具，一个好的企业物流战略还需要通过与其相适应的组织结构去完成。还有一点在物流战略实施过程中也是很重要，就是企业文化。它既可以成为物流战略的推动因素，又可能对物流战略的执行起抵触作用。

（二）物流战略的控制

1. 物流战略控制的定义

控制是企业管理的重要职能之一。控制活动就是指管理者按照计划标准衡量计划的完成情况和纠正计划执行中的偏差，以确保计划目标的实现。物流战略控制就是指企业物流战略管理者和一些参与物流战略实施的管理者，依据战略计划的目标和行动方案，对战略的实施状况进行全面的评价，发现偏差并纠正偏差的活动。明确而有效的控制不仅可以纠正偏差，而且还可以确立新的目标，提出新的计划，改变组织结构以及在指导和领导方法上做出巨大转变。

物流战略控制行动可能会产生两种结果：一是物流战略的顺利进行，二是物流战略的结构性调整或新物流战略方案的采用。这两种情况都是取得和保证企业物流生存和发展的途径。

2. 物流战略控制的标准

从根本上说，企业物流战略控制的标准是企业的使命和长期基本目标。物流战略实施中的任何控制活动都必须服从这个标准。不过使命和目标是未来的、长期的、综合的，而控制是现实的、及时的、具体的。因此，物流战略控制必须借助战略实施的体系。在物流战略实施的体系中，已将企业使命和目标分解为企业各个部门在各个战略时期的目标和行为准则，这些具体的目标和行为准则就是物流战略控制的依据和标准。

3. 物流战略控制的特点

企业物流战略控制与经营控制有不同的特点。从时间上看，物流战略控制属于事前控制。物流战略控制注重的是还没有发生的重大事件，是控制未来，是向前看；同时，物流战略控制常常涉及新的业务或对现有业务将要进行的调整，因而面临着许多不确定因素。物流战略控制是把实际工作中预测的结果与标准进行比较，然后决定采取什么纠正行动。

整个过程的纠正措施，都是以预测而不是以最终结果为基础的。所以，物流战略控制的最大特点是战略控制中的目标结果和预测结果都是未来的东西，而纠正行动开始在事件发生之前，整个控制过程是以预测而不是以最终结果为基础的。战略控制的这一特点，使它面临四个难题：一从开始行动到预期结果之间时间间隔长，代价也高，在着手控制时，往往经验不足；二预测结果时，不定因素很多，同时外部环境的变化可能扰乱预测；三由于长期动荡不定的形势，可能导致目标和物流战略的改变；四由于预测常带主观性，工作难以实现客观评价。

这些问题使得物流战略控制在实践上遇到许多问题：评价什么？在什么时候评价？怎样把种种效应变为预测？物流战略是否需要改变？纠正行动的设想从哪里来？怎样才能使计划的改变无损士气？上述问题是企业物流战略管理者必须回答的问题。

4. 物流战略控制的步骤

物流战略控制过程大致有四个基本步骤：一、制定衡量、评价战略实施状况的标准；二、运用制定的标准对战略实施状况进行衡量、评价；三、将衡量、评价所得结果及时反馈到战略决策机构；四、采取相应的纠正措施。

（1）制定标准。用于控制过程的衡量、评价标准是根据制定战略计划的前提假设和战略计划本身来确定的。因此在制定衡量、评价标准时，首先要弄清楚制定战略计划的前提假设，其中包括对组织文化、组织环境、市场变化趋势、竞争对手等的分析和估计。其次，要了解物流战略计划的进展状况和各个时期所要达到的目标。由于战略计划的各前提条件和计划本身的详尽程度、复杂程度不同，在制定衡量、评价标准时需要将前提假设和战略计划具体化、数据化，使衡量和评价过程能准确顺利地得到实施。评价标准包括定性的和定量的两种。

定性的评价标准主要是指对企业内外部环境、市场动态、竞争状况、资源供给状况等变化趋势的粗略地定性估计。如果这些环境状况和资源供给趋势未能按预先估计的那样发展，也就是说，这些前提假设未被较好地满足，那么在此前提条件下制定出来的物流战略计划和目标是不适合的或者是过时的。

这种根据定性的评价标准来衡量企业的物流战略决策是否与形势变化相符或是否已过时的过程，称为定性评价过程。要明确回答这个问题，怎样确定企业的战略决策是否仍然适合所处的环境和怎样确定物流战略决策是否过时等问题，物流战略决策者们必须对企业所处的环境和市场变化趋势有明确的了解。至少要弄清下面几个问题：一是对企业实施战略目标影响最大的关键因素，组织在实施过程中是否始终拥有？并直到整个物流战略目标的实现是否仍然拥有这些关键因素，诸如人力、物力、财力资源？二是企业在制定战略目标和计划时所遵循的基本假设前提有哪些？这些前提假设在战略实施过程中是否始终具备？三是在实施物流战略时，企业内外部环境的新的变化，企业战略目标是否能适应这种变化？市场变化趋势，如市场需求趋势、资源的供给趋势、物流战略目标的实施对市场需求和资源供给有什么新的要求？企业决策者通过对上述问题的思考、分析、判断，就可以很明确地知道组织的物流战略目标是否合适或过时。

这个过程要求决策者具有较强的综合、分析、判断能力，能准确地把握好形势的变化并做出相应的决策。这一过程实施起来比较困难，但决策者切不可忽视。

定量标准就是数量化了的标准。与定性标准相比，决策者们更热衷于运用定量的标准来衡量、评价企业实施物流战略所取得的成效。因为定量标准用起来方便，一目了然。可以帮助决策者迅速、明确地知道物流战略实施的进程和所取得的成效。

定量标准的制定要求企业物流决策者将计划和目标以及各个时期所要达到的各种指标数量化。对于企业的物流战略计划和战略目标可以从以下几个方面去考虑：赢利情况，物流战略实施过程中企业要实现的利润（营业额、投资回收额、纯利等）；市场状况、市场的需求状况和变动趋势，以及物流战略实施过程中企业所要达到的市场占有率，市场覆盖面的拓宽幅度以及销售量等；生产情况，决策者要对企业在战略实施过程中所要实现的产量、合格率、资源的利用率等进行数字说明；行业地位，企业决策部门应规定战略实施过程中企业要达到的行业地位，诸如企业资产、产量以及质量评比过程中在同行业中的名次。

定量标准是根据往年的经验、需求状况进行判断和估计，运用统计规律推测未来的变化趋势而制定出来的。而这种根据过去的经验推测得出的标准，有时会因为环境的变化而变得不适宜。如果用这种不适宜的标准来衡量战略实施结果，显然毫无意义，有时甚至是有害的。因此企业决策者一定要注意定量标准的准确性。另一个值得注意的问题是定量标准有时会导致组织的决策者以及那些物流战略经营单位的领导者或物流战略实施的执行者追求短期利益。此外，定量标准还有可能把决策者的注意力引到数据分析方面，而忽视那些不能计量的信息。

（2）衡量、评价物流战略实施的成效。物流战略控制过程的第二步是运用制定的标准衡量企业战略实施的成效，掌握物流战略实施的状况、取得的成效、与预计目标的差距，估计战略实施的发展趋势。

根据确定的标准，特别是定量标准，来衡量、评价企业物流战略的实施进程是比较容易的。困难的是决策者如何决定在什么时候、什么地点以及以什么方式、采用怎样的方法对战略实施过程进行评价。过多或过少的评价都不利于对物流战略实施的有效控制。困难的是对那些无法计量的现象或状态进行评价。物流战略实施过程中并非所有的状态都能计量，而这些不能计量的现象（有时甚至是微小的变化）却可能产生深远的影响。决策者必须给予充分的重视。一个卓有远见、经验丰富的决策者能根据自身的经验，对这种现象进行恰如其分的分析、判断，从而推测出企业在物流战略实施过程中可能会出现的偏差以及发展趋势，以便及早地采取预防措施，避免企业蒙受损失。而缺乏远见和经验的决策者常常会因面临这种困难而使企业战略实施过程达不到预期的目的。对资源供给状况的衡量,有时难以借用计量的方法。

(3) 信息反馈。信息反馈是将通过衡量和评价所获得的信息及时地传递给有关决策者,这里所指的有关决策者是指对物流战略实施负有责任并具有相应权力的决策者。

信息反馈是必不可少的,因为没有信息反馈过程,企业物流决策者就无法准确、及时地得到信息;不能获得所需要的信息,企业物流管理者就无法采取有效的行动或做出合乎实际需要的决策。

(4) 实施纠正措施。物流战略方案实施过程发生偏差是正常现象,完全没有偏差是不可能的。当偏差在允许的范围内时,可以不采取纠正措施,当发生的偏差可能危及物流战略计划和物流战略目标实现时,应当采取纠正措施。有时由于客观环境和主观条件发生了很大变化,由此而产生的偏差难于纠正,或采取纠正措施需要投入很多财力、物力、人力和时间,使纠正的花费大于偏差的损失时,也不必采取纠正措施,当决定采取纠正措施时,实际上又开始了新的一轮决策过程。

5. 物流战略的评价

企业物流战略评价就是指企业物流战略实施的衡量和评价,是物流战略控制的第二步。企业物流战略评价是物流战略控制的指南和前提。对于物流战略评价有许多方法,各个公司因时因地而异。跟踪评价控制法是在阿波罗飞船研制中提出并且取得了良好的效果。跟踪评价的大致步骤如下。

(1) 监测各物流战略行动的进展。物流战略所示的行动目标分别在一系列具体的、局部的结果之中,每一次物流战略行动的推进都应当分为若干具体步骤。对前期进行的步骤,应当制订详细的计划,充分利用并合理分配资源来完成那些早期步骤。这样,物流战略管理者就可以将大而泛的物流战略变为具体的、有计划的行动和结果。跟踪控制可以从监测这些具体的先期行动入手,从而在得到的进展数据中评价。评价的主要内容有:各战略行动是否与总体战略合拍;从早期行动情况发现物流战略是否需要纠正。

物流战略行动与短期经营交织在一起,使物流战略监测变得模糊;迫切的短期问题常使人们无法专心关注战略。较好的办法是找出实施物流战略的关键因素,把这些因素同目前经营活动中的其他因素区别开来,并对此予以特别关注和监测。

(2) 监测关键的外部环境变化。企业物流战略是在预测和假设的环境背景下制定的。跟踪控制的一个重要内容是检查这些前提是否始终可靠。如果一个关键假设不能成立,战略就可能需要修改了。如果修改战略的前提能够得到很快的确认,那么物流战略转变的机会就好把握。因此每个企业都应该标志出关键外部变化因素,并对之进行监测,同时能在恰当的时候提出监测报告。

(3) 分阶段的全面评审。在物流战略实施过程中,企业内外会发生一连串不断积累起来的小变化,逐渐使整个形势发生改变。跟踪控制原理则要求对新的条件具有适应性而进行调整。这种动态调整是战略本质的一部分。因此控制系统必须根据新的变化,重新评价物流战略及其进展。分阶段评审的目的就在于此。

阶段评审是着眼于物流战略整体的一种全面检查工作。全面评审不仅要投入大量的时间和精力,还会给贯彻现行物流战略的各层管理者和职工带来一些疑虑。只有当下一步行动必须明确是否得到有效的保证时,才应该采取全面评审。因此,评审阶段如何划分就是跟踪控制要解决的另一个问题。一般有以下三种划分方法。

①里程碑法。里程碑法就是对事先划分的物流战略实施阶段进行评审。例如在设计阶段完成后的评审、市场调研阶段完成后的评审，或是在正式投资之前、进行全面生产之前的评审。采用这种办法，企业就应当率先确定评审阶段的时间，以便有计划地收集情报。

②重大事件法。重大事件法即通过外部监测，发现将有重大事件发生，而且会对物流战略实施产生影响，即使在评审阶段也要进行全面的评审。

③期限法。期限法即对那些执行期限长的战略项目，虽然没有到某一里程碑，而且也没有重大事件发生，但由于经过了很长时间（例如两年），很可能会存在一些问题，因此应根据物流战略项目的性质确定评测期限。

评价、控制都是为了使工作正常开展，不致偏离轨道，以保证目标的实现。而跟踪评价控制方法则是物流战略实施控制中经常采用并被证明的一种最好的方法。

第二节 物流运营管理

一、物流运营管理的概念

物流是由运输、储存、装卸、搬运、包装、流通加工、配送及信息处理等多项基本活动构成，是按客户的要求将物品从供应地向需求地进行转移，因此物流的运营就是将这些既相对独立，又相互关联的活动组织起来，进行一体化的运作。不同的物流服务活动有不同的物流运营方式。

物流运营管理是指将信息、库存、仓储、搬运以及包装等物流活动综合起来的一种新型的集成式管理，它的任务是以尽可能低的成本为顾客提供最好的服务。物流运营管理不仅仅是对实物流通的管理，也包含了对服务这种无形商品的管理。它涉及所有类型的组织和机构，包括政府、工厂、医院、学校、金融机构、批发商、零售商等。物流运营管理的一大特点是强调对物流活动进行集成化管理，贯穿产品价值形成和实现的全过程。

二、物流运营管理的内容

物流运营管理就是对物流活动的规划、组织、协调和控制。

1. 物流活动的规划

物流活动的规划试图回答"做什么、何时做、如何做"的问题，涉及三个层面，即战略层面、战术层面和运作层面。战略规划是长期的，时间跨度通常超过一年。战术规划是中期的，一般短于一年。运作规划是短期决策，是每个小时或者每天都要频繁进行的决策。决策的重点在于如何利用战略性规划的渠道快速、有效地运送产品。

2. 物流组织机构的设计

物流活动组织的基本问题就是如何实现各项活动之间、各部门之间、各企业之间的协调，即如何通过合作使物流计划能够有效实施。物流组织机构设计是指确定整个企业物流组织的框架和结构，确定企业中各职能部门、各层次及各个环节的联系和协调方式。这要求从企业的生产技术、经济特点及外部环境条件出发来具体考虑。物流组织一般应以总成本概念为原则，推进物流活动实现最优表现，以客户服务和信息策略为主的情况则属例外。在各个层次的物流组织中寻求合作以提高效率将成为未来物流组织中的主旋律。它包括五个方面的内容：物流决策组织系统的设计、物流指挥系统的设计、职能参谋系统的设计、组织内部各个局部开展工作的一般要求的确定、组织信息沟通方式的选择。

3. 物流活动的协调和控制

进行物流运营管理需要制订和实施物流计划，但仅仅如此并不能保证预定目标的实现，因此有必要从管理的控制功能来考虑问题。管理过程中之所以需要控制活动，其根本原因在于未来的不确定性会改变计划的实施结果。除了未来的不确定性之外，物流环境也可能会发生根本性变化，会影响计划的实施。如经济条件、技术和客户态度的变化在制订计划时可能没有被预见到，但这些变化将对计划产生影响。从某种角度讲，控制过程就是一种对不断变化的环境进行监控的过程，即可能需要采取某些修正措施使实施情况与计划制订情况相吻合。理想中的计划制订和实施无须进行控制，但在现实中几乎是不可能的，因此物流运营管理者应该基于控制机制来确保所期望目标的实现。

4. 物流组织规章制度的建立

建立物流组织规章制度要从总体和局部两方面着手，具体明确各层次、各环节管理部门的行为准则、工作要求以及协调、调查和反馈制度，从制度上保证管理工作的整体性、系统性和有效性。

5. 物流组织人力资源配备

物流组织中干部和工作人员的配备，要按照组织中层次的不同，职务、岗位和职责的不同，从工作要求出发，选拔适当人才。这是管理营运组织能够发挥功效的根本性保证。

三、物流运营管理的主体

物流是制造商的产品工艺流程通过物料采购和实物分配这两个功能性活动分别向其供应商和客户两个方向的纵向延伸所构造的一体化供应链。因此，物流也是以制造商为中心即以产品的生产制造和市场营销为主线，以相关信息流协调供应商和客户行为的协作性竞争体系或市场竞争共同体。

物流运营管理的核心是在供应链中流动的存货，所以物流运营管理在本质上是对存货资产的管理。所以也有学者从企业资产运营的角度，把物流解释为是对供应链中各种形态的存货进行有效协调、管理和控制的过程。而在整个供应链过程中，制造企业处在一个中心的地位。正是由于制造企业生产过程中所需要的原材料供应，以及产成品向下端企业（包括商业流通企业、消费者或者其他制造企业等）的销售所产生的物流需求，推动了整个供应链物流的发展。图3-5是一个典型的供应链物流运营示意图。

从图3-5可以看出，在整个供应链过程中，参与物流运营的基本主体是制造企业与商业流通企业（包括批发企业和零售企业等），我们可以把制造企业与商业流通企业统称为货主企业。通常意义上所说的企业物流，实际指的也就是货主企业的物流。同时，货主企业也可以把自身的全部或部分物流业务外包给专业的物流服务企业来完成。因此可以说，物流运营管理的主体主要包括制造企业、商业流通企业以及物流服务企业三个方面。

1. 制造企业

物流业的业务来自供应链的各个环节，而制造企业是供应链的重心，是带动供应链运作的主体，因此，制造企业的运作是产生物流需求的源泉。同时，物流的量在供应链上的分布是不均匀的。大量物流集中在制造企业的供应物流、生产物流和销售物流上，从产品到用户

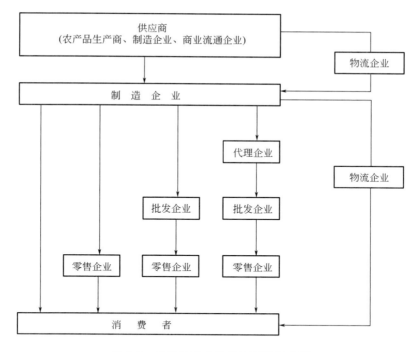

图 3-5　典型的供应链物流运营示意图

的配送则只是整个物流的一小部分。从这个意义上讲，制造企业是物流服务的最大需求者。有需求就有发展，制造企业发展的需求是物流业发展的源泉。此外，制造企业也是物流服务的重要提供者。我国的制造企业在"大而全""小而全"思想作用下，大多数物流需求是由企业自理的，而物流的整体外包在我国物流市场上还不是主流。制造企业作为物流服务的提供者和物流运营的主体，尽管物流不是其主业，其对物流业的影响却不可忽视。物流业的发展要充分考虑这一现状，考虑制造企业的物流需求者和物流服务提供商的双重角色。物流业的发展一方面要紧紧围绕物流需求，另一方面要跟随需求的重要提供商，无论从哪个方面，物流业的发展都应该围绕制造企业这个核心。

总的来说，制造企业物流是我国物流业发展的源动力，同时，制造企业也是我国目前主要的物流运营管理主体。没有制造企业牵引整个供应链形成的物流服务需求，没有制造企业对物流的组织运作，没有制造企业参与构建的物流信息平台，没有制造企业参与制定的物流服务标准，物流产业及物流企业的发展是不可能的。

目前，在各个制造行业中，比较典型的物流运营管理主体包括：
（1）电子、家电行业；
（2）汽车制造业；
（3）医药制造业；
（4）机械加工制造业；
（5）烟草行业；
（6）图书杂志出版行业等。

2. 商业流通企业

从供应链运营过程来看，商业流通企业主要包括商业批发企业和商业零售企业两类，每类又有各种不同的运营模式。

商业发展过程中的一次具有根本意义的变革是批发商业与零售商业的最终分离。产业革命以后，机器大工业为批发商业的最终独立提供了可能。批发与零售相分离的意义不仅仅在于流通职能上的专业分工，而且在于两者相分离之后演化出了一系列流通组织形式，进一步促进了商业的发展。批发商业从零售商业中独立出来以后，批发商队伍日益壮大，于是，自发地产生了原始的批发市场和有一系列制度与规则的现代批发市场。批发市场的产生，可以说是批发商业的一次革命。

批发商业的变革还表现在批发销售形式的变革上，即从现品销售到样品销售，以及从凭样品销售到凭标准品销售的飞跃。近年来，面对来自零售商的挑战，批发商业又经历了一次次重大变革与创新过程，即批发商的连锁化和一体化；批发经营的专业化；经营方式的变革；流通技术的革新等。

商业零售业在整个供应链过程中处于末梢的地位，是连接制造商与最终消费者之间的一个关键纽带。按照我国政府统计部门对零售商业的业种分类，可分为八大类：

（1）食品、饮料、烟草零售业；

（2）日用百货零售业；

（3）纺织品、服装和鞋帽零售业；

（4）日用杂品零售业；

（5）五金、交电、化工零售业；

（6）药品及医疗器械零售业；

（7）图书报刊零售业；

（8）其他零售业（包括家具零售业，汽车、摩托车及其零配件零售业，计算机及软件、办公设备零售业等）。

另外，随着零售商业的不断发展，商业零售的组织形态也发生了许多变化。按照零售经营模式分，中外零售商业的形态主要有：

（1）百货店（department store）；

（2）专业商店（category store）；

（3）专卖店（specialty store）；

（4）超级市场（super market）；

（5）大型超市（hyper market）；

（6）便利店（convenience store）；

（7）折扣商店（discount store）；

（8）仓储式商店（warehouse store）；

（9）购物中心（shopping center）；

（10）家居改建中心（home improvement center）；

（11）单一价商店（single price store）；

（12）剩余品商店（outlet store）；

（13）杂货店（variety shop）；

（14）邮寄（目录）商店（catalogue retailing）；

（15）访问（直接）销售（direct selling）；

（16）自动售货机（vending machines）；

（17）网上商店（internet store）。

不管是商品批发市场、商业批发企业还是各行各业、各种形态的商业零售企业，随着其经营规模的不断扩大，都会在进货和销货环节上产生广泛的物流需求。而这些企业也自然而然就成为了自身企业物流的运营主体。

3. 物流服务企业

制造企业和商业流通企业是物流服务的需求主体，同时也是物流运营管理的主体，许多货主企业的物流业务是由企业内部的相关部门或二级公司来完成。当然，大部分货主企业的物流业务并不一定全部由自己完成，或多或少总有外包部分。这就出现了对专业性物流服务企业的需求，由专业的物流企业来参与物流的运营管理，是社会专业化大生产的必然结果，也是提高物流效率，降低物流成本的有效途径。

根据物流服务企业提供的服务类型，可以把物流企业分为两类。一类是提供功能性物流服务业务的物流企业，这类企业在整个物流服务过程中发挥着很大的作用，这类企业一般只提供某一项或者某几项主要的物流服务功能，如仓储服务企业、运输服务企业等。另一类是提供一体化物流服务的第三方物流企业，第三方物流企业一般是指综合性的物流服务公司，能为客户提供多种物流业务服务。尽管目前第三方物流和一体化物流的趋势十分明显，但是功能性物流服务企业的存在还是必要的，它可以发挥专业化的优势，与第三方物流企业一起，共同完成客户的物流服务需求，达到降低成本，提高物流效率的目的。物流服务企业根据其核心业务情况，又可以分为以下主要类型：

（1）基于仓储服务的服务商（warehouse-based）
（2）基于运输服务的服务商（cartier-based）
（3）基于货运代理的服务商（brokerage/forwarder-based）
（4）基于包裹递送的服务商（package carriers）
（5）基于信息服务的服务商（information-based）

第三节 物流作业管理

一、物流作业管理概念

物流作业管理包括两方面的内容，一是按照连锁企业物流作业的目标对具体的物流作业的各个环节进行管理；二是为了完成作业目标而做的协调工作。

二、物流作业管理必要性

（一）物流作业的构成要素

物流作业活动的构成要素一般包括七个方面（见图3-6），其中实现物质、商品随空间移动的运输以及随时间移动的仓储是两个中心要素，另外五个要素是使物流顺利进行而开展的包装、装卸搬运、流通加工、配送管理以及信息处理，它们对物流的顺利进行起着十分重要的作用。

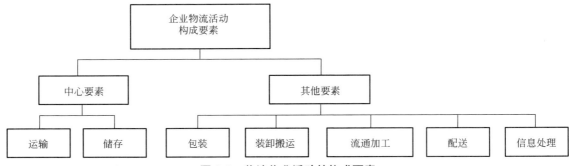

图 3-6　物流作业活动的构成要素

1. 运输（transportation）

运输是物流的主要活动要素之一。运输是指物品的运载及输送，是物品的空间位移，可以创造"场所效应"，实现"空间价值"。"场所效应"是指物品在不同场所的使用价值不同，通过空间的转换可最大程度地发挥物品的使用价值，最大限度地提高投入产出比。"空间价值"是指通过改变物品的空间位置而创造的价值。

2. 储存（storing）

储存也是物流的主要活动要素之一。在物流中，运输承担了改变物品空间状态的责任，储存则改变了物品时间状态，即调整生产和消费之间时间上的不均衡。只有通过储存，才能保证商品流通连续地、均衡地顺畅进行，才能将商品连续地、充足地提供给市场。储存职能创造着物流的时间效用。运输和储存能提高物品的场所效用和时间效用，是物流活动的支柱。

3. 装卸搬运（loading and unloading）

装卸是在一定范围内改变物品的存放、支撑状态的活动。搬运是在一定范围内改变物品空间位置的活动。在实际操作中，装卸与搬运是密不可分的，是伴随在一起发生的。

4. 包装（packaging）

要能使商品实体在物流中通过运输、储存环节顺利地到达消费者手中，必须保证商品的使用价值完好无损。因此，商品包装职能十分必要。合适的商品包装，可以维护商品的内在质量和外观质量，使商品在一定条件下不致因外在因素影响而被破坏或散失，保障物流活动的顺利进行。

5. 流通加工（distribution processing）

流通加工是在商品从生产者向消费者运动的过程中，为了促进销售、维护商品质量和实现物流效率而对商品进行的再加工。流通加工的内容包括装袋、分装、贴标签、配货、数量检查、拣选、混装、刷标记、剪断、组装和再加工改制等。

6. 配送（distribution）

配送是按照客户的订货要求和时间计划，在物流据点进行分拣加工和配货等作业后，将配好的货物送交收货人的过程。配送是物品位移的一种形式，一般距离较近、批量较小、品种较复杂。配送在整个物流过程中，其重要性与运输、储存、流通加工等并列。

7. 信息处理（information processing）

如果把一个企业的物流活动看作是一个系统的话，那么这个系统中就包括两个子系统：一个是作业子系统，包括运输、储存、包装、流通加工、配送等具体的作业功能；另一个则是信息子系统。信息子系统是作业子系统的神经系统。物流活动状况要及时收集，商流和物流之间要经常互通信息，各种物流职能要相互衔接，这些都要靠物流信息处理活动来完成。物流信息处理是由物流管理活动的需要而产生的，其功能是保证作业子系统的各种职能协调一致地发挥作用，创造协调效用。

（二）物流作业管理的要点

企业乃至供应链的物流系统是由上述一系列物流作业组成的。随着物流管理越来越受到重视，物流作业管理也成为现代物流管理的重要组成部分。作业成本法为物流作业管理提供了有效的成本核算工具，企业利用作业成本法所得到的信息在作业分析的基础上对物流作业流程进行改善，实行有效的作业管理，从而实现物流总成本最低和作业流程最优的目标。

商品价值是在一系列的作业活动（包括采购、制造、加工、配送、销售等）中形成的。企业通过连续的作业活动为消费者创造和提供价值，同时实现自身的价值增值。同样，贯穿供应链的所有物流作业也形成了一条联系链上所有企业的作业链，并且对该供应链的价值增值过程产生重要影响。因此，供应链物流管理是以流程为基础的价值增值过程的管理。企业要实现物流作业链的整体最优，就必须站在供应链的角度对物流作业环节进行作业分析和管理。

1．物流作业成本管理

物流作业成本是指产品在空间位移（含静止）过程中各种耗费的货币表现。具体地说，它是货物运动过程中，运输、储存、包装、装卸、流通加工等各个活动中所支出的人力、财力和物力的总和。

（1）物流成本的计算范围。物流成本的计算范围，由三方面因素决定：

①起止范围。物流作业贯穿企业活动的全过程，包括原材料物流、生产物流、从工厂到配送中心再到用户的物流等。

②物流活动环节。输送、储存、装卸、包装等，以哪几种活动为计算对象其结果是不同的。

③费用性质。企业外部支出的运费、储存费，以及企业内部支出的人工费、折旧费、修理费、动力费等，哪一部分列入物流成本计算范围。

在进行系统评定时，物流成本计算范围必须一致，如本企业历年物流费的变化分析，与同行业企业物流费的比较分析，都是进行物流成本管理的重要依据，但如果计算标准不一致则难以得出有益的结论。

还应注意到根据企业财务数据计算的物流费用，只能反映物流成本的一部分，如在生产车间从事搬运、包装作业的人员和设备所需要的费用等，在财务报表中不一定单独列项，所以有相当数量的物流费用是不可见的。对这一现象有人提出了物流"冰山"的说法，向外支付的物流费只是冰山的一角，而大量的物流费是在企业内部消耗的。

（2）物流作业成本合理化管理。物流作业成本合理化管理主要包含以下内容。

①物流作业成本预测和计划。成本预测是对成本指标、计划指标事先进行测算平衡，以寻求降低物流成本的有关措施，指导成本计划的制订。而物流成本计划是成本控制的主要依据。

②物流成本计算。在计划开始执行后对产生的生产耗费进行归纳，并以适当的方法进行计算。

③物流成本控制。对日常的物流成本支出采取各种方法进行严格的控制和管理，使物流成本降至最低，以达到预期的物流成本目标。

④物流成本分析。对计算结果进行分析，检查和考核成本计划的完成情况，找出影响成本升降的主客观因素。

⑤物流成本信息反馈。收集有关数据和资料并提供给决策部门，使其掌握情况。加强成本控制，保证物流作业目标的实现。

⑥物流成本决策。根据信息反馈的结果，决定采取能以最少耗费获得最大效果的最优方案，指导今后的工作，更好地进入物流作业成本管理的下一个循环过程。

2. 物流作业质量管理

物流作业质量既包含物流对象质量，又包含物流手段、物流方法的质量，还包含工作质量，因而是一种全面的质量观。一般讲，物流质量具体应包含以下内容。

①货物质量保证及改善。物流对象是具有一定质量的实体，即有合乎要求的等级、尺寸、规格、性质、外观。这些质量是在生产过程中形成的，物流作业在于转移和保护这些质量，最后实现对用户的质量保证。因此，对用户的质量保证既依赖于生产，又依赖于物流。

现代物流过程不单是消极地保护和转移物流对象，还可以采用流通加工等手段改善和提高商品的质量。因此，物流过程在一定意义上说也是货物质量的"形成过程"。

②物流服务质量。物流业有极强的服务性质，可以说，整个物流的质量目标就是服务质量。服务质量因不同用户要求而异，要掌握和了解用户要求。这些要求包括：货物狭义质量的保持程度；流通加工对货物质量的提高程度；批量及数量的满足程度；配送额度、间隔期及交货期的保证程度；配送运输方式的满足程度；成本水平及物流费用的满足程度；相关服务（如信息提供、索赔及纠纷处理）的满足程度。

③物流工作质量。工作质量是指物流各环节、各工种、各岗位的具体工作质量。工作质量和物流服务质量是两个有关联但又不大相同的概念，物流服务质量水平取决于各个工作质量的总和。而工作质量是物流服务质量的某种保证和基础。重点抓好工作质量，物流服务质量也就有了一定程度的保证。

④物流工程质量。物流质量不仅取决于工作质量，还取决于工程质量。在物流过程中，将对产品质量产生影响的各因素（人的因素、体制因素、设备因素、工艺方法因素、计量与测试因素、环境因素等）统称为"工程"。很明显，提高工程质量是进行物流质量管理的基础工作，能提高工程质量，就能做到"预防为主"的质量管理。

物流质量管理必须满足两方面的要求，一方面是满足生产者的要求，因为物流的结果，必须保护生产者的产品能保质保量地转移给用户；另一方面是满足用户的要求，即按用户要求将所需的货物送交给用户。这两方面的要求基本上是一致的，但有时也有矛盾。比如，过分强调满足生产者的要求，货物以非常高的质量保证程度送交用户，有时会出现用户难以承担的过高成本。物流质量管理的目的，就是在"向用户提供满足要求的质量服务"和"以最经济的手段来提供"两者之间找到一条优化的途径，同时满足这两个要求。为此，必须全面了解生产者、消费者、流通者等各方面所提出的要求，从中分析出真正合理的、各方面都能接受的要求，作为作业的具体目标。从这个意义上来讲，物流质量管理可以定义为：用经济的办法，向用户提供满足其要求的物流质量的手段体系。

3. 库存控制

组织货物储存对生产和流通领域都是非常重要的。对市场部门来说，就是要有足够的生产资料储备，以保证生产的连续进行。对流通部门来说，就是要适当储备一些货物，以保证市场供应不致中断，及时满足需要。库存应以保证货物流通和社会再生产的需要为限度，只有这样，库存才是正常的。库存量不是越多越好，也不是越少越好，多了会造成积压，少了又会脱销，因此要求合理储存。

（1）合理库存的内容

①合理库存量。是指在新的货物到来之前，能保证在此期间货物正常供应的数量。合理储存必须以保证商品流通正常进行为前提。影响合理储存量的因素有：社会需求量；商品再生产时间；交通运输条件；管理水平和设备条件等。

②合理库存结构。是指货物的不同品种、规格之间储存量的比例关系。社会对商品的需求既要求供应总量的满足，又要有品种、规格的选择，而且需求的结构也在不断变化。所以，在确定合理储存数量的同时，还必须考虑不同商品及其品种、规格在储存中的合理比例关系及市场变化，以便确定合理的货物库存结构。

③合理储存时间。第一，储存时间受货物销售时间的影响。货物销得快，储存时间就短；反之，货物销得慢，储存时间就长，甚至积压。所以，物流部门要随时了解生产、销售情况。第二，储存时间还受货物的物理、化学、生物性能的影响。超过货物本身自然属性所允许的储存时限，货物会逐渐失去其使用价值。因此，储存的时间还必须以保证物品安全，减少损失、损耗为前提。

④合理的储存网络。仓库网点的合理布局，也是合理储存的一个重要条件。现代物流，通过配送中心的控制平台使仓储网络化。就流通领域而言，在商品流通过程中，批发企业一般担负着一定经济区域内的供应，它要依靠自身的储存来调剂市场。所以，在批发环节，储存要大，要合理设置储存网点。零售企业处于流通渠道末端，网点分散，销售量小。因而，在零售环节，一般附设小型仓库，储存量小，应勤进快销，加速周转。就生产领域而言，物资主要是分散储存在各个工厂的仓库里，储存应适量，不宜过多，以免原材料大量积压。

（2）库存控制　库存控制是实现合理储存的重要手段。在研究库存系统性质时，需求、补给、约束和成本是任何库存系统都共有的组成部分。

①需求。如果不同时期的需求量相同，则为不变需求；否则，便是可变需求。当需求数量已知时，该系统称为确定型系统；当需求量未知，但可以确定其概率分布时，该系统称为概率型系统。概率分布可以是连续的，也可以是不连续的。需求率即单位时间的需求量。需求模式是指货物出库的方式，例如物品在期初、期末出库，在整个期间均匀出库或按其他形式（如按季节）出库等。

②补给。是指将货物存入仓库。补充供应可以按数量、模式和前置时间进行分类。补充供应量是指被接受入库的订货量。根据库存系统的不同类型，订货量可以是不变的，也可以是变化的。补充供应模式是指物品以什么方式加入库存，如有瞬时的、均衡的和分批的。补充供应的前置时间是指从决定补充某项货物到它实际加入库存之间的延续时间。前置时间可以是不变的，也可以是可变的。

③约束。是指由管理或实际环境施加于需求、补给或成本的限制，也就是施加于库存系统的限制。如仓容的约束可能限制库存的数量，管理者把资金的约束加于库存投资金额或对某些物品采取不准缺货的策略等。

④成本。成本是指维持库存和不维持库存所花费的代价。库存成本是与库存系统经营有

关的成本，是输入到任何库存决策模型的基本经济参数，由以下主要部分组成：购货成本；订购、生产准备成本；储存成本；缺货成本（亏空成本）等。

一个完整的库存系统所涉及的内容并不只是各种定量库存模型，还必须考虑六个极其重要的方面：

①开展需求预测和处理预测误差；

②选择库存模型，如：经济订货量（EOQ），经济订货间隔期（EOI），经济生产量（EPQ）；物料需求计划（MRP），一次性订货量（SOQ）；

③测定存货成本（订购、储存、缺货成本）；

④用以记录和盘点物品的方法；

⑤验收、搬运、保管和发放物品的方法；

⑥用以报告例外情况的信息程序。

库存控制系统常见类型：

①连续库存系统。这个系统以经济订货量（EOQ）和订货点的原理为基础。连续库存系统要保持存货数量的记录，并在存货量降至一定水平时进行补充供应。

②双堆库存系统。其特点是没有连续的库存记录，属于固定订货量系统。订货点由经验来判定，当存货消耗一堆时便开始订货，其后的需求由第二堆来满足。

③定期库存系统。在定期库存系统中，在储物品的数量要按固定的时间间隔进行检查。

④非强制补充供货库存系统。也称为最大最小系统，是连续系统和定期系统的混合物，库存平均按固定的间隔进行检查，但订货要在库存余额已经降至预定的订货点时才进行。

所有库存系统都有各自的优缺点，因此，适用范围也不同。例如，连续系统最适合于高价物品，对于这类物品要经常检查；双堆系统用在由于作用小或单价低而无需经常检查的场合；定期系统适用于零售领域和供货渠道较少或货源来自中心仓库的场合。

三、物流作业管理的优化措施

通过物流作业成本核算和物流作业分析，获得了大量物流作业的相关信息，就可利用这些信息进一步对物流作业流程进行优化管理。

从企业物流作业管理的角度出发，通常采用以下四种方式以实现作业链整体最优和总成本最低。

1. 作业消除（activity elimination）

即消除无附加价值的物流作业。首先，企业必须确认不能实现价值增值的作业，进而才有可能采取有效措施予以消除。例如，厂商为确保产品是用优质的原料生产，常对购入的原料进行检验，这就导致对产品进行拆箱和装箱的重复物流作业。如果企业选择高质量原料的供应商，即可消除检验作业，从而减低成本。

2. 作业选择（activity selection）

从多个不同的作业（链）中选择最佳的作业（链）。不同的物流策略通常会产生不同的物流作业，例如不同的产品分销策略，会产生不同的分销作业，而作业必然产生成本。因此，每项产品不同的分销策略将会引发不同的物流成本。在其他条件不变的情况下，应优先选择物流成本最低的分销策略。

3. 作业减少（activity reduction）

以改善已有物流作业的方式来降低企业物流活动所耗用的时间和资源。例如，改善产品的包装作业，通过整合包装降低装卸次数及其成本。

4. 作业分享（activity sharing）

利用规模经济提高相应物流作业的效率，也就是提高作业的投入产出比，以降低作业动因分配率和分摊到产品中去的物流成本。例如，通过对多个零售店的共同配送，提高货车的重载率，就可减少单位产品的运输成本，进而降低总物流成本。

四、企业物流作业管理目标

在物流系统设计和作业管理方面，每一个企业都必须同时实现至少六个不同的作业目标。这些作业目标构成了物流表现的主要方面，其中包括快速响应、最小变异、最低库存、整合运输、作业质量以及逆向物流支持等，现对每个目标做简短讨论。

1. 快速响应

快速响应是指一个企业是否能及时满足客户的服务需求能力。信息技术提高了在最短的可能时间内完成物流作业和尽快交付所需存货的能力。这样就可减少传统上按预期的顾客需求过度地储备存货的情况。快速响应能力把作业重点从根据预测和对存货储备的预期，转移到以装运和装运的方式对顾客需求做出反应方面上来。不过，由于在不知道客户需求和尚未承担任务之前，存货实际上并没有发生移动，因此，必须仔细安排不同的作业环节，不能存在任何环节衔接上的缺陷。

2. 最小变异

变异是指破坏系统表现的任何突发事件，它可以产生于任何一个领域的物流作业，诸如客户收到订货的期望时间被延迟、制造中发生意想不到的损坏、货物到达顾客所在地时发现受损，或者把货物交付到不正确的地点——所有这一切都将使物流作业时间遭到破坏，对此，必须予以解决或提前预防。物流系统的所有作业领域都容易遭受潜在的变异，减少变异的可能性关系到内部作业和外部作业。传统解决变异的办法是建立安全储备存货或使用高成本的溢价运输。当前，考虑到这类实践的费用和相关风险，它已被信息技术的利用所取代，以实现积极的物流控制。在某种程度上，变异已可减少至最低限度，作为经济上的作业结果是提高了物流生产率。因此，整个物流表现的基本目标是要使变异减少到最低限度。

3. 最低库存

最低库存的目标涉及资产负担和相关的周转速度。通过整个物流系统进行存货配置的金融价值是物流作业的总负担。结合存货可得性的高周转率，意味着分布在存货上的资金得到了有效的利用。因此，保持最低库存的目标是要把存货配置减少到与顾客服务目标相一致的最低水平，以实现最低的物流总成本。随着管理者谋求减少存货配置的设想，类似"零库存"的概念已变得越来越流行。重新设计系统的现实是，作业上的缺陷一直要到存货被减少到其最低可能的水平时才会显露出来。虽然消除一切存货的目标很具吸引力，但必须记住，存货在一个物流系统中能够并且确实有助于获得某些重要的利益。当存货在制造和采购中产生规模经济时，它能提高投资报酬率。其目标是要将存货减少和控制在最低水平上，并同时实现所期望的作业目标。要实现最低存货的目标，物流系统设计必须控制整个企业而不仅是每一个业务点的资金负担和周转速度。

4. 整合运输

运输是最重要的物流成本之一。运输成本与产品的种类、装运的规模以及距离直接相关。许多具有溢价服务特征的物流系统所依赖的高速度、小批量装运的运输，是典型的高成本运输。要减少运输成本，就需要实现整合运输。一般说来，整个装运规模越大以及需要运输的距离越长，则每单位运输成本就越低。这就需要有创新的规划，把小批量的装运聚集成集中的、具有较大批量的整合运输。这种规划必须得到超越整个供应链的作业安排的帮助。取得有效的整合运输的可选方法将在后面详细论述。

5. 作业质量

物流作业目标之一是寻求持续的质量改善。全面质量管理已成为各个行业承担的主要义务。这种义务是物流业发展的主要动力之一。如果一个产品变得有缺陷，或者服务承诺没有得到履行，那么，物流实质上并没有增加价值，反而会降低信誉价值。同时，物流的各种费用，一旦支出，也就无法收回。事实上，当作业质量不合格时，物流作业中的其他表现会被同时否定，因此，物流作业必须履行所需要的质量标准。管理上所说的实现"零缺陷"物流表现的挑战被这样的事实强化了，即物流作业必须在全天24小时的任何时间、跨越广阔的地域来履行。在作业中，由于不正确装运或运输中的损坏而导致重新作业，其费用远比第一次就正确地履行作业所支付的费用要多。因此，物流作业是发展和维持全面质量管理不断改善的主要组成部分。

6. 逆向物流支持

物流设计的最后一个目标是逆向物流支持。企业大多会对商品出售作出各种保证，如保质期、保鲜期、失效期、退换货等。在某些情况下，还必须回收那些已流向市场的超时存货。产品收回是由于不断地提高具有强制性的质量标准、产品有效期和因危害而产生的责任等，引起客户对产品不满意所造成的结果。逆向物流需求也产生于某些法律规定。比如有些法律规定，对某些饮料容器和包装材料禁止任意处理，或鼓励回收，以致回收的数量不断增加，最终导致逆向物流的增加。

逆向物流作业最重要的意义是，当存在潜在的健康责任时（例如，一种易污染产品），需要进行最大限度的控制。在这个意义上，产品收回规划就不论代价大小，都必须最大限度地执行，这同执行客户服务战略相类似。逆向物流作业的重要之处还在于，如果不仔细地审视逆向物流需求，就无法制定有效的整体物流战略。设计一个完整的物流系统，必须具有逆向物流支持能力，即从货物的发出到废旧物资回收的循环过程。其含义就是"从摇篮到摇篮"的物流支持。

【案例分析】

7-11物流战略

作为全球最大的便利店企业之一，7-11取得今日的辉煌，与其物流体系构建的影响是分不开的。7-11以区域集中化建店战略和信息灵活应用作为实现特许经营的基本策略之一，以综合考虑生产厂家、批发商、配送中心、总部、加盟店和消费者的整体结构为思考模式，从而发展出一条不建立完全属于自己公司的物流和配送中心，而是凭着企业的知名度和经营实力，借用其他行业公司的物流、配送中心，采取节约配送、共同配送的方式，实现自己的特许经营战略。7-11总部的战略经营目标是使7-11所有加盟单店成为"周围居民信赖的店铺"。这里所说的忠诚度，是通过7-11所特有的三个要素来实现的：首先，只有在7-11能够买到的独特商品；其次，刚制作的新鲜商品；第三，零缺货，即令顾客永不失望的供货。7-11为了确保实现忠诚度所需的三个要素的顺利实施，建立了先进、高效的物流系统，并确定了多个物流战略体系。

1. 区域集中化战略

区域集中化战略是指在一定区域内相对集中地开出更多店铺,待这一区域的店铺达到一定数量后,再逐步扩展建店的地区。利用这种方法,不断增加建店地区内的连锁店数,以缩短商店间的距离,缩短每次配送行走的距离及时间,确保高效的运载量,从而形成提高物流效率的基础,使配送地区合理化,配送中心分散、中小规模化。7-11 实行有效的区域集中化战略后,所带来的优势及效果非常显著,主要可以归纳为以下几个方面:第一,降低物流成本。在一定区域内集中加盟单店可以使得物流最具效率化。店铺之间的距离缩短,能够缩短每台配送车辆的平均行驶距离和行驶时间,实现定时配送,调整配送车辆的装载量。第二,缩短配送时间,保证商品的新鲜度。快餐商品新鲜度越高就越好吃,提供油炸类食品和烘烤面包的店铺明显会受到顾客的欢迎。第三,减少竞争对手开店的机会。便利店的商圈一般是半径 500~1000 米的范围。区域集中化战略可以使店铺覆盖某一个区域,具有"攻击是最大的防御"的特征,可以有效地减少竞争对手在该区域开店的机会。第四,提高知名度、强化宣传效果。区域集中化开店战略能够提高单店在开店区域内的知名度,增加顾客的亲切感。第五,提高运营区域代表的活动效率。7-11 在业务范围内设置了不同的运营区域,各个店铺的距离缩短,有利于运营区域代表对单店的指导和管理。

2. 共同配送中心

特许经营企业的单店都是由特许经营总部进行统一领导、授权、管理、培训。总部同时对各单店的经营进行协调,并作为信息中心为各单店提供后台支持,因此,建立特许经营总部指导下的共同配送中心,为不同的特许经营单店进行集约配送与共同配送不但是可行的,更是特许经营便利店的一大优势。7-11 在建立起全球零售网络时正是利用了这一优势,几乎所有由 7-11 总部制定的具体物流战略都必须依靠共同配送中心来实现。

7-11 按照不同的地区和商品群划分,组成共同配送中心,由该中心统一集货,再向各店铺配送。地域划分一般是中心城市商圈附近 35 千米,其他地方市场为方圆 60 千米,各地区设立一个共同配送中心,以实现高频度、多品种、小单位配送。为每个单店有效率地供应商品是配送环节的工作重点。配送中心首先要从批发商或直接从制造商那里购进各种商品,然后按需求配送到各个单店。

7-11 的物流体系并非独自完成,而是由合作的生产商和经销商根据 7-11 的网点扩张,根据其独特的业务流程与技术而量身打造。根据 7-11 与各生产商、批发商达成的协议,生产商和批发商对各自所在地区的闲置土地、设施或运转率较低的设施,投资设立共同配送中心,由参加投资的公司共同经营。生产商和批发商将配送业务和管理权委托给共同配送中心,7-11 与参加共同经营的生产商、批发商密切协作,以地区集中建店和信息网络为基础,创造独立的系统。

共同配送中心功能主要包括商品的集货和分散。同时,共同配送中心的建立,还可以使商品的周转率达到极高的水平,大大提高单店商品的新鲜度。通过建立共同配送中心,7-11 实现了拼箱化,提高了车辆的装载率和利用率,减少了车辆的拥堵,减轻了配送成本。

另外,建立共同配送中心这种策略令 7-11 总部能充分了解商品销售、在途和库存的信息,使 7-11 逐渐掌握了整个产业链的主导权。在连锁业价格竞争日渐犀利的情况下,7-11 通过降低成本费用,为整体利润的提升争取了相当大的空间,同时也为实现不同温度带物流战略、物流差异化战略等其他物流战略铺平了道路。

3. 不同温度带物流战略

7-11为了加强对商品品质的管理，体现对顾客负责、顾客第一的企业精神，对物流实行必要的温度管理，按适合各个商品特性的温度配送，使各种商品在其最佳的品质管理温度下，按不同温度带进行物流，最终使畅销的商品以味道最鲜美的状态出现在商店货架上，这就是7-11的不同温度带物流战略。

7-11目前已经实现了全球范围内的不同温度带物流配送体系，针对不同种类的商品设定了不同的配送温度，并使用与汽车生产厂家共同开发的专用运输车进行配送，如素菜的配送温度为5℃，牛奶的共同配送为5℃，加工肉类为5℃，杂货、加工食品为常温，冷冻食品为-20℃，冰激凌为-20℃，盒饭、饭团等米饭类食品为20℃恒温配送。7-11总部根据商品品质对温度的不同要求，一般情况下会建立三个配送中心系统，即冷冻配送中心系统、冷藏配送中心系统和常温商品配送中心系统。对于不同的配送中心系统，单店都会有不同的订货，这种做法也是为了尽可能地提高商品的新鲜度。

冷藏供货商运作方式特别，为保证商品新鲜度，配送中心没有库存，也不打印配送单据。由单店直接向供货商发送订货信息，然后由供货商打印送货单据，并根据订货信息安排生产。单店的订货原则同样也是每天上午10点前结束。供货商会在当天下午4点前将货物与送货单据送至配送中心，接着配送中心再按不同单店的订货需求分装好货物并送至店铺。单店验收完货物后，再在配送单据上签字并盖章，配送过程结束。

此外，7-11在20世纪90年代还建立了独特的新鲜烤制面包物流配送体系，在此系统中，7-11首先需要建立若干个冷冻面包胚的工厂，同时还要根据区域，按每200间单店配一家面包烤制工厂的比例，建设几十家烤制工厂。首先，在面包的制造工序中冷冻发酵工序之前的面包胚，并送至冷冻面包胚的工厂加以保存；接着，每200间单店向其指定的一家烤制面包工厂发送订货信息。其次，冷冻面包胚工厂将根据不同的订货量将冷冻的面包胚配送到不同的烤制工厂。最后，面包烤制工厂把烤好的面包送至共同配送中心。配送中心将会把烤好的面包与米饭类食品混载，向各个店铺进行每天3次的配送，以保证烤好的面包在3~5个小时内就可以陈列在货架上。

❓ 思考与分析

1. 7-11实行区域集中化战略后给其带来了哪些优势？
2. 7-11如何利用物流战略支持企业的战略规划，增加企业价值？
3. 7-11为了确保实现忠诚度所需的三个要素顺利施行，如何构建其物流战略体系？

【同步测试】

一、单项选择题

1. 环境分析、战略制定、战略实施以及（　　），既是物流战略管理的主要过程，也是其基本要素。
   A. 战略评价和控制　　B. 功能战略　　C. 职能战略　　D. 资源配置
2. 物流作业管理的构成要素包括（　　）个方面。
   A. 6　　　　　　　　B. 7　　　　　　C. 8　　　　　　　D. 5

二、多项选择题

1. 物流战略一般会强调下列因素：成本、客户服务、时间控制、质量和（　　）。
   A．选址　　　　　　B．产出量柔性　　　C．技术　　　　　　D．产品柔性
2. 物流作业的管理目标是整合运输、作业质量以及（　　）。
   A．快速响应　　　　B．最小变异　　　　C．最低库存　　　　D．逆向物流支持
3. 需求、补给、（　　）是任何库存系统都共有的组成部分。
   A．约束　　　　　　B．利润　　　　　　C．库存　　　　　　D．成本
4. 行业生命周期包括（　　）、成熟期、衰落期四个阶段。
   A．开发期　　　　　B．成长期　　　　　C．引入期　　　　　D．消失期
5. 处于双高位置的区是（　　）区；处于双低位置的区是（　　）区；需求增长率高，相对市场占有率低的区属于（　　）区；需求增长率低，相对市场占有率高的区是（　　）区。
   A．明星　　　　　　B．现金牛　　　　　C．瘦狗　　　　　　D．野猫

三、判断题

1. 在零售环节，一般附设中型仓库，储存量小，应勤进快销，加速周转。（　　）
2. 汽车制造企业周围总是聚集着大量的供应商的仓库，连锁企业的门店总是靠近或就在居民区，批发商总是在主要城市附近建立区域物流中心。（　　）
3. 物流战略管理是将制定的物流战略加以实施、评价与控制的过程，以保证物流战略的目标得以实现，因此，本质上说，其目标与物流战略的目标是一致的。（　　）
4. 物流活动的规划试图回答"做什么、何时做、如何做"的问题，涉及三个层面，即战略层面、战术层面和运作层面。（　　）
5. 对处于"明星"区位置的经营领域，应抓住机遇，加强力量，重点投资，促其发展。（　　）

四、简答题

1. 简述物流作业管理的目标。
2. 简述如何制定物流战略。

【实训操作】

【实训设计】

选择当地有影响力的物流企业一家或两家进行教学参观考察，并对其进行调查和访问。

【实训目的】

1. 通过实地调查该企业的物流作业流程，加深对物流作业流程的认识。
2. 深入了解物流企业运行过程中常见的一些设施与设备以及工作环境。

【实训步骤】

1. 由教师指导，班长或学习委员配合对班级学生进行分组，每组以5人左右为宜，选择当地有影响力的物流企业1～2家进行调查访问。
2. 在调查访问前，应根据课程所学的基本理论知识制定调查访问提纲，包括调查问题

与安排。

3．事先访问企业的网页，以使学生对该企业有初步的了解。

4．事先安排好行动路线和其他需要注意的安全事项。

【实训成果】

1．调查采访后，每位同学提交一份简要调查报告。任课老师组织一次课堂讨论。

2．经过讨论评选出几篇有价值的调查报告让全班学生交流，提高学生对物流作业流程的理解与认识。

第四章
物流系统协调管理

【学习目标】

知识目标	技能目标
（1）掌握物流系统的概念、模式； （2）了解物流系统的构成，掌握物流作业系统与物流信息系统的作用； （3）掌握物流系统分析定义、内容、方法； （4）掌握物流规划含义、特点； （5）熟悉物流规划的基本过程	（1）会用系统的方法分析物流问题； （2）能够进行物流系统分析； （3）能够进行物流规划设计

【学习导图】

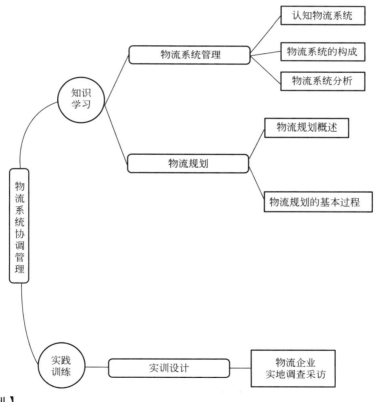

【导入案例】

青岛啤酒的物流系统目标

青岛啤酒企业集团于1998年第一季度提出了以"新鲜度管理"为系统目标的物流管理系统思路，开始建立新的物流管理系统。当时青岛啤酒的年产量不过三十多万吨，但是库存就高达十分之一，即维持在三万吨左右。这么高的库存，引发了以下几个问题：

（1）占压了相当大的流动资金，资金运作的效率低。

（2）需要有相当数量的仓库来储存这么多的库存。当时的仓库面积有7万多平方米。

（3）库存数量大，库存分散，经常出现局部仓库爆满、局部仓库空闲的问题，同时没有办法完全实现先进先出，使一部分啤酒储存期过长，新鲜度下降甚至变质。

青岛啤酒集团并没有把压缩库存作为物流系统的直接目标，而是把"新鲜度管理"作为物流系统的直接目标，这个目标的提出，不但能够解决库存降低、流动资金降低、损耗降低的目的，更重要的是面向消费者的实际需求，在实现消费者满意的新鲜度目标的同时，达到解决库存问题的目的。

"新鲜度管理"的物流系统目标提出，"让青岛人民喝上当周酒，让全国人民喝上当月酒"。实施方法是：以提高供应链运行效率为目标的物流管理改革，建立集团与各销售点物流、信息流和资金流全部由计算机网络管理的快速信息通道和智能化配送系统。

青岛啤酒集团首先成立了仓储调度中心，重新规划全国的分销系统和仓储活动，实行统一管理和控制。由提供单一的仓储服务到进行市场区域分布、流通时间等全面的调整、平衡和控制，成立独立的法人资格的物流有限公司，以保证按规定的要求，以最短时间、最少环节和最经济的运行方式将产品送至目的地。这样一来，就实现了全国的订货，产品从生产厂直接运往港、站；省内的订货，从生产厂直接运到客户仓库。同时对仓储的存量规定作了大幅度压缩，规定了存量的上限和下限，上限为一万二千吨，低于下限发出要货指令，高于上限不再安排生产，这样使仓库成为生产调度的"平衡器"。

问题

青岛啤酒通过何种途径实现"新鲜度管理"的物流系统目标的？

第一节 物流系统管理

一、认知物流系统

（一）什么是系统？

1. 系统的概念

英文中系统（system）一词来源于古代希腊文，意为部分组成的整体，它是一种哲学的思想，指的是具有特定功能相互联系的要素组成的有机整体。现代管理思想借鉴了哲学中系统的概念，认为系统是两个或两个以上既相互区别又互相作用的，能完成某一功能的单元之间的有机结合。系统需要满足下列条件：

（1）各个系统都具有一定的目的；

（2）系统都由两个或两个以上要素组成；

（3）各个要素之间相互联系，使系统保持相对稳定；

（4）系统具有一定的结构，即有序性，从而使系统具有特定的功能。

2. 系统的模式

系统是相对外部环境而言的。对于外部环境，系统具有相对的封闭性，但它与外部的界限并不清晰，往往是模糊过渡的，所以严格地说系统是一个模糊的集合。

系统受到外部环境的影响，外部环境向系统提供人、财、物、信息等各种资源作为系统的输入（input）。系统自身所具有的特定功能，将这些输入转换处理，使它产出某种需要结果（output）。输入、处理、输出是系统的三要素，如生产系统，就是将原材料视为系统输入，经过加工处理，得到一定产品作业输出。同时，在这一过程中，外部因素会对系统产生影响，如资源有限、需求波动、技术进步等，称为环境对系统的限制或干扰。此外，如果输出的结果不符合预期，需要将输出的结果与目标进行比对，以便对系统进行调整、修正以达到预期，这称为反馈。

根据以上关系，系统的一般模式如图 4-1 所示。

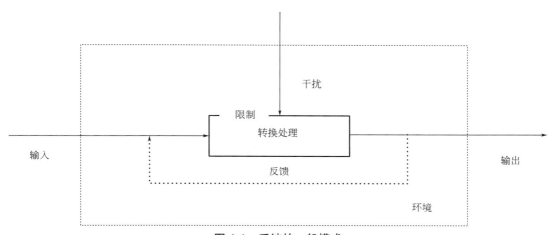

图 4-1 系统的一般模式

3. 系统的特征

一般而言，系统具有以下特征：

（1）整体性。系统由具有特定功能的要素组成，但系统的整体功能并不是这些功能要素的简单叠加，它是具有统一性的一个系统总体。由各个要素有机组合后，系统总体可以具有比各个要素更优越的功能，或是产生新的功能。

（2）相关性。构成系统的各个要素之间必须存在着相互作用、相互依赖的内在联系。这种内在联系使系统内的任一功能要素发生变化时都会影响其他要素也发生变化。

（3）目的性。系统应具有一定的目的性，即系统必须具有明确的目的。这一目的是系统内的各个要素的共同目的，各个要素为了这一共同目的的集合起来形成系统，具有一定的功能实现这一目的。

（4）动态性。动态性是指系统永远处于不断的变化之中。系统需要不断输入物质、资源、信息等，通过内部的处理转换，向外输出各种结果或产品。输入—转换处理—输出这一过程不断循环发生，系统也在不断运动、变化中生存和发展。

（5）环境适应性。系统是存在于环境之中的，并与之发生各种联系，受到环境的限制与干扰。环境不是一成不变的，环境的变化往往会引起系统功能的变化，甚至会影响到系统目标的实现。因此系统应具备自我调节的能力，适应环境各种变化，排除干扰，保证系统目标的实现。这种能力就是系统的环境适应性。

（二）什么是物流系统

用系统的观念来研究物流活动是现代物流学科的核心问题，物流系统的思想也是现代物流与传统物流的区别之处。物流系统是客观存在的，只是在传统物流中被忽视了。在传统物流中，物流的各个部分、各个功能之间基本不存在相互联系、相互作用的关系，而是"单打独斗""各自为政"，这种缺乏整体观的物流思想极大地制约了物流效率的提高与物流成本的降低。随着社会经济的发展与物流实践的不断积累，物流系统的观念开始形成，按新观念建立物流系统，能迅速发挥系统的总体优势，促进物流的发展，从这个角度上来说，物流系统是现代物流技术和现代物流观念的共同产物。

1. 物流系统的概念

物流系统是由两个或两个以上的物流功能单元构成的，以完成物流服务为目的的有机集合体。需要注意的是，物流中单一的功能要素，如运输、仓储、包装等，并不能称为物流系统，必须包含两个或两个以上功能要素，才能称之为物流系统。

2. 物流系统的模式

物流系统的模式与系统的一般模式一样，也包括输入、处理转化、输出、限制与干扰、反馈等内容，其模式如图4-2所示。

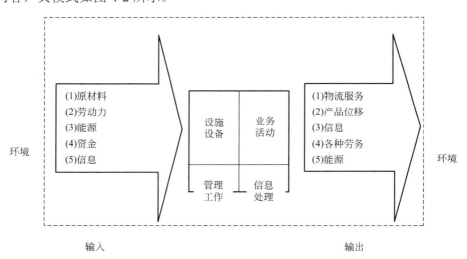

图4-2 物流系统的模式

（1）输入：指外部环境向系统提供能源、劳动力、资金、信息等资源，使系统功能得以发挥。物流系统输入包括原材料、劳动力、能源、资金、信息等。

（2）处理转化：指物流系统通过利用系统各功能要素，发挥系统功能，从输入到输出所发生的各种物流业务活动，包括物流设施设备、物流业务活动、信息管理及管理工作等。

（3）输出：指物流系统本身所具有的各种技术手段和功能，对输入的资源进行各种处理后所提供的物流服务，包括产品位置与场所的转移、各种劳务合同的履行等。

（4）限制与干扰：指外部环境对物流系统造成的约束，包括资源条件、资金限制、市场因素、政策变化等。

（5）反馈：指物流系统在把输入转化为输出的过程中，由于受系统内外各种因素的影响，无法实现计划输出，需要把输出结果返回给输入，进行调整以实现既定目标。物流系统反馈包括各种物流活动分析报告、统计报告数据、调查报告、市场行情等。

3. 物流系统的特点

物流系统是一个复杂而庞大的系统。在这个大系统中又有众多的子系统，子系统间又具有广泛的联系，相互影响、相互制约、相互依赖。物流系统具有一般系统所共有的特点，即整体性、相关性、目的性、动态性和环境适应性，同时还具有自身特有的特点，如表 4-1 所示。

表 4-1 物流系统的特点

物流系统的特点	解析
物流系统是一个"人—机系统"	物流系统由人和物流设备、工具所组成。物流劳动者需要运用各种物流设施设备（如运输车辆、装卸搬运工具、仓库、港口、车站等），作用于物资上以实现物流作业，完成物流生产
物流系统具有可分性	物流系统可以分成若干个相互联系的子系统，如运输系统、仓储系统、配送系统等
物流系统是一个动态系统	物流活动是为社会生产与流通服务的，因此受到社会生产和社会需求的广泛制约，供需、价格、渠道的变动，都影响着物流，因此物流系统是一个稳定性较差而动态性较强的系统
物流系统的复杂性	物流系统拥有大量的资源，包括庞大的从业人员、高额的资金占用、大量的物流资源，同时物流作业的地域跨度和时间跨度都很大。人、财、物等资源的组织和合理利用是一个非常复杂的问题
物流系统的"效益背反"现象	物流系统结构要素之间存在着"效益背反"，各要素之间存在冲突，要使物流系统达到整体效益最大，需要调整各个子系统、各要素之间的矛盾，使之有机联系起来成为一个整体，实现物流系统的最佳效益

4. 物流系统的目标

在建立和运行物流系统时，要求实现以下 6 个方面的目标（6S）。

（1）优质服务（service）：在为客户服务时要求做到无缺货、无损伤和无丢失现象，服务项目完善且费用便宜，达到客户满意。

（2）迅速及时（speed）：将货物按用户指定的时间和地点迅速送达。因此，需要合理规划物流网点布局，使其靠近客户，或利用便捷的交通，提高运输配送速度。

（3）节约空间（space saving）：发展立体设施和有关的物流机械，以充分利用空间和面积，缓解城市土地紧缺的问题。

（4）规模适当（scale optimization）：物流网点的优化布局，考虑物流设施集中与分散是否得当，求得合理的物流设施规模、自动化和机械化程度。

（5）库存控制（stock control）：选择合适的库存策略，控制库存量，减少多余库存以减少保管场所面积、减少库存资金占压。

（6）安全性（safe）：坚持预防为主，对可能发生事故的节点严格控制，避免事故的发生给企业或顾客带来损失。

二、物流系统的构成

物流系统是由若干物流子系统构成的,物流系统内各子系统有机联系,形成能够提供高质量物流服务的整体,其总体框架如图4-3所示。

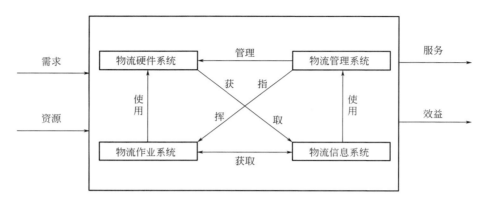

图 4-3　物流系统的总体框架

由总体框架可以看出,物流系统由物流作业系统(包含物流硬件系统)和物流信息系统(包含物流管理系统)构成。

(一)物流作业系统

物流作业系统包括运输、仓储、搬运、包装、流通加工等功能。实现物流作业功能需要有物流硬件系统的支撑,包括基础设施(如公路、铁路、航道、港站等)、运输工具(如货运汽车、铁道车辆、货船、飞机等)、物流中心(如配送中心、仓库、装卸搬运机械、货架、托盘、货箱、自动化设施等)。物流作业系统通过使用硬件系统的设施设备完成物流作业活动,实现物流作业功能。物流作业系统由以下子系统构成。

1. 运输子系统

运输子系统是物流作业系统中承担货物位置移动功能的子系统,通过空间位置变换,使货物由供应地流向需求地,解决物资在生产地点和使用地点之间的空间差距,创造物流的空间价值,实现货物的使用价值,满足社会需要。运输是物流的支柱功能之一,它在流通中的功能主要体现在以下4个方面:满足货物的空间移动需求;提高物流速度;减少物流费用;促进流通范围及规模的扩大。

2. 仓储子系统

仓储子系统是对物流中暂时处于停滞的货物进行保管的物流子系统。通过仓储可以协调产品生产与消费在时间上的矛盾,保证了流通和生产的顺利进行,使产品在需要的时间被消费,实现了物流的时间价值。同时,仓储作为一个物流环节,可以为物流活动提供场所和时间,在仓储期间,可以对货物进行检验、整理、包装、加工、转换运输方式等作业。仓储子系统需要承担的物流功能包括商品储存与保管,保证社会再生产的顺利进行,是物流作业系统的重要组成部分之一。

3. 装卸搬运子系统

装卸搬运子系统是对货物进行同一场所内、短距离的水平或垂直位移。它在物流系统中起到衔接作用,帮助其他物流活动互相过渡实现,保证物流各环节活动的正常进行。装卸搬运子系统的功能能够顺利、高效实现，可以帮助整个物流系统提高效率。需要注意的是，装卸搬运子系统的装备自动化、机械化水平对工作效率的影响非常大，因此在设施设备的选用上要格外注意。

4. 包装加工子系统

包装加工子系统已成为现代物流作业系统的重要组成部分，而且重要性也在日益提高。随着市场竞争的加剧，在物流系统中对商品进行必要的加工和包装以满足消费者多样化需求，可以提高消费者满意度和对商品的认可，从而提高市场占有率。包装加工子系统的功能属于物流增值功能，在投入—产出比上优势明显。

5. 配送子系统

配送子系统是为了适应现代市场经济发展需要，以客户为中心发展起来的现代物流子系统。它强调从客户需求出发，将"配"与"送"有机结合起来，通过迅速、准确、高质量的服务提高客户满意度并实现业务增值。配送子系统是物流作业系统中成长最快、最有发展潜力的子系统。

（二）物流信息系统

物流信息系统是指由人员、设备和程序组成的、为物流管理者执行计划、措施、控制等职能提供信息的交互系统，它与物流作业系统一样都是物流系统的子系统。物流信息系统的主要功能是进行物流信息的收集、存储、传输、加工整理、维护和输出，为物流管理者及其他组织管理人员提供战略、战术及运作决策的支持，帮助企业做出正确的决策，提高物流系统的效率与效益。物流信息系统通过物流管理系统指挥作业系统的运作，是整个物流系统的中枢神经，发挥着重要的作用。物流信息系统主要包括：

1. 订货子系统

订货子系统是在库存低于或高于设定的最优库存时，根据需求信息，适时适量地调整订货，防止库存过少或过量的系统。它从库存管理系统中获取库存信息进行分析，并向收货子系统传递订货信息。

2. 收货子系统

收货子系统根据订货信息，对收到的货物进行检验、整理，在与订货信息核对无误之后，安排入库并将收货信息传递到库存管理子系统中，以及时更新库存信息。

3. 库存管理子系统

库存管理子系统是对仓储货物进行保管养护、货位管理及库存管理的系统。库存管理系统提供准确的库存信息，可以帮助企业制订合适的采购计划、订货计划等，是物流信息系统中最重要的组成部分之一。

4. 配送管理子系统

配送管理子系统通过信息技术的使用，分析商品的配送需求，制订车辆调配计划和配送线路计划，对于降低配送成本、提高配送效率十分有帮助。

5. 发货子系统

发货子系统的功能是做出迅速、准确的发货安排，以保证将货物及时送到顾客手中。发货子系统中的信息影响到订货系统中订货数量的确定，同时在核对无误发出货物后，还需要将已发出的货物信息登入到库存管理子系统，及时更新库存数据。

三、物流系统分析

（一）物流系统分析的概念

物流系统分析指从物流的整体角度出发，根据物流系统的目标要求，对物流系统的功能、环境、费用、效益等因素进行充分的调研，运用科学的分析工具和计算方法，对相关数据、信息、资料进行分析比较，建立若干拟订方案，并对方案进行比较和评价，选择出最优方案。系统分析不同于一般的技术经济分析，要求把构成物流系统的各个要素看成一个整体，确定它们之间的相互联系，以实现系统整体目标为依据，选择出整体最优方案。

（二）物流系统分析的原则

物流系统是一个复杂的、庞大的系统，既受到外部环境的影响，也受到内部要素的制约，对物流系统进行分析也具有一定的难度，在分析过程中需要遵循以下原则，以保证物流系统分析的准确性与可靠性。

1. 外部条件与内部条件相结合原则

物流系统与社会环境、经济环境、流通环境关系密切，是一个开放性的系统。它受到内部各物流功能要素间的影响与制约，也受到外部环境的影响与制约。因此，在进行物流系统分析时，要将系统内、外部的相关因素综合考虑，才能使物流系统在一定的环境中稳定运行。

2. 当前利益与长远利益相结合原则

在进行物流系统分析时，不仅要考虑当前利益，更要从长远角度出发，追求长远利益最大化，使系统在长期发展中能够占优。只考虑当前利益，容易造成急功近利，不利于系统的长期稳定发展。当长期利益与当前利益发生冲突时，应以长远利益为重。

3. 定量分析与定性分析相结合原则

物流活动中很多问题可以量化计算，而且随着现代信息技术的发展，物流系统定量分析越来越精确化。但是需要注意的是，并不是所有问题都可以量化，如制度制定、政策研究等，因此在进行物流系统分析时，既要有定量分析，也要有定性分析。

4. 子系统与整个系统相结合原则

物流系统由多个子系统组成，如果能达成各子系统与整个系统的利益均实现最大化当然是最好的，然而，由于系统要素间、各子系统间存在"效益背反"现象，全部最大化利益是不现实的。在进行物流系统分析时，首先要保证的是物流系统整体利益的最大化，在此基础上使每个子系统获得最大利益。

（三）物流系统分析的内容

1. 系统目标

在进行系统分析时，首要工作是确定系统目标，只有明确期望达到的目标，才能根据目标搜集、分析资料，确定达到预期目的和目标所需要的设备、技术条件和相应的资源条件，为系统分析提供正确的分析依据。

2. 可行性方案

可行性方案指能达到系统目标的方案，可行性方案往往有多个，例如，一个仓储系统，既可以选用一般货架，也可以使用自动化货架，都能够实现仓储目标，但不同方案所需要的资源与产生的效益是不同的。足够的可行性方案可以为系统分析提供较大的选择余地，最大程度优化物流系统。

3. 模型

模型包括数学模型、逻辑模型。进行系统分析前，先预测相关技术参数，建立能够反映系统各组成因素及相互之间因果关系的模型，帮助在系统分析时计算系统的优化程度、存在的问题和改进措施等。

4. 费用与效益

费用指物流系统可行性方案所需要消耗的资源，效益则是指收益。物流系统可行性方案原则上效益应该大于费用，这代表系统正常运行可以为组织带来收益。如果费用大于效益，则需要检查系统是否合理，是否存在问题。

5. 评价标准

评价标准用于确定各可行性方案的排序，根据排序可以使决策者确定最优方案。制定评价标准时要根据系统的具体情况，具有明确性、可计量性、适度的灵敏度。

（四）物流系统分析的步骤

物流系统分析需要回答以下 6 个问题，即：

1. 目的，why，为什么？
2. 对象，what，是什么？
3. 地点，where，在何处做？
4. 时间，when，何时做？
5. 人，who，由谁来做？
6. 方法，how，怎样做？

为了回答这 6 个问题，找到最优的系统方案，系统分析需要经历以下步骤（如图 4-4 所示）：提出问题，收集资料，建立模型，对比可行性方案的经济效果，判断方案的优劣，建立可行性方案。需要注意的是，在实际工作中，最优方案有时并不是一次分析就能得到的。如果一次分析后的结果并不令人满意，那么就需要根据目标要求进行二次分析，重新提出问题，再次收集资料，分析论证，如此循环直到得到满意的方案为止。

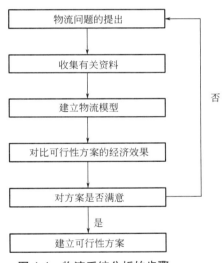

图 4-4 物流系统分析的步骤

第二节 物流规划

一、物流规划概述

（一）什么是物流规划

物流规划是从系统化角度，对未来一段时间内的物流活动做出战略性决策，对物流的发展进行比较全面的长远的规划和设计，对未来整体性、长期性、基本性问题进行思考，并设计整套行动方案。

物流规划设计的核心是用系统的思想和方法对物流的各个功能要素进行优化整合,从而保障物流系统整体良性、健康、有序地发展。

物流规划包含三项要素:

(1)长期性目标,如客户满意度、市场竞争优势、供应链管理。

(2)实现目标的方法,如服务增值方法、客户服务方法、信息技术方法等。

(3)实现目标的过程,如组织运行过程、业务规划等。

物流规划实际上也就是对物流系统进行规划,要从系统化角度出发,对物流的每个环节进行规划时都要平衡与其他物流环节的关系,并从长远的角度考虑,因为物流规划是战略决策,一旦形成所影响的时间是比较长的,还要进行战略实施,对企业的影响是深远的,因此要十分谨慎。

(二)物流规划的特点

物流规划特点非常鲜明,具体表现为:

1. 战略性

物流规划是对未来较长一段时间内的整体物流系统做出的战略性决策,规划方案一旦确定并实施,将会对物流系统产生深远的影响,因此,物流规划必须具有战略高度。

2. 前瞻性

物流规划是对未来物流活动的安排与计划,因此必须进行合理的预测,对未来的发展趋势、市场环境可能发生的变化等影响物流系统的因素进行提前分析、考量,做到前瞻性是制订物流规划的关键。

3. 动态性

物流系统是一个动态性的系统,系统的外部环境和内部因素都无时无刻不在发生着变化,因此对物流系统进行的规划也需要能够及时应对变化,才能行之有效。

4. 综合性

物流系统是一个复杂系统,物流要素、物流资源都是多样化的,这决定了物流规划必须综合考虑各种因素的影响与制约才能实现合理规划。

(三)物流规划的类型

从不同的角度考虑,物流规划可以划分为不同类型。

(1)从物流规划的层次上划分,物流系统规划可分为:物流系统战略层规划、物流系统策略(战术)层规划和物流系统运作层规划。其层次关系如图4-5所示。

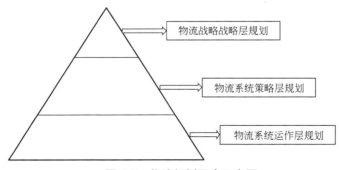

图4-5 物流规划层次示意图

（2）从物流规划的级别划分，物流系统规划可划分为：国家级物流规划、区域级物流规划、行业物流规划和企业物流规划。

（3）从物流规划的深度划分，物流系统规划可划分为：宏观规划（总体规划）、中观规划（局部规划）和微观规划（详细规划）。

（4）从物流规划所涉及的物流功能划分，物流系统规划可划分为：运输规划、仓储规划、配送规划、采购规划等。

（5）从物流规划的业务性质划分，物流系统规划可划分为：生产物流规划、供应物流规划、销售物流规划、回收物流规划和废弃物物流规划。

二、物流规划的基本过程

物流规划的基本过程包括四个环节，分别是：物流环境分析、物流战略规划的制定、物流系统规划设计、物流系统方案设计与实施。物流规划的流程如图4-6所示。

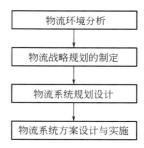

图 4-6 物流规划的流程

（一）物流环境分析

物流系统受到外部环境的制约，因此在制定物流规划时首先要进行的就是对物流企业的生存环境进行分析，物流环境分析的内容包括宏观经济环境、行业环境、区域市场的变动、新技术的应用、物流产业环境等。

1. 宏观环境分析

物流行业是服务业，它为国民经济的各部门运行提供物流服务，因此与国家宏观社会经济密切联系，并深受其影响。在制定物流规划前，首先要对物流系统所处的宏观环境进行分析，包括政治、经济、法律、文化、科技、环境保护等可能影响物流系统发展的各种宏观环境因素。

2. 行业环境分析

企业身处行业之中，因此行业的现状与未来发展是对本企业影响最大、最直接的环境因素，应对行业环境作全面、深入、细致的分析，包括市场规划与发展前景、行业中竞争对手的情况、行业平均利润水平等。

3. 区域市场环境分析

区域市场环境包括区域经济状况、客户数量、客户与供应商的分布等，这些因素的变动会影响市场需求、物流的流向，对物流网络的布局有着直接的影响。

4. 技术环境分析

随着科技的发展，物流系统也在发生着变化，新技术的产生与应用影响着物流的成本与效率。现代物流中重视新的物流技术的应用，追求用技术降低作业成本、提高服务水平。对物流影响大的技术主要是信息技术、包装及包装材料技术、仓储技术、运输技术等。

5. 物流产业环境分析

企业物流规划就是决策如何建立企业自身的物流网络，实现供应链一体化管理。物流网络通过运输、仓储、加工、配送等物流环节帮助企业完成采购供应、销售交换等活动，而这些物流环节受到物流产业环境的影响。企业在规划物流系统时既可以选择自建也可以选择外包，这与物流产业整体的成本水平、服务水平有关，因此在制定物流规划策略时需要对物流产业环境进行分析。

（二）物流战略规划的制定

战略决定了企业在未来较长一段时间内的发展方向，是企业最高层次的规划设计。物流战略规划是在战略层次确定物流系统的战略目标、战略导向、战略优势、战略态势、战略类型、战略措施和战略步骤等。它是物流系统最高层次的规划，为进一步进行物流系统规划设计奠定基础、指明方向。物流系统战略规划的内容主要有以下几点。

（1）物流系统战略目标。指由物流系统宗旨引导、根据物流系统所处环境制定的物流系统目的，表现为可在一定时期内实现的量化结果或期望值。它是物流系统战略规划中各种功能要素战略制定的基本依据。

（2）物流系统战略导向。指物流系统生存、成长与发展的主导方向，如客户服务目标、设施选址战略、库存决策战略和运输战略等。

（3）物流系统战略优势。指物流系统能够通过战略规划形成的优于竞争对手的形势、地位和条件，如产业优势、资源优势、地理位置优势、技术优势等。

（4）物流系统战略态势。指物流系统的服务能力、营销能力、市场规模在当前的有效方位及沿战略逻辑过程的不断演变过程和推进趋势。

（5）物流系统战略类型。指依据不同的标准对物流系统战略进行划分，从而更深刻地认识物流系统战略的基本特点，进一步完善物流系统战略规划方案。

（三）物流系统规划设计

1. 物流系统规划设计目标

物流系统规划设计的关键就是用系统的思想和方法对物流的各个功能要素进行优化整合，以实现物流系统总体目标，保障物流系统良性、有序、长期发展。物流规划设计的目标并不是单一的目标，根据物流系统的目标、实际情况不同物流规划设计时的目标也会不同，常见的物流规划设计目标可以概括为"三大一小"四个方面，即：最优服务、最大利润、最大竞争优势及最小资产配置。在物流规划设计时这四个目标并不一定能够同时实现，而是要根据需要做出选择，设计每个目标下独特的物流系统。

（1）最优服务。以追求物流服务最优为目标，通过高效率的运作保证用户需求及时得以满足。在该目标下，物流系统设计以保证系统效率为重点，往往导致物流系统设计成本上升，带来一定的资金风险。但这部分成本上升可以在为客户带来的增值服务中得到弥补。

（2）最大利润。以追求物流系统利润最大化为目标，综合计算系统投入—生产出比，确保物流系统利润最大化。

（3）最大竞争优势。以追求最大竞争优势为出发点，在进行设计时重视市场、客户需求研究，设计出与市场上其他竞争对手相比能够占优的物流系统服务，保证获得最有价值的用户。

（4）最小资产配置。物流系统规划设计的目标是在保证客户服务前提下，投入物流系统的资产最小化，使物流系统投入成本最小化。

2. 物流系统规划设计原则

物流系统规划设计必须以物流系统整体目标为核心，合理、经济、有效地配置系统资源，确保系统目标实现，在设计时需要遵循以下原则。

（1）系统性原则。系统性是指在物流系统规划设计过程中必须以系统的思想和方法进行设计，综合考虑系统中所有因素间的相互关系、影响作用，以整体最优为目标。

（2）可行性原则。可行性指在物流系统规划设计过程中必须考虑资源的可支配情况，满足既定的资源约束条件，保证物流系统规划切实可行。

（3）经济性原则。经济性原则是指在物流系统功能和服务水平一定的前提下，尽量降低成本、减少投入，实现系统自身利益的最大化。

（4）社会效益原则。在进行物流系统规划设计时应考虑对社会环境的影响，尽量降低物流系统带来的环境污染、资源浪费，追求可持续发展的绿色物流。

3. 物流系统规划设计内容

物流系统规划的设计目标、设计条件、规划类型不同，设计内容也不相同。如不同的物流系统规划级别下，设计内容差别就很大，如表4-2所示。

表4-2 不同级别的物流系统规划设计内容

物流规划级别	设计内容
国家级物流系统规划	以物流基础节点和物流基础网络为内容的物流基本平台规划。如交通运输线路的规划、综合物流节点的规划等
区域级物流系统规划	地区物流基地、物流中心、配送中心三个层次的物流节点以及综合物流园区的规模和布局
行业物流系统规划	在物流基础的平台上，指导企业和其他经济组织物流规划，使其物流运作达到合理化和协调发展
企业物流系统规划	从微观方面对企业物流系统各功能要素进行具体规划设计

（四）物流系统方案设计与实施

1. 物流系统方案设计要求

物流系统方案设计是根据物流系统战略目标、物流系统规划，以满足物流系统功能要求为目的，制定系统中各功能要素的配置方案。物流系统方案需满足的功能要求包括：以经济合理的方式将正确的货物以正确的数量，在正确的时间，按正确的要求送达目的地；合理配置物流节点，实现合理化库存；实现装卸、保管、包装等物流作业的高效率；实现信息流在物流全过程的通畅等。

为了实现这些要求，物流系统方案设计应满足：

（1）开放性。物流系统资源配置需要在全社会范围内寻求。

（2）功能集成化。对物流系统功能、资源、信息、网络等功能要素进行统一规划、整合，使功能要素间协调配合实现整体运作，达到物流系统整体化的目标。

（3）网络化。将物流系统中的业务、资源、信息等要素，按照网络方式在一定区域内进行规划、设计、实施，从而实现系统快速反应。

（4）可调整性。物流系统方案需要应对经济发展、市场需求的变化，及时进行局部调整，保持对环境的适应性。

2. 物流系统方案设计流程

物流系统往往由若干个功能子系统组成。物流系统方案的设计需要对各子系统进行设计，在设计时应使各个子系统和整个物流系统相互协调、相互平衡。因此物流系统方案设计时，需要形成一个总体框架，在总框架下对整个系统的各个部分进行规划设计。

物流系统方案设计流程可大致分为四个阶段，如图 4-7 所示。

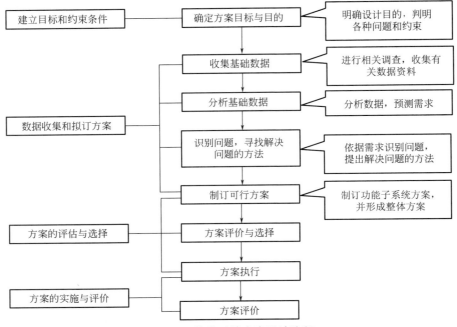

图 4-7　物流系统方案设计流程

（1）建立目标和约束条件：进行物流系统方案设计的第一步是设计目标，目标的定位决定着物流系统的功能组成。目标的设定应综合考虑各功能要素之间的联系与系统的整体性。同时，物流系统受到外部条件的制约，因此要判明各种问题和约束对系统目标的影响，特别是暂时无法改变的制约因素。

（2）数据收集和拟订方案：在物流系统方案设计中，要进行大量的调查及基础资料的收集，作为系统方案设计的依据。基础资料的准确程度和全面程度决定了物流系统方案设计的有效性。一般物流系统方案设计需要的调查资料包括物流服务需求、物流资源状况、社会经济发展、市场竞争状况。完成数据收集后还要对数据进行整理分析，依据需求识别问题，并提出解决问题的方法，结合系统目标制订若干物流系统可行方案。

（3）方案的评估与选择：根据物流系统目标制定评价标准，针对备选方案的经济、技术、操作等层面的可行性做出分析、比较与评价，选择出最优方案。

（4）方案的实施与评价：物流系统方案的实施过程是一个复杂的过程，方案的优劣、可行性将在实施过程中得到验证。因此，实施过程应严格按照方案设计要求逐步进行，遇到问题时尽可能最大限度地满足设计要求。如确有无法满足部分，应对设计方案进行必要调整，但要保证不影响物流系统整体目标的实现。在方案实施一段时间后，应对方案进行评价以指导进一步的物流系统设计与优化。

【案例分析】

美国阿拉斯加原油输送方案的系统分析

问题：如何由阿拉斯加东北部的普拉德霍湾油田向美国本土运输原油？

1. 系统目的与环境

要求每天运送 200 万桶原油。油田处在北极圈内，海湾长年处于冰封状态；陆地更是常年冰冻，最低气温达零下 50℃。

2. 提出备选方案

方案Ⅰ：由海路用油船运输；

方案Ⅱ：用带加温系统的油管输送。

3. 方案的分析、比较

方案Ⅰ

优点：每天仅需四至五艘超级油轮就可满足输送量的要求，似乎比铺设油管省钱。

存在的问题：

第一，要用破冰船引航，既不安全又增加了费用；第二，起点和终点都要建造大型油库。这又是一笔巨额花费。另外，考虑到海运可能受到海上风暴的影响，油库的储量应在油田日产量的十倍以上。

归纳起来这一方案的主要问题是：不安全、费用大、无保证。

方案Ⅱ

优点：可以利用成熟的管道输油技术。

存在的问题：

第一，要在沿途设加温站，这样一来管理复杂，而且需要供给燃料，然而运送燃料本身又是一件相当困难的事情；

第二，加温后的输油管不能简单地铺在冻土里。因为冻土层受热溶化后会引起管道变形，甚至造成断裂。为了避免这种危险，有一半的管道需要用底架支撑和作保温处理。这样架设管道的成本费用要比铺设地下油管高出三倍。

4. 决策人员的处理策略

（1）考虑到系统的安全和供油的稳定性，暂把方案Ⅱ作为参考方案作进一步的细致研究，为规划做准备；

（2）继续拨出经费，广泛邀请系统分析人员提出竞争的新方案。

5. 进一步分析——提出了竞争方案Ⅲ

其原理是把含 10%～20%氯化钠的海水加到原油中去，使在低温下的原油成乳状液，仍能畅流，这样就可以用普通的输油管道运送了。这个方案获得了很高的评价，并取得了专利。其实，这一原理早就用于制作汽车的防冻液了。把这一原理运用到这个工程中来，并断定它能解决问题，这是一个有价值的创造。

那么，是否还有其他更好的方案呢？

6. 进一步分析——提出了第二个竞争方案Ⅳ

正当人们在称赞方案Ⅲ的时候，另有人提出了竞争方案Ⅳ。

该方案提出者对石油的生成和变化具备丰富的知识，他们注意到埋在地下的石油原来是油、气合一的，这时它们的熔点是很低的。经过漫长的年代以后，油气才逐渐分离。他们提出将天然气转换为甲醇以后再加到原油中去，以降低原油的熔点，增加流动性，从而用普通的管道就可以同时输送原油和天然气。

与方案Ⅲ相比，不仅不需要运送无用的海水，而且也不必另外铺设输送天然气的管道了。这方案的提出使得人们赞赏不已。由于采用这一方案，仅管道铺设就节省了近 60 亿美元。比方案Ⅲ节省了一半的费用。

? 思考与分析

1. 上述案例中问题的解决是否体现了系统的思想？
2. 结合此案例，分析物流系统分析的重要性和价值。

【同步测试】

一、单项选择题

1. 构成系统的各个要素之间必须存在着相互作用、相互依赖的内在联系。这体现了系统的（　　）。
   A. 相关性　　　　B. 整体性　　　　C. 动态性　　　　D. 复杂性
2. 物流服务是物流系统中的（　　）。
   A. 输出　　　　　B. 干扰　　　　　C. 反馈　　　　　D. 制约
3. 发展立体设施和有关的物流机械，以充分利用空间和面积，缓解城市土地紧缺的问题。这体现了物流系统的哪一目标。（　　）
   A. 优质服务　　　B. 空间节约　　　C. 规模适当　　　D. 库存控制
4. 下列不是物流信息系统的子系统的是（　　）。
   A. 订货系统　　　B. 运输系统　　　C. 配送管理系统　D. 收货系统
5. 在物流系统功能和服务水平一定的前提下，尽量降低成本、减少投入，实现系统自身利益的最大化。这是物流系统规划设计中的（　　）原则。
   A. 系统性　　　　B. 可行性　　　　C. 经济性　　　　D. 社会环境性

二、多项选择题

1. 物流系统由（　　）构成。
   A. 战略决策系统　B. 物流作业系统　C. 销售管理系统　D. 物流信息系统
2. 物流系统分析的内容包括（　　）。
   A. 系统目标　　　B. 可行性方案　　C. 模型　　　　　D. 费用与效益
3. 以下属于物流系统规划设计目标的是（　　）。
   A. 最大利润　　　B. 最大服务　　　C. 最大竞争优势　D. 最低价格
4. 以下属于物流系统目标的是（　　）。
   A. 优质服务　　　B. 迅速及时　　　C. 库存控制　　　D. 安全性
5. 物流系统方案设计应满足（　　）。
   A. 开放性　　　　B. 功能集成化　　C. 网络化　　　　D. 可调整性

三、判断题

1. 系统中的各部分之间基本不存在联系，更不存在相互制约的关系。（　　）
2. 物流战略规划设计是对物流未来一段时间内的决策安排，因此具有前瞻性。（　　）
3. 内部因素对物流系统的影响最大，因此在进行物流系统分析时只需要考虑内部因素就可以了。（　　）
4. 包装加工系统属于物流作业系统的子系统。（　　）
5. 足够的可行性方案可以为系统分析提供较大的选择余地，最大程度优化物流系统。（　　）

四、思考题

1. 下列哪些属于物流系统的输出？
（1）产品完成生产后在仓库存储至市场有需求的时候
（2）将产品从供应地运输至需求地
（3）履行仓储合同，对货物进行保管养护
（4）收集物流信息并进行分析
（5）购买物流设施设备
2. 分析物流系统作为一个庞大、复杂的系统与其他一般系统有哪些不同。

【实训操作】

【实训设计】
选择一家模拟企业并对其物流需求进行充分的调研分析，为其进行物流系统规划设计。

【实训目的】
1. 通过实训设计进一步熟悉企业中物流系统的构成，物流系统的功能子系统；
2. 熟悉物流系统规划设计的步骤；
3. 掌握物流系统规划设计的方法，并能做出优化。

【实训步骤】
1. 由教师指导，班长或学习委员配合对班级学生进行分组，每组以5人左右为宜，选择一家模拟企业进行调研分析；
2. 在调研前，应根据课程所学的基本理论知识确定所需相关资料范围；
3. 通过资料收集与分析，确定模拟企业的物流需求，确定物流系统的目标；
4. 根据企业物流系统的总体目标，分别进行物流环境分析、物流系统战略规划设计、物流系统规划设计及物流系统方案设计。

【实训成果】
1. 调研分析后，每位同学提交一份设计报告。任课老师组织一次课堂讨论。
2. 经过讨论评选出几篇合理的设计报告让全班学生交流，提高学生对物流系统规划设计的理解与认识。

第五章
物流立体化管理

【学习目标】

知识目标	技能目标
（1）掌握企业物流的含义、内容及分类，认识企业物流的增值作用； （2）掌握第三方物流、第四方物流的含义； （3）理解第三方物流利益来源； （4）理解国际物流的含义，掌握国际物流的基本形式	（1）能够对企业物流进行合理化分析，提高企业物流价值； （2）能够评价和选择第三方物流； （3）熟悉国际物流通关手续

【学习导图】

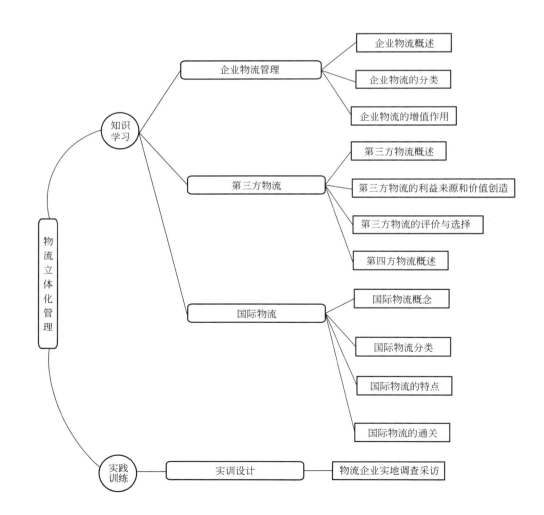

【导入案例】

麦当劳御用第三方物流——夏晖冷链物流

谈到麦当劳的物流,不得不说到夏晖公司,这家几乎是麦当劳"御用第三方物流"的物流公司,他们与麦当劳的合作,至今在很多人眼中仍是一个谜。麦当劳没有把物流业务分包给不同的供给商,夏晖也从未移情别恋,这种独特的合作关系,不仅建立在忠诚的基础上,也在于后者为其提供了优质的服务。

麦当劳对物流服务的要求是比较严格的。在食物供给中,除了基本的食物运输之外,麦当劳要求物流服务商提供其他服务,如信息处理、存货控制、贴标签、出产和质量控制等,这些"额外"的服务固然成本比较高,但它使麦当劳在竞争中获得了上风。"假如你提供的物流服务仅仅是运输,运价是一吨4角,而我的价格是一吨5角,但我提供的物流服务当中包括了信息处理、贴标签等工作,麦当劳也会选择我做物流供应商的",为麦当劳服务的一位物流经理说。

麦当劳利用夏晖设立的物流中心,为其各个餐厅完成订货、储存、运输及分发等一系列工作,使得整个麦当劳系统得以正常运作,通过它的协调与连接,使每一个供给商与每一家餐厅达到畅通与和谐,为麦当劳餐厅的食物供应提供最佳保证。为了满足麦当劳冷链物流的要求,夏晖公司在北京地区投资5500多万元人民币,建立了一个占地面积达12000平方米、世界领先的多温度食物分发物流中心,该物流中心配有先进的装卸、储存、冷藏设施,5~20吨多种温度控制运输车40余辆,中心还配有电脑调控设施用以控制所规定的温度,检查每一批进货的温度。靠着这些,麦当劳在快餐食品中真正达到了冷链物流要求,占据了市场竞争优势。

问题

对于麦当劳来讲,企业物流包括哪些内容?作为第三方物流企业的夏晖物流具有哪些优势吸引了麦当劳?

第一节 企业物流管理

一、企业物流概述

(一)企业物流的含义

企业是为社会提供产品或某些服务的经济实体。企业是最早接受物流观念的领域,原因在于企业的目标是通过使客户满意以获得利润,而物流被看作是能够满足客户要求的手段。

企业物流(internal logistics)是指生产和流通企业围绕其经营活动所发生的物流活动,是伴随着企业的投入→转换→产出而发生的。企业物流是企业在生产经营过程中,从原材料供应,到生产加工制造,到产成品销售,及生产消费过程中所产生的废弃物回收的完整循环活动中所涉及的所有物的流动。

(二)企业物流的发展过程

企业物流的发展过程大致可以分为以下三个阶段。

第一个阶段：产品物流阶段（product distribution），又称为产品配送阶段，是企业物流的早期发展阶段，从 20 世纪 60 年代初期到 20 世纪 70 年代后期。该阶段的特征是注重产品到消费者的物流环节，物流的主要功能大多围绕在对产品生产出来后如何从企业工厂到达消费者手中这一过程的运作上。企业重视产品物流的目的在于以最低的成本实现产品送达，使企业可以扩大市场份额，满足不同层次顾客的需要，扩张其生产线。同时，帮助企业向生产非劳动密集型的高附加值产品方向转移，缓解企业内部与外部市场的压力。

第二个阶段：综合物流阶段（integrated logistics），从 20 世纪 70 年代中后期至 20 世纪 80 年代后期。在这个阶段中，企业物流集中表现为原材料物流和产品物流的融合。由于运输自由化及竞争的加剧，企业认识到可以通过将原材料供应同产品配送综合起来管理以提高企业运行效率。实践证明，综合物流管理可以为企业带来更大的效益，因此，在此期间综合物流得到了迅速的发展，企业物流迅速地从产品物流阶段向综合物流阶段发生转移。

第三个阶段：供应链管理阶段（supply chain management），开始于 20 世纪 90 年代初期。在这个阶段中，随着市场进一步的发展，市场竞争已经从单纯的个体企业之间的竞争上升到企业群、产品群或不同企业所形成的供应链之间的竞争。这就要求企业的物流管理也要进一步深化，跟上市场的变化。同时，信息技术的发展使供应链上的信息传递、信息共享得以实现，供应链上企业间的合作层次进一步提高，使得企业开始把着眼点放开至物流活动的整个过程，包括原材料的供应商和制成品的分销商，进而使企业物流从综合物流阶段向供应链管理阶段发生转移。

（三）企业物流包含的内容

企业物流在不同的发展阶段所包含的内容也不相同。随着企业物流从单纯的产品配送向综合物流直至向供应链管理阶段发展，企业物流涉及的领域不断扩大，企业物流包含的内容也在不断地得到增加、丰富。现在看来，企业物流几乎贯穿着企业的整个运营过程。概括地说，企业物流包含着采购、运输、存储、搬运、生产计划、订单处理、包装、客户服务以及存货预测等若干项功能。

1. 采购（purchasing）

把企业采购活动归入企业物流是因为企业运输成本与生产所需要的原材料、零部件等距工厂的距离有直接关系，采购的数量与物流中的运输与仓储成本也有直接关系。把采购归入企业物流领域，企业就可以通过协调原材料的采购地、采购数量、采购周期以及储存方式等来有效地降低运输成本、仓储成本，进而为企业创造更大的价值。

2. 运输（transportation）

运输是企业物流系统中非常重要的一部分。事实上，运输也是企业物流最为直接的表现形式，因为物流中最重要的就是货物的实体流动。企业物流中的运输表现为从采购开始的原材料、零部件运输，到销售时的产成品运输。企业需要合理选择运输方式，或外包给第三方进行运输，或建立自己的运输能力。

3. 仓储（warehousing&storage）

原材料采购入厂后并不是立即上生产线，因此需要原材料仓储；产品在生产时产生在制品库存；产品完成生产后在实现销售之前产生产成品库存。由此可见仓储是企业物流中很重要的一项内容。企业许多重要的决策与存储活动有关，包括仓库数目、存货水平、仓库的选址、仓库的大小等。

4. 物料搬运（material handling）

物料搬运对物流作业效率的影响很大，也直接关系到生产效率。物流搬运始终贯穿物流作业的始终，包括对货物搬运入库上架或堆垛、运输时的装卸车、货物由存放地点搬运至出货区、货物从仓库搬运至生产线等。

5. 生产计划（production planning）

生产计划与物流在当前的生产经济中有着越来越密切的关系。物流能力及效率的调整影响着企业生产计划的制定。物流中原材料采购、存货水平、运输配送能力等影响着生产计划产能的设定、生产节拍的制定等。

6. 订单处理（order processing）

订单处理过程，包括完成客户订单的所有活动。物流领域之所以要直接涉及订单的完成过程，是因为产品物流的一个重要方面是提前期，即备货周期（lead time），它是指从客户下达订单开始，至货物交于客户为止的时间。从时间或者说前置期的角度来看，订单处理是非常重要的物流功能。订单处理的效率直接影响到备货周期的长短，进而影响到企业的客户服务质量与客户满意程度。

7. 包装（packaging）

与物流紧密相关的还有包装，尤其是外包装。企业物流中运输方式的选择将直接影响到包装要求。比如铁路与水运易引起货损，因此需要支出额外的包装费用。

8. 客户服务（customer service）

客户服务也是一项重要的物流功能。客户服务水平与物流领域的各项活动有关，比如运输的效率关系到客户收到货物速度的快慢，包装的好坏影响到货损率的高低等。总之，物流需要满足客户服务要求，提高客户服务水平。

9. 存货预测（stock forecasting）

准确的存货和物料、零部件的预测是有效库存控制的基础，尤其是使用零库存和物料需求计划方法控制库存的企业。因此，存货预测也是企业物流的一项重要功能。

企业物流并不仅限于以上列举的内容，还包括诸如工厂和仓库选址、维修与服务支持、回收物品处理、废品处理等。但具体到企业时，不同的企业或企业的不同发展阶段所涉及的企业物流内容也不相同，并不一定包含上述所有方面。

二、企业物流的分类

企业物流从企业角度上研究与之有关的物流活动，是具体的、微观的物流活动的典型领域。由图5-1可见，物流已渗透到企业各项经营活动之中，在不同的阶段，企业物流的内容、特点也有很大区别，据此可将企业物流划分为供应物流、生产物流、销售物流及回收和废弃物物流。

（一）企业物流的输入——供应物流

1. 供应物流的含义

供应物流是指企业为保证生产的连续，不断组织原材料、零部件、能源、辅助材料等供应的物流活动。供应物流对保证企业生产的正常、高效运行起着至关重要的作用。供应物流的首要目标是保证供应，使生产能够按照节拍连续进行，不因缺少供应而中断。

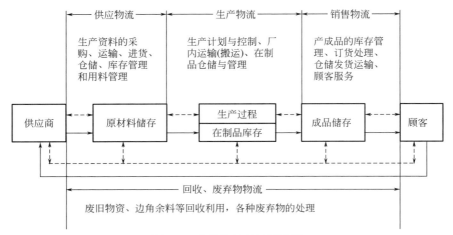

图 5-1 企业物流的不同阶段

需要注意的是,目前大部分的商品都已处于非短缺的市场中,因此供应在数量上的保障容易做到,企业供应物流领域的竞争关键在于:如何以最少成本、最少消耗、最大保证来组织供应,为此,企业供应物流必须有效地解决供应网络问题、供应方式问题、零库存问题等。

2. 供应物流组织模式及过程

供应物流的过程因为企业不同、供应环节不同、供应链不同而有所区别,从而使企业的供应物流出现了不同的模式。目前,供应物流用的比较多的有四种基本模式:一是委托社会销售企业代理供应物流;二是委托第三方物流企业代理供应物流;三是企业自己承担供应物流;四是供应链供应方式。尽管不同的模式在某些环节上会有区别,但供应物流的基本过程是大致相似的,完整的供应物流完成将生产所需的物资由供应商处转移至生产线,有以下几个环节。

(1)取得外部资源。外部资源指企业生产经营所需的物资,取得的过程就是采购的过程。取得外部资源是进行供应的前提条件。需要什么样的资源、何时取得资源,是由生产管理进行决策的,但需要按照物流的技术条件及成本条件辅助这一决策。

(2)组织到厂物流。资源的所有权取得后,必须经过物流才能将资源实物转移到企业。这个物流过程在企业外部发生,是产品从供应商向本企业转移的过程,需要运用到物流中的装卸搬运、仓储、运输等多项功能才能实现。

(3)组织厂内物流。所需资源到达企业仓库后,还需要供应到生产车间或生产线上,这一过程是企业内部的供应物流。传统过程中,资源先到达仓库,再送至生产线,但随着先进的采购与供应链策略的应用,这种情况发生了变化,企业采购的物资可以不经厂内仓库,直接由供应商仓库运到车间或生产线,这样可以减少生产企业的库存压力,但需要供应商高效、可靠的配合。

3. 供应物流的改善方向

(1)准确预测需求。企业供应计划是依据生产计划制定的,包括产品品种、结构、数量的需求,各种材料的消耗定额和生产工艺时序等。而生产计划是根据市场需求预测制订的。因此,准确预测各种原材料、零部件等所需的数量、品种及供货日期,才能保证生产顺利进行,降低成本、加快资金周转、提高企业经济效益。

（2）合理控制库存。库存是一把双刃剑，一方面，只有具备一定数量的储备才能保证生产连续进行，不因供应的中断造成生产的停顿；另一方面，库存过多会使资金成本、库存成本、保管养护成本等大大上升，企业风险加大，不利于企业效益的提高。因此，要综合考虑库存策略，制订合理的库存控制计划。

（3）科学进行采购决策。进行采购决策时，必须考虑供应市场资源、市场变化信息，全方位比较供货商，同时还要注意采购批量、采购时间间隔对成本及服务的影响。科学、合理地制订采购计划，在保证供应的基础上，尽量降低采购成本，可以发展计算机辅助采购决策系统，提高采购决策的正确性。

（4）安全的供应保障。安全的供应保障指的是供应物流能够满足生产经营的需要，不缺货、不断货，为生产经营的连续性提供保障。提高供应保障的可靠度，是发展零库存的前提。同时，还需要注意的是安全也指供应物流中的每个环节都要注意防止事故发生，保障运营作业安全。

（5）逐步提高供应物流的水平。供应物流的初级阶段是在各供应商分别送货的情况下，以调整送货批量、时间间隔等措施来降低供应物流费用。进一步提高供应物流水平就是要从更广泛的角度考虑问题，将供应物流的每一个环节综合管理，建立全方位、综合供应物流系统。

（二）企业物流的转换——生产物流

1. 生产物流的含义

生产物流是指原材料、燃料、外购件投入生产后，经过下料、发料，运送到各加工点和存储点，以在制品的形态，从一个生产单位（仓库）流入另一个生产单位，按照规定的工艺过程进行加工、储存，借助一定的运输装置，在某个点内流转，又从某个点内流出，始终体现着物料实物形态的流转过程。

生产物流和生产流程同步，是从原材料购进开始直到产成品发送为止的全过程的物流活动。原材料、半成品等按照工艺流程在各个加工点之间不停顿地移动、转移，形成了生产物流。它是制造产品的生产企业所特有的活动，贯穿于生产的全过程，如果生产中断了，生产物流也就随之中断了，反之，生产物流的好坏也会影响到产品生产的时间及成本。生产物流是典型的企业内部物流，生产物流的管理目标是协调物资在生产的各环节之间的移动，实现物流的通畅，保证生产的顺利进行。

2. 影响生产物流的主要因素

不同的生产过程形成了不同的生产物流系统，企业生产过程中的很多因素会影响到生产物流的构成，主要的影响因素有以下几点。

（1）生产工艺。生产工艺不同，使用到的加工设备不同，对生产物流有不同的要求和限制，是影响生产物流构成的最基本因素。

（2）生产类型。不同的生产类型，它的产品品种、结构的复杂程度、精度等级、工艺要求以及原料准备不尽相同。这些特点影响着生产物流的构成以及相互间的比例关系。

（3）生产规模。生产规模是指单位时间内的产品产量，通常以年产量来表示。生产规模越大，生产过程的构成越齐全，物流量越大。反之生产规模小，生产过程的构成就没有条件划分得很细，物流量也较小。物流量的大小将会影响到物流计划实施、物流设施设备选用及物流组织管理等。

(4）专业化与协作水平。社会专业化和协作水平提高，企业内部生产过程就趋于简化，物流流程缩短。某些基本的工艺阶段的半成品，如毛坯、零件、部件等，就可由厂外其他专业工厂提供。

3. 生产物流的特点

（1）生产物流是生产工艺的一个组成部分。生产物流具有很强的伴生性，生产物流过程和生产工艺过程几乎是密不可分的，它们之间的关系有许多种：有的是在物流过程中实现生产工艺所要求的加工和制造；有的是在加工制造过程中同时完成物流；有的是通过物流对不同的加工制造环节进行连接。它们之间有非常强的、一体化的特点，几乎不可能出现像商物分离那样，物流活动完全独立、分离运行的状况。

（2）生产物流有非常强的"成本中心"的作用。生产物流对资源的占用和消耗，是生产成本的一个重要组成部分。在生产过程中，物流活动频繁，所以对成本的影响很大，在生产物流中要格外注意成本的控制。

（3）生产物流是专业化很强的定制物流。生产物流必须完全适应生产专业化的要求，它面对的是特定的物流需求，而不是社会上普遍的物流需求。因此，生产物流具有专门的适应性而不是普遍的适用性，可以通过定制，取得较高的效率。

（4）生产物流是小规模的精益物流。由于只面对特定的对象，生产物流的规模取决于生产企业的规模，这和社会上千百家企业所形成的物流规模比较起来相差甚远。由于规模有限，并且在一定时间内规模固定不变，生产物流可以实行准确、精密的计划，可以运用资源管理系统等有效手段，使生产过程中的物流"无缝衔接"，实现物流的精益化。

4. 合理组织生产物流的基础要求

生产物流与生产过程密切联系在一起，只有合理组织生产物流，企业生产才能顺利进行。在组织生产物流的过程中，要特别注意满足以下要求。

（1）连续性——它是指物料总是处于不停的流动之中，包括空间上的连续性和时间上的流畅性。空间上的连续性要求生产过程各个环节在空间布置上合理紧凑，使物料的流程尽可能短，没有迂回往返现象。时间上的流畅性要求物料在生产过程的各个环节中始终处于连续流畅状态，避免不必要的停顿与等待现象。这就要求生产物流也要保持连续性，避免出现阻塞，影响整个企业生产的进行。

（2）平行性——它是指物料在生产过程中应实行平行交叉流动。平行指相同的在制品同时在数道相同的生产线上加工流动；交叉指一批在制品在上道工序还未加工完时，将已完成的部分在制品转到下道工序加工。平行交叉流动可以大大缩短产品的生产周期。这就要求物料、在制品等应在各个支流平行流动，避免发生延迟或停顿。

（3）均衡性——它是指产品从投料到最后完工都能按预定的计划（一定的节拍、批次）均衡地进行，能够在相等的时间间隔内（如月、旬、周、日）完成大体相等的工作量或稳定递增的生产工作量，很少有时松时紧、突击加班现象。物流的过程也伴随着生产的节拍均衡进行。

（4）比例性——它是指生产过程的各个工艺阶段之间、各工序之间在生产能力上要保持一定的比例以适应产品制造的要求。比例关系表现在各生产环节的工人数、设备数、生产面积、生产速率和开动班次等因素之间相互协调和适应，所以，比例是相对的、动态的。这种比例关系也决定了物流设施设备在各工序上分配的比例。

（5）柔性——它是指加工制造的灵活性、可变性和调节性。即在短时间内以最少的资源从一种产品的生产转换为另一种产品的生产，从而适应市场的多样化、个性化要求。物流过程也同时具备相应的应变能力。

（三）企业物流的输出——销售物流

企业生产经营的最终目的是为了将产品销售出去，实现产品的价值。因此，如何以最低成本、最快速度、客户最满意的方式把产品送到客户手中是销售物流要解决的问题，合理、高质量的销售物流可以大大提高企业产品的竞争力。

1. 销售物流的含义

销售物流是在生产企业、流通企业出售商品时，物品在供方与需方之间的实体流动。销售物流是包装、运输、储存、配送等物流环节的集成与统一。

在现代社会中，市场环境是一个完全的买方市场，销售物流活动带有极强的服务性，必须满足买方的要求，才能最终实现销售。因此，销售物流必须以满足客户需求为出发点，树立"客户第一"的观念，要求销售物流必须快速、及时。销售物流的价值更多的是从服务的提升中获得，因此在成本与服务出现矛盾时，应将服务放在第一位。在保证服务的同时，再去考虑降低成本。

2. 销售物流的流程

企业产品生产过程的结束就意味着销售物流的开始。如果产品是按照客户订单进行生产，则在销售物流中不存在产成品在库储存的问题，产品直接进入市场流通领域进行销售；如果产品是按照市场需求预测制订的生产计划进行生产的，产品在进入流通前多数会经过一段时间的在库储存，再按照销售部门接到的订单将产品进行合理的包装后投入至销售渠道中进行实物流转。企业销售物流的流程取决于销售渠道的选择，如图5-2所示。企业可选择的销售渠道有三种：一是配送中心—批发商—零售商—消费者；二是配送中心—零售商—消费者；三是配送中心—消费者。销售物流中的基本环节包括产品储存、运输包装、产品运输及配送、信息处理等。

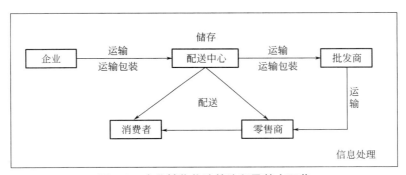

图 5-2　企业销售物流的流程及基本环节

（四）逆向物流和废弃物物流

1. 逆向物流

逆向物流是指物资从产品消费点回收到供应链上各节点企业的物流性流动（包括最终用户和供应链上客户），尽管逆向物流主要是物资的逆向流动，但同时又伴随着信息流、资金流、价值流、商务流，它与常规物流（顺向物流）无缝对接而成为整个物流系统的有机组成部分。逆向物流包括退货逆向物流和回收逆向物流两部分（见图5-3）。退货逆向物流是指下游顾客将不符合订单要求的产品退回给上游供应商，其流程与常规产品流向正好相反。回收逆向物流是指将最终顾客所持有的废旧物品回收到供应链上各节点企业，它包括五种物资流：直接再售产品流（回收→检验→配送），再加工产品流（回收→检验→再加工），再加工零部件流（回收→检验→分拆→再加工），报废产品流（回收→检验→处理），报废零部件流（回收→检验→分拆→处理）。

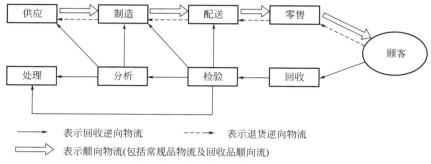

图5-3 逆向物流网络示意图

随着人们环保意识的增强，环保法规约束力度的加大，逆向物流的经济价值逐步显现，国外许多知名企业把逆向物流战略作为强化其竞争优势，增加顾客价值，提高供应链整体绩效的重要手段。

2. 废弃物物流

根据我国国家标准《物流术语》，废弃物物流是将经济活动中失去原有使用价值的物品，根据实际需要进行收集、分类、加工、包装、搬运、储存等，并分送到专门处理场所时形成的物品实体流动。需要注意的是，废弃物的概念并不是一定的，其本身可以被利用的属性并没有完全消失，有一部分废弃物可以通过技术手段开发和利用，使其变成有用的资源。

企业必须重视废弃物物流的合理化，从能源、资源与环境保护三个战略高度进行综合考虑设计企业废弃物物流系统，将可能产生废弃物的环节均包含在此物流系统中。这一系统的目标包括三个方面：一是尽可能减少废弃物的排放量；二是在排放前对废弃物进行预处理，降低其对环境的影响；三是控制废弃物的最终排放处理。在生产过程中，应对废弃物进行统一管理，尽量使其能够"变废为宝"，尽可能在厂内进行处理；在流通消费过程中，可以通过以旧换新进行废弃物的收集以进行进一步处理，回收包装废弃物循环使用，减少环境压力；进行废弃物最终排放时应严格处理程序，尽量做到无害化，防止二次污染。

三、企业物流的增值作用

正如前面阐述的，企业重视物流的目的就是希望能以最低的成本将产品送达到用户手中。事实上，企业物流的作用不仅如此，企业物流更为核心的作用还表现在通过几种经济效用来增加产品或服务的价值。这几种经济效用分别为地点效用、时间效用、形态效用及占用效用。

（一）地点效用（place utility）

企业物流也是实物流动，它可以通过将产品从产地运往消费需求地来实现产品的价值。尤其是在销售物流中，通过运输转移产品所处的地点，可以扩展企业的市场边界，以此来增加产品的价值。比如，企业通过运输将产品从密集的生产地运输到需求分散的各消费地，将产品销售出去实现价值，这就是地点效用。

（二）时间效用（time utility）

对于企业来说，产品不仅要送达消费者需要的地点，而且还应该在消费者需要的时间送达才能实现价值。时间效用就是将产品在消费者需要的时间送达。企业物流通过一定的仓储产生产品的时间效用，既在市场不需要产品的时候储存起来，又在市场需要时及时将产品投入市场，完成销售，实现产品价值。

（三）形态效用（form utility）

所谓形态效用，就是指以制造、生产和组装等一定的加工来增加产品的价值。企业物流范畴内的加工活动多属于流通加工，如贴标签、包装等，这些加工活动也能产生产品的形态效用。比如在农产品的物流过程中，提前在配送中心完成净菜、分装等程序，可以大大提高产品的附加价值，带来形态效用。

（四）占用效用（possession utility）

占用效用与市场营销中的产品推销紧密相关。通过企业物流，将产品在合适的时间送达到有需求的顾客的身边，从而提高顾客的购买欲望。市场营销依赖企业物流来产生地点和时间效用，进而实现产品的占用效用。

第二节 第三方与第四方物流管理

一、第三方物流概述

（一）什么是第三方物流

第三方物流是 20 世纪 80 年代中期由欧美提出来的。第三方物流的概念来源于管理学中的外包，将外包思想引入物流管理领域，就产生了物流外包的概念，即生产或销售企业为集中资源发展核心竞争力，将物流业务以合同的方式委托给专业的物流服务公司运作。根据我国国家标准《物流术语》，第三方物流的定义是：独立于供需双方，为客户提供专项或全面的物流系统设计或系统运营的物流服务模式。

第三方物流既不属于第一方（供方），也不属于第二方（需方），而是通过与第一方、第二方的合作为其提供专业化的物流服务。它不拥有商品，不参与商品的买卖，而是为客户提供以合同为约束、以结盟为基础的，系列化、个性化、信息化的物流服务。第三方物流与第一方、第二方物流的关系如图 5-4 所示。

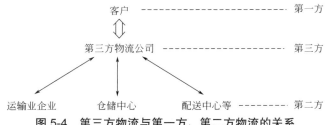

图 5-4　第三方物流与第一方、第二方物流的关系

（二）第三方物流的产生

第三方物流的产生有其深厚的理论和现实背景。它是在物流演变过程中适应了新的经济环境和需求而出现的一种新型物流形态，是社会分工、市场竞争、物流专业化的结果。总的来说，经济发展和社会需求是第三方物流产生与发展的根本动力。若进一步具体分析，第三方物流产生和发展的具体原因大致可以分为以下三个方面。

1. 企业对第三方物流有需求

企业对第三方物流的需求主要体现在两个方面。一是为了降低运作成本，企业需要投入大量的资金从事物流活动，包括构建物流设施、购买物流设备，这对企业来讲是一个沉重的负担，使物流费用居高不下，企业运作成本上升，为了克服这一问题，企业对物流外包有高度需求。另外，采用第三方物流有利于企业增强自己的竞争力，企业把资源集中在企业的核心竞争力上才能获取最大的效益。将不属于核心竞争力的功能，如物流，移向企业外部，可以提高企业资源的利用效率，达到最大的投资回报。

2. 社会分工细化和管理理念的发展催生第三方物流

越来越激烈的市场竞争，使各企业纷纷将资金、人力、物力投入到其核心业务上去，寻求社会化分工协作带来的效率和效益的最大化。外包 (outsourcing) 成为企业提高核心竞争力的必然选择，也顺应了社会化分工和专业化协作的潮流。专业化分工的结果导致许多非核心业务从企业生产经营活动中分离出来，其中包括物流业务。

第三方物流的产生是适应新型管理理念的要求。进入 20 世纪 90 年代后，信息技术特别是计算机技术的高速发展与社会分工的进一步细化，推动着管理技术和思想的迅速更新，由此产生了供应链、虚拟企业等一系列强调外部协调和合作的新型管理理念，这既增加了物流活动的复杂性，又对物流活动提出了零库存、准时制、快速反应、有效的顾客反应等更高的要求，使一般企业很难承担此类业务，由此产生了专业化物流服务的需求。

3. 第三方物流是物流领域竞争激化的产物

物流作为联系客户和消费者的重要环节，其质量和水平直接影响到企业与客户的关系和企业的市场地位，社会对物流的专业化水平要求越来越高。与此同时，物流领域的竞争也日益激烈，要想在竞争中获得优势，物流企业必须由单一物流功能向综合物流业务发展。物流企业自身竞争的激化，使物流企业不断地拓展服务内涵和外延，从而加速了第三方物流的出现。这是第三方物流概念出现的历史基础。

（三）第三方物流的基本特征

1. 关系合同化

第三方物流是通过契约形式来规范物流经营者与物流消费者之间关系的。首先，物流经营者根据契约规定的要求，提供多功能直至全方位一体化物流服务，并以契约来管理所有其提供的物流服务活动及其过程。其次，第三方物流发展物流联盟也是通过契约的形式来明确各物流联盟参与者之间权责利相互关系的。

2. 服务个性化

首先，不同的物流消费者存在不同的物流服务要求，第三方物流需要根据不同物流消费者在企业形象、业务流程、产品特征、顾客需求特征、竞争需要等方面的不同要求，提供针对性强的个性化物流服务和增值服务。其次，从事第三方物流的物流经营者也因为市场竞争、物流资源、物流能力的影响需要形成核心业务，不断强化所提供物流服务的个性化和特色化，以增强物流市场竞争能力。

3. 功能专业化

第三方物流所提供的是专业的物流服务。从物流设计、物流操作过程、物流技术工具、物流设施到物流管理必须体现专门化和专业水平，这既是物流消费者的需要，也是第三方物流自身发展的基本要求。

4. 管理系统化

第三方物流应具有系统的物流功能，这是第三方物流产生和发展的基本要求，第三方物流需要建立现代管理系统才能满足运行和发展的基本要求。

5. 信息网络化

信息技术是第三方物流发展的基础。物流服务过程中，信息技术发展实现了信息实时共享，促进了物流管理的科学化，极大地提高了物流效率和物流效益。

（四）第三方物流的利弊分析

在当今竞争日趋激化和社会分工日益细化的大背景下，第三方物流具有明显的优越性，具体表现在：

（1）第三方物流使企业可以集中精力于核心业务。由于任何企业的资源都是有限的，很难在所有方面都均衡投资，也不利于提高资源使用效率。为此，企业应把自己的主要资源集中于自己擅长的主业即核心业务上，而把物流等辅助功能留给第三方物流。

（2）第三方物流的专业化运作，能够灵活运用新技术，实现以信息换库存，降低成本。

（3）第三方物流帮助企业减少固定资产投资，加速资本周转。企业自建物流需要投入大量的资金购买物流设备，建设仓库和信息网络等专业物流设施。这些资源对于缺乏资金的企业特别是中小企业是个沉重的负担。而如果使用第三方物流公司可以减少设施的投资，减少物流方面的资金占用，加速了资金周转。

（4）第三方物流可以提供灵活多样的顾客服务，为顾客创造更多的价值。

当然，与自营物流相比较，第三方物流在为企业提供上述便利的同时，也会给企业带来诸多的不利。主要有：企业不能直接控制物流职能；不能保证供货的准确和及时；不能保证顾客服务的质量和维护与顾客的长期关系；企业将放弃对物流专业技术的开发等。

二、第三方物流的利益来源和价值创造

（一）第三方物流创造利益的来源

第三方物流生存与发展的动力就是要为客户及自己创造利润。第三方物流企业通过向客

户提高符合客户期望的物流服务,满足客户的物流需求,使客户在物流中得到利润,客户才会选择第三方物流企业,第三方物流企业才能得以在市场上生存。同时,第三方物流企业也要使自己获得收益,才能支撑企业的进一步发展。因此,第三方物流公司必须通过自己物流作业的高效化、物流管理的信息化、物流设施的现代化、物流运作的专业化、物流量的规模化来创造利润。第三方物流的利益主要有作业利益、经济利益、管理利益及战略利益。

1. 作业利益

第三方物流服务首先能为客户提供"物流作业"改进利益,即因为物流作业改进而产生的利益。一方面,第三方物流公司可以提供给客户不能自我提供的物流服务或物流服务所需要的生产要素。在企业自行组织物流活动情况下,或者局限于组织物流活动所需要的专业知识,或者局限于自身的技术条件,企业内部物流系统难以满足自身物流活动的需要,而企业自行改进或解决这一问题又往往是不经济的,需要大量成本的投入,而产生的效果也很难令人满意,这是因为物流不是企业的核心业务,企业在运作时缺乏专业性。第三方物流可以通过专业化的作业解决这一问题,这是外包物流产生与发展的重要原因。物流作业的另一个改进就是改善企业内部管理的运作表现,第三方物流可以增加作业的灵活性,提高质量和服务、速度和服务的一致性,使物流作业更具效率。

2. 经济利益

第三方物流服务为客户提供与经济或财务相关的利益是第三方物流服务存在的基础。经济利益来源于成本的降低,第三方物流一方面可以减少企业固定资产的投入,降低资金占压成本;另一方面,第三方物流可以通过整合物流服务,实现规模经济,降低物流作业成本。同时,使用第三方物流服务也可以使企业物流的成本更加明晰和稳定。

3. 管理利益

企业既可以通过第三方物流服务使用企业不具备的管理专业技能,也可以将企业内部管理资源用于利润更高的核心业务中。物流外包可以使公司的人力资源更集中于公司的核心活动,而同时获得第三方物流企业的核心经营能力,物流管理效率和专业化水平提高。此外,单一资源和减少供应商数目所带来的利益也是物流外包的潜在原因,单一资源减少了公关等费用,并减轻了公司运输、搬运、仓储等多个服务商间协调的压力。第三方物流服务可以给客户带来的管理利益还有很多,如:订单的信息化管理、避免作业中断、运作协调一致等。

4. 战略利益

物流外包还能产生战略意义,即灵活性。包括地域跨度的灵活性(设点或撤销)及根据环境变化进行调整的灵活性。使用第三方物流服务,使企业减少了在物流方面的固定资产投资。通过第三方物流,企业可以迅速地在不同地域发展业务,而不必担心市场变化时,固定资产投资的高风险,即通过第三方物流获得共担风险的利益。物流系统受到外部环境的制约,使用第三方物流可以提高企业对外部环境变化的应变能力。

(二)第三方物流价值的创造

第三方物流企业想要发展客户必须能够为客户提供比客户自身物流运作更高的价值。因此,第三方物流企业不仅需要考虑同类服务提供者的竞争,还要考虑到潜在客户的内部运作。第三方物流提供商一般需要从提高物流运作效率、与客户运作的整合、横向或纵向整合、发展客户运作四方面创造价值。

1. 提高运作效率

提供比客户更高的运作效率，是第三方物流企业为客户创造价值的基本途径。物流运作效率的提高意味着对每一个最终形成物流的单独活动进行开发（如运输、仓储等）。例如：仓储的运作效率取决于足够的设施与设备及熟练的运作技能。第三方物流在作业效率范围内另一个更先进的作用是协调连续的物流活动，这除了作业技能外，还需要协调和沟通技能。协调和沟通技能在很大程度上与信息技术相关联，因为协调与沟通一般是通过信息技术这一工具来实现的。第三方物流企业一方面拥有更先进的作业系统，另一方面也拥有更先进的信息管理系统，因此可以通过高水平的协调、沟通技术提高运作效率，创造价值。

2. 客户运作整合

第三方物流服务带来增值的另一个方法是引入多客户运作，或者说是在客户中分享资源。进行客户运作整合，包括共用仓储和运输网络，可以带来运作规模效益。第三方物流整合运作的复杂性很高，需要更多的信息技术与技能。这一整合增值方式对于单个客户进行内部运作的很不经济的运输与仓储网络也适用。因此表现出来的规模经济效益是递增的，如果运作得好，将获得竞争优势及更大的客户基础。

3. 横向或纵向整合

不仅是第三方物流客户可以从物流外包中取得效率的提高，第三方物流企业本身也需要进行资源整合、业务外包，即进行横向或纵向整合。纵向整合，即发展单一物流功能提供商的关系，购买具有成本与服务优势的单项物流功能作业或资源，降低成本，提高竞争力。横向整合，指第三方物流企业联合类似的但不是竞争对手的公司，通过合作，可以扩大为客户提供服务的范围，提高客户服务水平。通过横向或纵向整合，物流效率、物流服务水平可以提高，而物流成本能够进一步降低，实现第三方物流价值的创造。

4. 发展客户运作

第三方物流公司为客户创造价值的另一类方式是通过发展客户公司及组织运作来获取价值，做法是将客户业务过程与整个物流系统综合起来进行分析、设计。这种第三方物流服务接近于传统意义上的物流咨询公司所作的工作，所不同的是这时候提出的解决方案要由物流供应商自己来开发、完成并运作。增值活动中的驱动力在于客户自身的业务过程，所增加的价值可以看作源于供应链管理与整合。

三、第三方物流的评价与选择

越来越多的企业开始将物流业务外包给第三方物流企业，而市场上的第三方物流企业数量也大大增加。是否需要与第三方物流合作，怎样正确地选择与评价第三方物流，是企业在构建物流系统、提升物流水平时必须考虑的问题。对第三方物流的评价与选择，要经过以下几个步骤。

（一）分析企业的物流系统确定是否选择第三方物流

首先分析企业是否有自营物流的能力，如果没有，就将物流外包，如果有能力，就要从企业物流系统的战略地位、物流总成本和服务水平方面分析外包与自营的利弊，确定是否选择第三方物流。

1. 企业物流系统的战略地位

企业物流系统的战略地位可以由以下几个问题判断：物流是否高度影响企业业务流程？

物流系统是否需要先进的技术，采用此种技术能否使公司在行业中领先？物流系统在短期内是否不能为其他企业所模仿？如果这些问题的回答都是肯定的，那么物流系统在企业战略上处于重要地位，对物流系统的选择外包还是自营就要非常重视，重点分析外包或自营对企业战略的影响。

2. 物流总成本

企业物流总成本是各项物流活动成本的总和，还要考虑缺货缺失费用、降价损失费用和丧失潜在顾客的机会成本。需要注意的是，由于物流系统中存在"效益背反"现象，某个物流功能成本的下降可能会导致其他成本的上升，比如减少库存成本，可能会增加缺货成本。因此，在进行物流总成本核算时一定要注意各成本间的相互作用关系，目的是使物流系统的总成本最低。

3. 物流服务水平

物流服务水平是物流能力的综合体现，它表现为消费者对物流服务的满意度。物流直接联系企业与客户，它的服务水平直接影响到顾客的需求能否得到满足，因此对于企业来讲非常的重要。衡量物流服务水平要从三个方面考虑：事前能否提供周密合理的物流计划；提供物流服务过程中能否满足客户需求；完成服务后的维护情况。

（二）对第三方物流企业进行评价

当企业不具备自营物流的能力，或经过分析第三方物流比自营物流更有优势时，就要将物流业务外包给第三方物流。企业可以选择将物流业务整体外包给一家第三方物流企业，也可以分功能外包给多家物流企业。要想选择合适的第三方物流企业，就必须对第三方物流企业进行合理的评价，包括以下五个方面的内容：

（1）第三方物流供应商的核心竞争力；
（2）第三方物流供应商是自有资产还是非自有资产；
（3）第三方物流供应商服务的地理范围；
（4）第三方物流供应商的服务成本；
（5）第三方物流供应商的服务水平。

四、第四方物流概述

（一）第四方物流的概念

1. 第四方物流简述

第四方物流（The fourth party logistics，4PL）的概念是由美国埃森哲管理咨询公司首先在1998年提出的，并将其定义为：第四方物流供应商是一个供应链的提供商，它对公司内部和具有互补的服务供应商所拥有的不同资源、能力和技术进行整合，提供一整套的供应链解决方案。第四方物流专门为第一方、第二方和第三方提供物流规划、咨询、物流信息系统、供应链管理等，并不实际承担具体的物流运作活动。

第四方物流是一个供应链的集成商，是供需双方及第三方物流的领导力量。它不是物流的利益方，而是通过拥有的信息技术、整合能力以及其他资源提供一套完整的供应链解决方案，以此获得一定的利润。它是帮助企业实现降低成本和有效整合资源，并且依靠优秀的第三方物流供应商、技术供应商、管理咨询以及其他增值服务商，为客户提供独特和广泛的供应链解决方案。

2. 第四方物流的基本特征

（1）第四方物流有能力提供一整套完善的供应链解决方案，是集成管理咨询和第三方物流服务的集成商。

（2）第四方物流是通过对供应链产生影响的能力来增加价值，在向客户提供持续更新和优化的技术方案的同时，满足客户特殊需求。

（3）成为第四方物流企业需要具备一定的条件，比如具备制定供应链策略、设计业务流程再造、技术集成和人力资源管理的能力；在集成供应链技术和外包能力方面处于领先地位，并具有充足的专业人才；能够管理多个不同的供应商并具有良好的管理和组织能力等。

（二）第四方物流供应商

第四方物流能够提供满足供应链整体物流需求的优质物流服务，它的出现标志着物流管理发展进入一个全新的阶段。但需要注意的是，想成为第四方物流供应商并不是一件容易的事情，要求物流企业必须具备整合供应链所有资源的能力。目前来看，有可能成为第四方物流供应商的通常为管理咨询公司、信息技术公司及第三方物流企业。这几类企业从能力上讲，在提供第四方物流服务方面各有优劣，如表5-1所示。

表5-1　不同类型的第四方物流供应商优劣势比较

企业类型	优势	劣势
管理咨询公司	管理理念创新 供应链管理 组织变革管理	实际物流运作能力 信息技术应用能力
信息技术公司	信息技术解决方案 创新和实施	实际物流运作能力 供应链管理能力 变革管理能力
第三方物流企业	物流运作能力 信息技术应用 多客户管理	供应链管理能力 变革管理能力

1. 管理咨询公司

管理咨询公司长期为众多传统企业包括物流企业提供管理咨询服务，对众多企业的运作流程十分熟悉，具备对物流供应链系统进行总体分析、流程再造、战略重组的优势。第四方物流的倡导者——埃森哲公司就是管理咨询公司，成功地进行了第四方物流运作。但就我国管理咨询公司的情况来说，由于起步晚，经济不足，业务范围较窄，目前还都不具备成为第四方物流供应商的条件。

2. 信息技术公司

信息技术公司目前也开始进入第四方物流的市场，与管理咨询公司展开竞争。信息技术公司的优势在于能够提供功能强大的管理软件，以信息共享、信息分析等技术整合供应链管理。一部分信息技术公司还在管理咨询人才方面进行大力投资，甚至兼并收购一些管理咨询公司以提高自身在管理能力方面的缺陷。一些国际性的信息技术公司，如微软、SAP，本身在企业信息平台的建设上具有较强优势，加之拓展管理咨询业务，既增强了在信息技术行业中的竞争力，又为其成为第四方物流供应商提供了可能性。但国内的信息技术公司不仅在技术上远远落后于这些国际企业，在管理咨询与信息技术的整合方面也相当欠缺，要想成为第四方物流供应商还需要付出巨大的努力。

3. 第三方物流企业

第三方物流企业在物流的专业化操作方面具有不可替代的地位，但它们缺乏为客户进行职能优化、资源优化、流程再造、企业信息化平台搭建的能力。但是，第三方物流企业若在纵向上扩大物流领域的业务范围，在横向上为客户进行物流总体规划，并加强在信息技术方面的投入以及在物流规划方面的经验积累，同时利用其长期为客户提供物流业务而形成的与客户沟通、相互信任方面的优势，提供第四方物流服务也是可能的。

第三节 国际物流管理

一、国际物流的概念

国际物流是指跨越不同国家或地区之间的物流活动。它是伴随着国际贸易的发生而出现的，随着国际间竞争的不断加剧，国际贸易对国际物流提出了更高的要求，也进一步促进了国际物流的发展。

国际物流的实质是按国际分工协作的原则，依照国际惯例，利用国际化的物流网络、物流设施和物流技术，实现货物在国际的流动与交换，以促进区域经济的发展和资源全球范围内的优化配置。

国际物流的总目标是为国际贸易和跨国经营服务的，即通过选择最佳的方式与路线，以最低的费用和最小的风险，保质保量、适时地将货物从某国（供方）运送至另一国（需方）。国际物流使各国物流系统相互"接轨"，因而与国内物流系统相比，具有国际性、复杂性和运输方式多样性的特点。

二、国际物流的分类

国际物流从不同的角度有不同的分类，如图 5-5 所示。

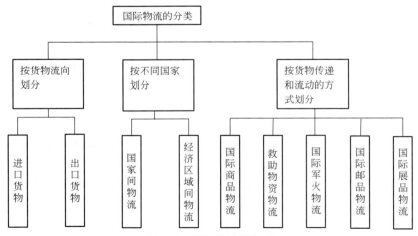

图 5-5 国际物流的分类

三、国际物流的特点

与国内物流相比，国际物流有以下几方面的特点。

1. 物流环境差异大

国际物流一个非常重要的特点是各国物流环境存在很大差异，尤其是物流软环境的差异。不同国家的物流相关法律也不同，使国际物流的复杂性远高于一国的国内物流，甚至会阻断国际物流；不同国家的不同经济和科技发展水平会造成国际物流处于不同科技条件的支撑下，一些国家科技水平高，而一些国家可能根本无法应用某些技术而迫使国际物流全系统水平下降；不同国家的不同标准也造成国际"接轨"困难，使国际物流系统难以建立；不同国家的风俗文化也使国际物流受到很大局限。

2. 物流系统范围广

国际物流是在不同国家进行的物流活动，国际物流系统无论在地域范围还是时间范围都非常广阔，而且所涉及的内外因素也比国内物流更多。广阔的范围带来的后果是物流作业难度和复杂性的增加，风险增大。

3. 国际物流的运输方式具有复杂性

在国内物流中，由于运输线路相对比较短，而运输频率较高，主要的运输方式是铁路运输和公路运输。而在国际物流中，由于货物运送线路长、环节多、气候条件复杂，对货物运输途中的保管、存放要求高，因此海洋运输、航空运输尤其是国际多式联运是其主要运输方式，具有一定的复杂性。

4. 国际物流必须有国际化信息系统的支持

国际化信息系统是国际物流，尤其是国际联运非常重要的支持手段。国际化信息系统建立的难度，一是管理难度，二是投资巨大，再加上不同地区间的信息水平参差不齐，使信息系统的建立更为困难。

建立国际物流信息系统的一个较好方法就是和各国海关的公共信息系统联网，及时掌握各个港口、机场和联运线路、站场的实际状况，为国际物流决策提供支持。国际物流是最早发展 EDI（电子数据交换）的领域，以 EDI 为基础的国际物流将会对物流的国际化产生重大影响。

5. 国际物流的标准化要求高

要使国际物流畅通起来，统一标准是非常重要的。只有统一了标准，国际物流水平才有可能提高。目前美国、欧洲基本实现了物流工具和设施的统一标准，如托盘、集装箱的统一规格、条码技术等，大大降低了物流费用，降低了转运的难度。

四、国际物流的通关

通关是国际物流的必要环节。《中华人民共和国海关法》（以下简称《海关法》）第 8 条规定：进出境运输工具、货物、物品，必须通过设立海关的地点进境或出境。

在实践中，我们还经常使用"报关"一词。通关和报关既有联系又有区别。两者都是对运输工具、货物、物品的进出境而言的。但报关是从海关管理相对人的角度阐述的，仅指向海关办理进出境手续及相关手续，而通关不仅包括海关管理相对人向海关办理有关手续，还包括海关对进出境运输工具、货物、物品依法进行监督管理，批准其进出境的管理过程。

1. 海关及其职责

海关是国家设在进出境口岸的监督机关，在国家对外经济贸易活动和国际交往中，海关代表国家行使监督管理的权力。通过海关的监督管理职能，保证国家进出口政策、法律、法令的有效实施，维护国家的权利。

中华人民共和国海关总署为国务院直属机构，统一管理全国海关，负责拟定海关方针、政策、法令、规章。国家在对外开放口岸和海关监管业务集中的地点设立海关。海关的隶属关系，不受行政区划的限制，各地海关依法行使职权，直接受海关总署的领导，向海关总署负责；同时受所在省、市、自治区人民政府的监督和指导。

中国海关按照我国《海关法》和其他法律、法规的规定，履行下列职责：

（1）对进出境的运输工具、货物、行李物品、邮递物品和其他物品进行实际监管。

（2）征收关税和其他费税。

（3）查缉走私。

（4）编制海关统计和办理其他海关业务。

2. 报关单证和期限

我国《海关法》规定，出口货物的发货人或其代理人应当在装货的 24 小时前向海关申报。进口货物的收货人或其代理人应当自运输工具申报进境之日起 14 天内向海关申报。逾期征收滞报金。如自运输工具申报进境之日起超过三个月未向海关申报，其货物可由海关提取，依法变卖处理。如确因特殊情况未能按期报送，收货人或其代理人应向海关提供有关证明，海关可视情况酌情处理。

对一般的进出口货物需效验下列单证。

（1）进出口货物报关单。这是海关验货、征税和结关放行的法定单据，也是海关对进出口货物汇总统计的原始资料。

（2）进出口货物许可证或国家规定的其他批准文件。凡国家规定应申领进出口许可证的货物，报关时都必须交验外贸管理部门签发的进出口货物许可证。凡根据国家有关规定需要有关主管部门批准文件的还应交验有关的批准文件。

（3）提货单、装货单或运单。这是海关加盖放行章后发还给报关人以提取或发运货物的凭证。

（4）发票。它是海关审定完税价格的重要依据，报关时应递交载明货物真实价格、运费、保险费和其他费用的发票。

（5）装箱单。单一品种且包装一致的件装货物和散装货物可以免交。

（6）减免税或免检证明。

（7）商品检验证明。

（8）海关认为必要时应交验的贸易合同及其他有关单证。

3. 一般进出口货物通关程序

我国《海关法》规定，进出口货物必须经设有海关的地点进境或者出境，进口货物的收货人、出口货物的发货人或其代理人应当向海关如实申报，接受海关监管。

不同的货物通关，在办理手续和管理办法上有不同的要求。根据进出境海关通关制度所适用的管理对象和管理范围，可把进出境货物的通关分为一般通关和特殊通关。"一般"一词是通关业务中的习惯用语，并无特别的内涵。所谓一般进出口货物通关是指货物在进出境环节完纳进出口税，并办结了各项海关手续后，进口货物可以在境内自行处置，出口货物运离关境后可以自由流通的海关通关。适用一般进出口通关制度的进出口货物可以永久留在境内或境外。特殊通关是指由于通关规则的差异而产生的一些特殊情况，比如转关运输、过境、转运的货物，具有暂准（时）进境的性质，适用暂准（时）进出口通关制度或特别通关制度。

对一般进出口货物，海关的监管程序是：接受申报、查验货物、征收税费、结关放行，而相对应的收、发货人或其代理人的报关程序是：申请报关、交验货物、缴纳税费、凭单取货。一般货物进出境监管及报关程序如图5-6所示。

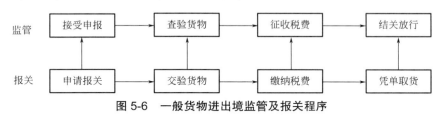

图5-6　一般货物进出境监管及报关程序

海关在规定时间内接受报送单位的申报后，审核单证是否齐全、填写是否正确，报关单内容与所附各项单证的内容是否相符，然后查验进出口货物与单证内容是否一致，必要时海关将开箱检验或者提取样品。货物经查验通过后，如属应纳税货物，由海关计算税费，填发税款缴纳证，待报关单位交清税款或担保付税后，海关在报关单、提单、装货单或运单上加盖放行章后结关放行。

进出口货物收、发货人或其代理人，在报送前应办妥交审的单证，正确填写报关单，在规定的报关期限内向海关申请报关，协助海关查验货物，负责搬移货物，开拆和重封货物的包装，并负责缴纳需缴纳货物的税费，然后凭盖有海关放行章的报关单、提单、装货单或运单提取货物。

【案例分析】

减少中间环节——TCL独创的物流切换秘密

过去，一台TCL的王牌彩电从生产线下来以后，在抵达最终卖场之前，往往要旅行大半个中国，在好几个仓库间倒腾，经过许许多多人的手。如何在产品物流的配送得到保障的前提下提高运作效率成为TCL最头痛的问题之一。因为彩电行业的利润率甚至不及4%，而物流开支是仅次于原材料费用的巨大负担，必须从物流成本中压榨利润。

要避免重复运输，减少中间环节，减少彩电的旅行时间及成本，需要的是建立一个反应迅速、经济实用、触角遍布各地的物流网络。TCL集团曾经计划投入5亿元人民币，把它覆盖全国的2万多家家电销售网点改造成网络化的专业物流配送系统。按计划，先通过系统配送TCL的产品，以后再送各个厂家的各种产品，最终建成一个连接互联网和传统商业的社会公用平台。

事实上，以网络著称的TCL拥有目前国内最具分销能力的家电销售网络。其自建的销售渠道作为TCL彩电销售的主力军，销量占到了总体的80%以上。据了解，TCL目前在全国有27个销售分公司，近200个经营部，7000名销售人员，17000家经销商，这无疑是一笔极大的财富。3万人构建的网络可谓一呼百应。TCL的相关人士坦言，一旦价格战军情紧急，通过周密发达、运转灵便的网络，只需2～3天，TCL便可完成布货。这也使得TCL有可能通过改造其庞大的销售网络，使之承担起物流体系的功能。

然而，使一个偌大的网络有效运作起来绝不是件简单的事情，在各环节必然耗费大量的资源，这其中自然也包括流通环节的物流成本。在压力与日俱增的市场环境下，渠道扁平化似乎也就成了不可阻挡的趋势。对于TCL而言，传统的物流管理分散于不同的部门，根据职能划分，采取的是分段式管理。因此，物流革新势在必行。回顾TCL的物流发展历程，可谓经历了一番尝试和比较。

TCL拥有在彩电业内最为庞大的销售网络，有200多个机构分布在全国主要城市。这既是TCL最大的竞争优势，却也成为TCL最大的负担之一，因为如何对这些机构进行有效的物流管理和财务监控确实比较困难，所以对市场的反应一直较慢。

从1998年开始，TCL开始对企业销售网络的物流体系进行改造。通过引入一套比较完整的ERP系统，对货物的进、销、存系统一体化管理。然而在实际的操作中，由于各级管理人员的水平和原有管理信息系统的局限性，这套ERP系统却得不到有效运转。于是TCL只能先上物流管理系统，即进、销、存管理系统，再上财务系统。这样一来，TCL便能够做到对销售网络以及整个销售动态和市场动态做出实时的反应。

虽然这个系统并不能做到严格意义上的实时更新，但是至少每天10点以前，公司就能对前一天全国市场的销售情况、库存情况、主要竞争对手的销售情况、财务情况有大致的了解，从而使得决策层对整个市场的情况能够做出相对实时而准确的判断，而资金流转的速度也比同行大概快2~4倍。

正是由于货物的流向实现了信息化管理，在物流供求的两端就只剩下相对简单的运输问题，这也使得TCL有可能将这一切委托给第三方物流公司办理。TCL与南方物流的合作一直令人满意。虽然发运点成倍增加，发运数量急剧增长，但TCL物流的人员数量保持不变，而且其运价创历史新低，为TCL节约了大量的物流成本和费用。

在目前的家电行业中，只有TCL和海尔建立了全国性的、直接配送到门店的物流体系。在TCL"以速度打击规模"的信条下，甚至在某些区域保证了先销售后进货的物流水平。速度已经成为TCL物流模式的最大特点和优势所在。

思考与分析

1. 上述案例中，TCL企业的物流速度是如何实现的？
2. 结合此案例，分析企业物流在企业经营中的重要性。

【同步测试】

一、单项选择题

1. 将与企业核心业务关联不强的业务交给其他专业公司来操作的采购活动称为（ ）。

   A. 外包　　　　　B. 租赁　　　　　C. 交换　　　　　D. 借贷

2. 企业为保证生产的连续，不断组织原材料、零部件、能源、辅助材料等供应的物流活动是（ ）。

   A. 供应物流　　　B. 销售物流　　　C. 回收物流　　　D. 生产物流

3. 第三方物流是通过契约形式来规范物流经营者与物流消费者之间关系的。这体现了第三方物流哪个基本特征。（　　）
   A．专业化　　　　B．合同化　　　　C．网络化　　　　D．系统化
4. 企业逆向物流产品大致可以分为两大类，即退回的产品及（　　）。
   A．废旧物　　　　B．包装　　　　　C．次品　　　　　D．商品
5. 以制造、生产和组装等一定的加工来增加产品的价值，体现了企业物流增值作用中的（　　）。
   A．时间效用　　　B．地点效用　　　C．形态效用　　　D．占用效用

二、多项选择题

1. 按货物的流向，国际物流可分为（　　）。
   A．区域物流　　　B．进口物流　　　C．出口物流　　　D．远洋物流
2. 组织企业生产物流的基本要求包括（　　）。
   A．物流过程的连续性　　　　　B．物流过程的平行性
   C．物流过程的节奏性　　　　　D．物流过程的比例性
3. 以下属于企业物流所包含的内容的是（　　）。
   A．采购　　　　　B．仓储　　　　　C．运输　　　　　D．市场营销
4. 以下属于供应物流的改善方向的是（　　）。
   A．准确预测需求　B．合理控制库存　C．科学进行采购决策　D．安全的供应保障
5. 有可能成为第四方物流供应商的组织包括（　　）。
   A．管理咨询公司　B．信息技术公司　C．第三方物流企业　D．生产企业

三、判断题

1. 国际物流中的报关与通关是一个意思。　　　　　　　　　　　　（　　）
2. 生产物流是典型的企业内部物流。　　　　　　　　　　　　　　（　　）
3. 销售物流是企业外部物流，直接外包是最好的选择。　　　　　　（　　）
4. 进出境运输工具、货物、物品，必须通过设立海关的地点进境或出境。（　　）
5. 第三方物流能够帮助企业将有限的资源集中在核心竞争力的培养上。（　　）

四、思考题

1. 什么是企业物流？影响生产物流的主要因素有哪些？
2. 什么是第三方物流？它与自营物流相比有哪些优势？

【实训操作】

【实训设计】

以电子商务经营者的角度，选取学校附近能够提供第三方物流服务的物流企业进行调查，并对这些企业进行评价，选择合适的第三方物流企业进行物流业务外包。

【实训目的】

1. 通过实训设计进一步熟悉第三方物流的功能、优势；

2．能够进行物流环境分析，做出是否物流外包的决策；
3．能够对第三方物流进行评价与分析，选择能满足自身要求的第三方物流企业。

【实训步骤】

1．由教师指导，班长或学习委员配合对班级学生进行分组，每组以 5 人左右为宜，对学校附近的若干第三方物流企业进行考察；
2．在调研前，应根据课程所学的基本理论知识确定所需相关资料范围；
3．通过资料收集与分析，分析与评价不同第三方物流企业的优势、劣势；
4．根据物流环境、企业自身的状况，选择合适的第三方物流服务供应商。

【实训成果】

1．调研分析后，每位同学提交一份对第三方物流企业评估报告。任课老师组织一次课堂讨论。
2．经过讨论评选出几篇合理的设计报告让全班学生交流，提高学生对物流系统规划设计的理解与认识。

第六章 物流信息管理

【学习目标】

知识目标	技能目标
（1）正确理解物流信息的概念、特征分类及管理的内容； （2）了解物流信息系统的概念、特点、组成及其功能； （3）熟悉目前主要的物流信息技术的分类、特征及构成； （4）了解物联网技术及它在物流信息化中的应用方式和方法	（1）知晓信息管理的内涵； （2）掌握物流信息系统的构成及管理的内容； （3）掌握物流信息技术在物流管理中的应用； （4）熟悉物联网技术的体系架构及其在物流业中的运用

【学习导图】

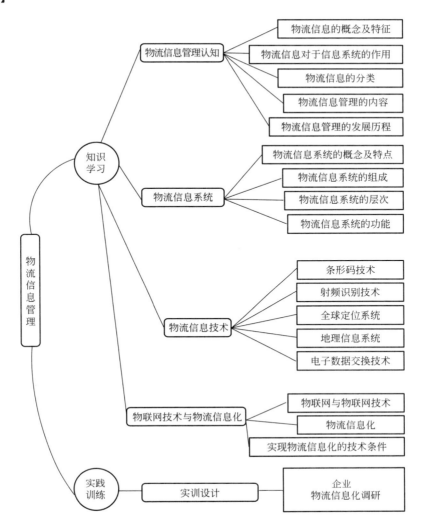

【导入案例】

中外运高新物流（苏州）有限公司

中外运高新物流（苏州）有限公司是一家以苏州新区企业为主要服务对象的大型综合物流企业，服务内容包括报关、报检、国际货运代理、海关监管点服务、保税仓库服务、运输及普通仓储、集装箱堆场服务。目前主要为新区大型制造类企业如名硕、明基、佳能、罗技、索尼、竹本油脂等数十家企业提供集通关、仓储、分拣、理货、包装、配送于一体的综合物流服务。

为了增加物流过程的可见性，使库存积压、延期交货、送货不及时、库存与运输不可控风险大大降低，加强供应商、物流商、批发商、零售商等在组织物流过程中的协调和配合，高新物流自主研发了 E3 logictics 物流管理信息系统，较好地满足了物流中心内部管理和客户的需求。为了完善与制造企业的供应链体系，公司实施了 MK logistics 的功能包括订单服务、全面的财务管理、高级的库存管理、配送需求计划、射频和条形码支持、电子数据交换、电子商务界面、客户支持等专门为第三方物流提供的独特功能。

通过将信息技术应用于物流管理领域，中外运高新物流（苏州）有限公司提高了与企业合作的能力，客户满意率及服务准确率均达到 97% 以上。

 问题

1. 中外运高新物流（苏州）有限公司凭借什么完善与制造企业的供应链体系？
2. 我们从中可得到哪些启发？

第一节　物流信息管理认知

一、物流信息的概念及特征

（一）物流信息的概念

1. 信息

信息是指能反映事物内在本质的外在表现，如图像、声音、文件、语言等，它是事物内容、形式和发展变化的反映。一般信息的构成有三个层次：首先，信息是客观事物的特征的反映；其次，信息是可以通信的，是事物联系的基础；最后，信息形成知识。

2. 物流信息

《中华人民共和国国家标准物流术语》（GB/T 18354—2006）中给物流信息（logistics information）给出的定义是：

物流信息是反映物流各种活动内容的知识、资料、图像、数据、文件的总称。

物流信息是物流活动的内容、形式、过程及发展变化的反映，它表示了品种、数量、时间、空间等各种需求信息在同一个物流系统内、在不同的物流环节中所处的具体位置。在物流活动中，供给方和需求方需要大量的信息交换和交流。

（二）物流信息的特征

物流是一个大范围的活动，物流信息贯穿于整个供应链过程，物流信息具有信息源点多、分布广、信息量大、动态性强、信息的价值衰减快、及时性要求高等特征。主要体现在以下几个方面。

(1) 量大、面广。现代物流的多品种、小批量、多层次、个性化服务，使货物在运输、仓储包装、装卸、搬运、加工配送中产生大量的物流信息，分布在不同的厂商、仓库、货场、物流中心、配送中心、运输线路、中间商、用户等处。随着物流产业的发展，这种量大、面广的特征将更趋明显，会产生越来越多的物流信息。

(2) 动态性强，实时性高。物流作业活动的频繁发生，以及市场竞争状况和用户需求的变化，使物流信息瞬息万变，物流信息价值衰减速度也随之加快。物流信息的这种动态性和实时性，要求我们必须及时掌握变化多端的物流信息，为物流管理决策提供依据。

(3) 种类多，来源广。现代物流信息不仅包括企业内部的各种管理作业信息，还包括与物流活动有关的法律法规、条例、基础设施、市场、消费者等诸多方面的信息。随着物流产业的发展，物流信息的种类将更多，来源也将更趋复杂多样，这给物流信息的分类、筛选处理等增加了困难。

(4) 物流信息标准化程度高。现代物流信息涉及一个国家国民经济的各个部门，在物流活动中需要在各部门之间进行大量的信息交流，为了实现不同系统间的信息的高效率交流、共享，必须采用国际信息标准和国家信息标准，如不同的系统的不同物品必须采用统一的物品编码和条码等。

物流信息的上述特征意味着物流信息的收集、加工、处理要求速度快，并且种类繁多。物流系统内部各个环节有不同种类的信息，而且物流系统与其他系统，如生产系统、销售系统、供应系统、消费系统等都密切相关。

二、物流信息对于物流信息系统的作用

最初，物流企业把物流运作的重点放在产品的存储以及产品在供应链的流动上，而信息流动并未被看作像顾客那样重要，因此往往被忽视。另外，信息交换和传输速度还受到书面传输速度的限制。如今，及时而又准确的物流信息对有效的物流信息系统起到更关键的作用。主要有如下四点。

(1) 让顾客感觉到有关订货状况、产品可得性、交货计划表以及发票等信息是整个顾客服务过程的一个必要的因素。

(2) 为了达到减少整个供应链存货的目的，信息能够有效地减少存货和对人力资源的需要。特别是利用最新的信息制订的需求计划，能够通过减少需求的不确定性来减少库存。

(3) 对有关从战略优势出发考虑的何时、何地及如何利用各种资源的问题，信息可以增加其灵活性。

(4) 互联网的发展大大地增强了信息的交换和传输，促进了买卖双方的合作，并且重新定义了供应链各成员之间的关系。美国物流管理协会在 1988 年就已经认识到这种变化，当时它提出要把"材料、在制品、制成品、信息"结合到物流的定义中。

三、物流信息的分类

物流信息是随企业的物流活动同时发生的，是物流活动得以顺利、高效完成的必不可缺的条件，在物流活动中，尽管物流信息包含的内容非常广泛，但整体来讲可以分为以下几类。

1. 战略型物流信息

战略型物流信息主要供企业制定经营战略时作为参考。企业的经营战略多种多样，复杂多变，企业的战略型物流信息，在企业经营中占有重要地位，特别是在商品销售竞争激烈，消费者需求日趋个性化、多样化的时代，物流信息显得尤为重要，甚至关系到企业的生存和发展。企业的战略型物流信息主要有如下几种。

（1）国际政治经济形势和环境。20多年来，经济全球化的趋势越发明显，我国加入WTO后，企业正面临发展机遇和严峻挑战，外国知名生产企业、物流企业大量涌入，带来了先进的物流管理模式和技术方法，但对我国物流企业和生产企业带来的冲击是不可避免的。

（2）国家的法律法规、国民经济发展计划、产业政策、财政支出、资金投向、新法律法规颁布、新政策的出台等信息，对企业的经营战略都会产生影响。

（3）近几年我国出现了物流"热"不断升温的现象，各大中城市都在搞物流发展规划，建设物流园区。物流理论界的各种研讨会、交流会不断，物流机械设备展览会、展示会一个接一个。在这种国内物流发展的大环境中，企业对物流采取什么样的态度，自然关系到企业的经营与发展。

（4）同行业企业的经济发展战略等信息是每个企业都十分关心的问题。

（5）在新经济环境和国内新的经济发展形势下，企业应冷静地思考自己的经营战略。这些重大经营战略问题，往往决定了企业的兴衰。

2. 经营决策型物流信息

企业的战略型物流信息侧重于宏观型的经营理念方面，企业经营决策型物流信息是根据企业的总体发展战略和经营理念，制订企业的经营决策模式，并按照经营决策模式确定企业物流计划，收集与企业有关的物流信息。企业经营决策型物流信息的内容有企业物流发展规划、机构设置、人员配备、投资比重、物流网络构筑、设施建设、经营策略、物流合理化措施等。

3. 管理型物流信息

相比战略型物流信息和经营决策型物流信息，管理型物流信息更加具体和细致。管理型物流信息的运用目的是更好地提高物流作业效率，最大限度地发挥物流系统的整体功能。其重点在于通过管理，使所有相关环节协调化、整合化、最优化。同时使物流与商流、资金流同步。

一般来说，在企业的物流活动中，按照顾客的订货要求接受订货处理，是物流活动的第一步。因此，接受订货的信息是全部物流活动的基本信息。接着，根据发货信息，把货物移出来准备发货，商品库存不足时，制造厂商将接受订货的信息和现有商品的库存信息进行对照，根据生产指示信息安排生产；在销售业中按照采购指示信息安排采购。物流管理部门进行管理和控制物流活动，必须收集交货完毕的通知，物流成本费用以及仓库、车辆等物流设施的机械工作率等信息作为物流管理信息。

四、物流信息管理的内容

物流信息管理就是对物流全过程的相关信息进行收集、整理、传输、存储和利用的信息活动过程。也就是物流信息从分散到集中，从无序到有序，从产生、传播到利用的过程。同时，对涉及物流信息活动的各个要素，包括人员、技术、工具等进行管理，实现资源的合理配合。

一般来说，物流信息管理的内容涉及以下几个主要方面。

1. 物流信息管理的主体

物流信息管理的主体一般是与物流信息管理系统相关的管理人员，也可能是一般的物流信息操作、控制人员。这些人员要从事物流业务操作、管理，承担物流信息技术应用和物流管理信息系统的开发、建设、维护、管理，以及物流信息资源开发利用等工作。与物流信息管理系统相关的管理、操作人员必须具备物流管理信息系统的操作、管理、规划和设计等能力。

2. 物流信息管理的对象

与信息管理的对象一样，物流信息管理的对象包括物流信息资源和物流信息活动。物流信息资源主要指直接产生于物流活动（运输、保管、包装、装卸、流通、加工等）的信息和其他与物流活动有关的信息（商品交易信息、市场信息等）。而物流信息活动是指物流信息管理主体进行物流信息收集、传递、储存、加工、维护和使用的过程。

3. 物流信息管理的手段

信息管理离不开现代信息技术，同时运用管理学、运筹学、统计学、模型论和各种最优化技术来实现对信息的管理以辅助决策。物流信息管理除具有一般信息管理的要求外，还要通过对物流管理信息系统的查询、统计、数据的实时跟踪和控制来管理、协调物流活动。利用物流管理信息系统是进行物流信息管理的主要手段。

4. 物流信息管理的目的

物流信息管理的目的是开发和利用信息资源，以现代物流信息技术为手段，对物流信息资源进行计划、组织、领导和控制，最终为物流相关管理提供计划、控制、评估等决策辅助。

五、物流信息管理的发展历程

物流自引进中国以来，物流信息管理根据管理体制、所采用的管理技术、方法与手段的不同，大致可以归纳为以下四个阶段。

1. 手工信息管理阶段

手工信息管理阶段是指利用纸介质，通过人工记录、计算、整理等活动进行信息管理的阶段，这是早期的传统物流信息管理阶段。此时，计算机技术还不太成熟，在物流领域还未得到广泛应用，各项物流活动主要依赖手工操作来完成，物流管理信息主要包括制作出入库凭证、制作财务和会计凭证、制作结算单、人事薪金计算和制单、人工制作会计项目、人工填写库存账册等。

2. 计算机辅助管理阶段

计算机辅助管理阶段是指物流企业使用计算机来辅助管理企业的各项物流活动的阶段。同手工信息管理阶段相比，在此管理阶段，计算机参与了不少业务的处理，但计算机的应用领域还有限。计算机辅助管理阶段的特点是物流企业开始利用计算机处理部分物流业务，进行相应的物流信息处理，但基本上属于单机管理模式，还没有引入网络化处理，也没有实现集成化的信息管理。计算机系统承担的辅助管理功能包括订单信息处理、出入库处理、库存管理、采购处理、会计总账处理、人事考核和薪金管理、应收款和应付款管理、票据管理等。

3. 物流信息管理系统管理阶段

随着现代信息技术的发展和计算机应用的普及，许多企业开始发展自己的专业物流信息管理系统，如大中型商业企业的进销存管理信息系统、铁路运营控制和调度信息管理系统等。此阶段，物流信息管理系统的特点是计算机软硬件集成化，建立了数据库管理系统，可以进行统计分析及辅助决策，基于 Internet 对外联网。这种管理模式充分利用计算机网络技术和通信技术，将多种物流信息管理子系统进行集成，达到物流信息共享，减少冗余和不一致，以提高物流信息管理的效率和效果。物流信息管理系统的主要功能包括网络化的订单信息处理、销售预测、物资管理、车辆调派、运输路线的选择和规划、供应商管理、财务成本核算、银行转账和结算与客户信息系统的集成。

4. 智能集成化物流信息管理系统阶段

智能集成化是物流信息管理系统的发展趋势，智能集成化也是未来物流信息管理系统的特点。智能集成化的物流信息管理系统阶段将在物流信息管理系统中引入人工智能、专家系统、计算机辅助经营决策以及应用大量智能化、自动化、网络化的物流工具，具有后勤支持、物流动态分析、安全库存自动控制、仓库规划布局、车辆运输自动调度、仓库软硬件自动控制、人力使用分析控制等功能。此外，智能集成化物流信息管理系统还集成供应商、批发商、物流配送中心、零售商及顾客等的信息，并在计算机网络中进行实时的信息传递和共享，逐步形成社会化全方位的物流信息系统管理阶段。

第二节　物流信息系统

一、物流信息系统的概念及特点

1. 物流信息系统的概念

物流信息系统的建立是企业管理发展的必然结果，它在一定程度上，为企业预决策提供了必要条件，同时也为物流活动中的各要素提供了及时准确的信息支持，保证了工作效率与效益。

物流信息系统是使用系统的概念、思想及方法建立起来的，它是以计算机系统为基本信息处理手段，以现代通信设备为基本传输工具，并能够为决策提供信息服务的联机系统。也是一种由人、计算机（含网络）和物流管理规则组成的集成化系统。简言之，物流信息系统是在物流范畴内，对信息进行收集、整理、分析、储存及服务于物流活动的信息系统。它将硬件和软件集合在一起，对物流活动进行管理、控制和衡量。其中硬件部分包括计算机、输入/输出设备、网络设备和储存媒体等；软件部分包括用于处理交易、管理控制、决策分析和制定战略计划的系统和应用程序。

2. 物流信息系统的特点

物流信息系统具有信息分类集成化、系统功能模块化、信息采集实时化、信息存储大型化、信息传输网络化、信息处理智能化的特点。

（1）集成化。集成化是指物流信息系统将业务逻辑上相互关联的部分连接到一起，为企业物流活动中的集成化信息处理工作提供基础。在系统开发过程中，数据库的设计、系统结构及功能的设计等都应该遵循统一的标准、规范和规程（即集成化），以避免出现"信息孤岛"的现象。

（2）模块化。模块化是指把物流信息系统划分为各个功能模块的子系统。各子系统通过统一的标准来进行功能模块开发，然后再集成、组合起来使用，这样就能既满足不同管理部门的需要，也保证了各子系统的使用和访问权限。

（3）实时化。实时化是指借助于编码技术、自动识别技术、GPS 技术、GIS 技术等现代物流技术，对物流活动进行准确、实时的信息采集，并采用先进的计算机与通信技术，实时进行数据处理和传送物流信息。

（4）网络化。网络化是指通过 Internet 将分散在不同地理位置的物流分支机构、供应商、客户等连接起来，形成一个复杂但又紧密联系的信息网络，从而通过物流信息系统这个联系方式了解各地业务的运作情况。物流信息中心将对各地传来的物流信息进行汇总、分类，以及综合分析，并通过网络把结果反馈传达下去，以指导、协调、综合各个地区的业务工作。

（5）智能化。现在虽然尚缺乏关于智能化物流信息系统的十分成功的案例，但物流信息系统正向着这个方向发展，比如，企业决策支持系统中的子系统，它就负责搜集、存储和智能化处理在决策过程中所需要的物流领域知识、专家的决策知识和经验知识。

二、物流信息系统的组成

从系统的观点看，物流企业信息系统的主要构成要素有硬件、软件、数据库和数据仓库、相关人员及企业管理制度与规范等。

1. 硬件

硬件包括计算机、必要的通信设施等。如计算机主机、外存、打印机、服务器、通信电缆、通信设施，硬件设施是物流信息系统的物理设备、硬件资源，是实现物流信息系统的基础，它构成系统运行的硬件平台。

2. 软件

在物流信息系统中，软件一般包括系统软件、实用软件和应用软件。系统软件主要有操作系统（operation system，OS）、网络操作系统（network operation system，NOS）、计算机语言、各种开发工具、国际互联网上的浏览器、电子邮件等，主要用于开发软件、管理数据资源和实现通信等。应用软件是面向问题的软件，与物流企业业务运作相关，实现辅助企业的功能，不同的企业可以根据应用的要求开发或购买软件。

3. 数据库与数据仓库

数据库与数据仓库用来存放与应用相关的数据，是实现辅助企业管理和支持决策的数据基础，目前大量的数据存放在数据库中。

4. 相关人员

系统的开发涉及多方面的人员，有专业人员、领导，还有终端用户。例如，信息主管、中层管理人员、业务主管、业务人员、系统分析员、系统设计员、程序设计员、系统维护人员等都是从事企业物流信息资源管理的工作人员。

5. 物流企业管理理念和管理制度

物流企业管理理念和管理制度等是物流信息系统成功开发和运行的管理基础和保障，是构造物流信息系统模型的主要参考依据，制约着系统硬件平台的结构、系统计算模式和应用软件的功能。

三、物流信息系统的层次

根据信息化系统的应用范围与广度，可将物流信息应用系统大致划分为以下几个层次。

第一层次：单点应用

针对个别功能的各种软件工具和单点系统的建设。这一层次的主要建设内容包括办公套件、企业邮箱之类的通用工具软件以及物流行业专用的条码器、自动识别软件、物流仿真软件等工具软件或单点系统等。

第二层次：流程优化

是针对物流企业的个别业务流程或管理职能，实施部门级的信息系统建设。该层次的信息化建设内容既包括一般企业通用的信息系统，也包括物流企业专用的信息系统。

第三层次：综合管理

是针对整个企业的综合管理，实施企业级的信息系统建设。该层次的信息化建设内容既包括一般企业通用的综合管理信息系统，也包括物流行业专用的综合管理信息系统。

第四层次：公共平台

所要解决的问题是整个物流行业的信息化问题，如物流信息的发布与共享，物流行业与其他相关机构的信息交互。这些信息化需求不可能由某一家物流企业单独承担，而应该由外部的服务供应商或政府部门负责满足。这一层次的建设内容主要包括：物流公共信息交换平台、全球定位系统、地理信息系统、EDI 网络服务中心等。当前，物流公共平台领域发展较为快速的是物流公共信息交换平台系统，国内知名的物流行业信息平台如锦程物流和中国物通网都属于这个范畴。

四、物流信息系统的功能

1. 收集数据

物流信息系统的首要任务把分散在企业内外各处的数据收集并记录下来，整理成物流信息系统所要求的格式和形式。数据的收集和录入是整个物流信息系统的基础。因此，衡量一个信息系统的性能要注意以下因素：收集数据的手段是否完善，准确程度和及时性如何，具有哪些校验功能；对于工作人员的失误或其他各种破坏因素的预防及抵抗能力如何，录入手段是否方便易用；对于数据收集人员和录入人员的技术要求如何，整个数据收集和录入的组织是否严密、完善；等等。

2. 存储数据

物流信息系统必须具有某种存储信息的功能，否则它就无法突破时间和空间的限制，发挥提供信息、支持决策的作用。即使以报告和输出为主要功能的通信系统，也要有一定的记忆装置。简单地说，物流系统的存储功能就是保证已得到的物流信息不丢失、不走样、不外泄、整理得当、随时可用。物流信息系统在涉及信息的存储问题时，要考虑存储量、信息格式、存储方式、使用方式、存储时间、安全保密等问题。数据的存储要首先考虑数据的组织,其目的在于数据的安全和检索。

3. 传输数据

数据通信是为了收集和使用物流信息,需要把物流信息从一个子系统传递到另一个子系统,或者从一个部门传递到另一个部门。信息的传递并不只是一个简单的传递问题。物流信息系统的管理者和计划者必须充分考虑所需要传递信息的种类、数量、频率、可靠性要求等因素。

4. 加工数据

信息加工是系统对已经收集到的物流信息进行某些处理,以便得到某些更符合要求或更能反映本质的物流信息,或者使物流信息更适合于各级管理人员使用。计算机的数据加工范围很大,即从简单的查询、排序、合并、计算一直到复杂的物流模型的仿真、预测、优化计算等。这种功能的强弱,能反映物流信息系统能力的大小。现代的物流信息系统在这方面的功能越来越强,特别是面向高层管理的物流信息系统,在加工中使用了许多数学及运筹学的工具。为了使计算机有较强的处理能力,现代许多大的处理系统拥有三个库,即数据库、方法库和模型库。方法库中有许多标准的算法,而模型库中存放针对不同问题的模型、数据库中备有要用的二次数据。这样应用起来就十分方便。

5. 输出数据

为了实现自身价值,物流信息系统必须具备向物流管理者提供信息的手段和机制。经过处理的物流信息,根据不同的需要,以不同的格式进行输出。物流信息系统的输出结果是否易懂易读,是评价物流信息系统的主要标准之一。

第三节 物流信息技术

随着互联网时代的到来,信息的传播、交流发生了巨大的变化。信息称为现代物流的灵魂。而物流信息化的发展离不开它的支撑工具——物流信息技术。物流信息技术是指物流各个作业环节中应用的信息技术,包括计算机、网络、信息分类编码、自动识别、电子数据交换、全球定位系统、地理信息系统等技术。物流信息技术是物流信息系统开发、运用的技术基础。

一、条形码技术

(一)条形码技术概念

1. 条码的定义

条码是一种机器识读语言,是由一组规则排列的条、空及其对应字符组成的标记,用以表示一定的信息。它是在计算机技术和信息技术基础上发展起来的一门集编码、印刷、识别、数据采集和处理于一身的新兴技术。条码技术的核心内容是利用光电扫描设备识读条码符号,从而实现机器的制动识别,并快速、准确地将信息录入计算机进行数据处理,以达到自动化管理的目的。

2. 条码的符号结构

一个完整的条码符号是由两侧空白区、起始字符、数据字符、校验字符(可选)和终止字符以及供人识读字符组成。条码符号的结构如图6-1所示。

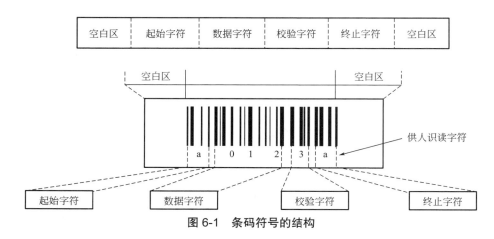

图6-1 条码符号的结构

（二）条码的分类

按照条码在空间上的扩展可以将条码分为一维条码和二维条码。一维条码按照应用可分为商品条码和物流条码。二维条码根据构成原理、结构形状的差异，可分为行排式二维条码和矩阵式二维条码。

（1）一维条码。一维条码按照应用可分为商品条码和物流条码。商品条码包括EAN码和UPC码，物流条码包括128码、ITF码、39码、库德巴（Coda bar）码等。

（2）二维条码。二维条码根据构成原理、结构形状的差异，可分为行排式二维条码（数字）和矩阵式二维条码（英文）。常见的二维条码如图6-2所示。

图6-2 几种常见的二维条码

（三）常见的条码识读设备

1. 激光枪

激光枪属于手持式自动扫描的激光扫描器。激光扫描器是一种远距离条码阅读设备，其性能优越，因而被广泛应用。如图6-3所示。

图 6-3　手持式激光扫描仪

2. CCD 扫描仪

这种扫描器主要采用了 CCD（charge coupled device）电荷耦合装置。CCD 扫描器的两种类型均属于非接触式，只是形状和操作方式不同，其扫描原理和主要元器件完全相同。如图 6-4 所示。

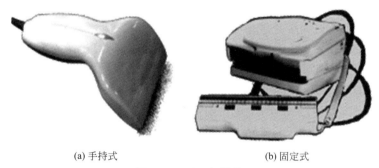

(a) 手持式　　　　　　　　(b) 固定式

图 6-4　CCD 扫描仪

（四）条码在物流中应用

条码技术像一条纽带，把产品生命周期中各阶段发生的信息连接在一起，可跟踪产品从生产到销售的全过程。条码在物流系统中的应用主要有以下五个方面。

1. 生产线自动控制系统

现代生产日益计算机化和信息化，自动化水平不断提高，生产线自动控制系统要正常运转，条码技术的应用就成为不可或缺的了。因为现代产品性能日益复杂，零部件数量和种类众多，传统的人工操作既不经济也不可能。如果使用条码技术对每一个零部件进行在线控制，就能避免差错、提高效率、确保生产顺利进行。使用条码技术成本低廉，只需先对进入生产的物品赋码，在生产过程中通过安装于生产线的条码识别设备，获取物流信息，便可能随时跟踪生产线上每一个物流的情况，形成自动化程度高的车间。如图 6-5 所示。

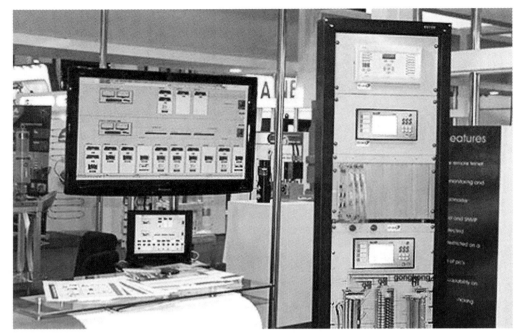

图 6-5　条码技术在生产线自动控制系统的应用

2. 信息系统（POS 系统）

目前条码技术应用最为广泛的领域是商业自动化管理，即建立商业 POS 系统，利用现金收款机作为终端机与主计算机相连，借助于识读设备为计算机录入商品上的条码符号，计算机从数据库中自动查询对应的商品信息，显示出商品名称、价格、数量、总金额，反馈给现金收款机开出收据，迅速准确地完成结算过程，从而节省顾客购买结算时间。更为重要的是它使商品零售方式发生了巨大的变革，由传统的封闭柜台式销售变为开架自选销售，大大便利了顾客的商品采购。同时，计算机还可根据购销情况对货架上各类商品的数量、库存进行管理，及时提出进、销、存、退的信息，供商家及时掌握购销行情和市场动态，提高竞争力，增加经济效益。对于商品制造商来说，则可以及时了解产品销售情况，及时调整生产计划，生产适销对路的商品。

3. 仓储管理系统

仓储管理无论在工业、商业还是在物流配送业中，都是重要的环节。现代仓储管理所要面对的产品数量、种类和进出仓频率大为增加，原有的人工管理不仅成本昂贵，而且难以确保准确率，尤其是对一些有保质期控制的商品的库存管理，库存不能超过保质期，必须在保质期内予以销售或进行加工生产，否则就会有可能因其变质而遭受损失。人工管理往往难以真正做到按进仓批次在保质期内先进先出。利用条码技术，这一难题就可以迎刃而解。只需在原材料、半成品、成品入库前先进行赋码，进出仓时读取物品上的条码信息，就可以建立仓储管理数据库，并提供保质期预警查询，使管理者可以随时掌握各类产品进出仓和库存情况，及时准确地为决策部门提供有力的参考。如图 6-6 所示。

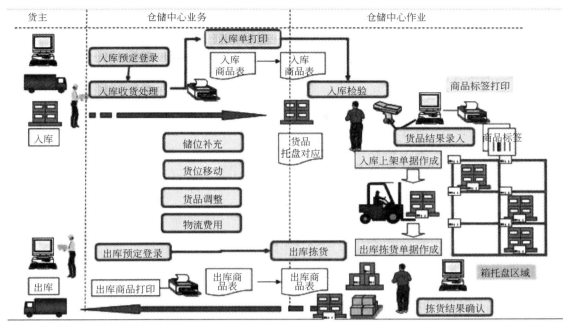

图 6-6 条码技术在仓储管理系统中应用

4. 自动分拣系统

现代社会,物品种类繁多,物流量大,分拣任务繁重,人工操作越来越不能适应分拣任务的增加,利用条码技术实行自动化管理就成为时代的要求。运用条码技术,对邮件、包裹、生产和配送的商品进行编码,通过条码自动识别技术建立分拣系统可大大提高工作效率,降低成本。在配送和出库时采用分货、拣选方式需要快速处理大量的货物,利用条码技术便可以自动进行分货拣选,实现有关的管理。

5. 售后服务

一般而言,大件商品或一些耐用消耗品,其售后服务往往决定其市场销售情况和市场占有率。因此对此类商品的生产者来说,搞好客户管理和售后服务尤为重要。利用条码进行客户管理和售后服务管理不仅简单易行,而且成本低廉,厂商只需要在产品出厂前进行赋码,各代理商、分销商和销售商在销售时读取产品上面的条码,向厂商及时反馈产品流动的信息和客户信息,建立客户管理和售后服务管理工作。厂商可随时掌握产品的销售状况和市场信息,及时进行技术革新和品种更新,生产适销对路的商品。因此,条码识别大大提高了数据采集和识别的准确性和速度,并可实现过程中的计算意义,实现了物流的高效率运作。

总之,条码技术极大地提高了基础数据的采集和传递的速度,提高物流的效率,为物流管理的科学性和现代化作出了巨大贡献。

二、射频识别(RFID)技术

(一)RFID 的概念

1. 射频识别(RFID)技术

射频识别技术(简称 RFID)是指利用射频信号及其空间耦合(交变磁场或电磁场)和

传输特性进行非接触双向通信，实现对静止或移动物体的自动识别，并进行数据交换的一项自动识别技术。

2. 射频识别（RFID）技术的先进性

射频识别（RFID）技术的先进性主要表现在：

（1）唯一性。识别码无法仿造。

（2）非接触性。由于其采用无线电射频，因此可以透过外部材料读取数据，可非接触识别，识读距离可以从十厘米至几十米。

（3）同时性。可以同时对多个目标对象进行识读。

（4）无方向性。读取时不需对准被读物体，只需在阅读器的范围内，利用无线电进行读取，并且可识别高速运动物体。

（5）抗干扰性能好。全天候作业，抗恶劣环境能力强（如油渍、灰尘污染等），不容易污损或遭受破坏。

（6）数据容量大。存储信息量大，存储能力可达几百字节，并可重复读写。

（7）保密性能好。射频技术具有难以伪造和智能化等特性，具有极高保密性。

（二）RFID系统的组成

从RFID系统的工作原理来看，系统一般都由信号发射机、信号接收机、发射接收天线几部分组成。

1. 信号发射机（射频标签）

典型的形式是标签（TAG）。标签一般是带有线圈、天线、存储器与控制系统的低电集成电路。标签主要有以下几种类型：

（1）主动式标签、被动式标签和半被动式标签；

（2）只读标签与读写标签；

（3）无源标签和有源标签；

（4）标识标签与便携式数据文件。

2. 信号接收机

射频识读器一般由天线、射频模块、读写模块组成，阅读器基本的功能就是利用射频技术读取标签信息，或将信息写入标签，然后通过计算机及网络系统进行管理和信息传输。

3. 编程器

只有可读写标签系统才需要编程器。编程器是向标签写入数据的装置。编程器写入数据一般来说是离线（off-line）完成的，也就是预先在标签中写入数据，等到开始应用时直接把标签附在被标识项目上，也有一些RFID应用系统，写数据是在线（on-line）完成的，尤其是在生产环境中作为交互式便携数据文件来处理时。

4. 天线

天线是标签与阅读器之间传输数据的发射、接收装置。

（三）RFID系统的分类

（1）按作用距离分类，RFID系统可分为密耦合、遥耦合和远距离系统三类。

（2）根据RFID系统完成的功能不同，可以粗略地把RFID系统分成四种类型：EAS系统、便携式数据采集系统、网络系统、定位系统。

(3）按工作频率分类，可分为低频、高频、超高频和微波系统。

（4）根据应答器内部是否装有电池为其供电，可分为有源系统和无源系统两大类，电子标签属于无源标签；根据应答器保存信息注入的方式可分为集成电路固化式、现场有线改写式和现场无线改写式三大类，电子标签属于现场无线改写式；根据读取电子标签数据的技术实现手段，可分为广播发射式、倍频式和反射调制式三大类。

（四）RFID 技术在物流中的应用

由于射频标签具有可读写能力，对于需要频繁改变数据内容的场合尤为适用，它发挥的作用是数据采集和系统指令的传达，因此被广泛应用于物流的诸多领域。RFID 主要在物流的以下环节中发挥着重要的作用。

1. RFID 在零售环节的应用

RFID 可以改进零售商的库存管理，实现实时补货，有效地跟踪运输与库存，提高效率，减少出错。同时，电子标签能对某些时效性强的商品的有效期限进行监控；商店还可利用 RFID 系统在付款台实现自动扫描和计费，从而取代人工收款。

2. RFID 在存储环节的应用

在仓库里，射频技术最广泛的使用是存取货物与库存盘点，它能用来实现自动化的存货与取货等操作。

3. RFID 在运输环节的应用

在运输中的货物或车辆上贴上 RFID 标签，在运输线的一些检查点上安装上 RFID 接收转发装置。接收装置收到 RFID 标签信息后，连同接收到的地理信息位置上传至通信卫星，再由卫星传送给运输调度中心，送入数据库中。

4. RFID 在配送/分销环节的应用

在配送环节，采用射频技术能大大加快配送的速度，提高拣选与分发过程的效率与准确率，并能节省人工、降低配送成本。除此之外，还可以确保精确的库存控制，甚至可以确切了解目前有多少箱货物处于转运途中、转运的始发地和目的地，以及预期的到达时间等信息。

5. RFID 在生产环节中的应用

在生产制造环节应用 RFID，可以完成自动化生产线运作，实现在整个生产线上对原材料、零部件、半成品和成品的识别与跟踪，减少人工识别成本与出错率。提高效率和效益。

三、全球定位系统（GPS）

（一）GPS 的定义

全球定位系统（global positioning system，简称 GPS）是利用空间卫星星座（通信卫星）、地面控制部分及信号接收机对地球上任何地方的用户都能进行全方位导航和定位的系统，也称为全球卫星定位系统。GPS 最早由美国军方开发使用，用于定时、定位及导航。

目前，全球有两个公开的 GPS 系统可以利用，NAVSTAR 系统由美国研制，归美国国防部管理和操作，而 GLONASS 系统则为俄罗斯所拥有。NAVSTAR 提供了 P 码（精码）和 C/A 码（粗码）两种定位服务，P 码为军方服务，定位精度可达到 3m，C/A 码对社会开放，定位精度可达到 14m。

（二）GPS 的主要功能

1. 陆地应用

包括车辆导航、应急反应、大气物理观测、地球物理资源勘探、工程测量、变形检测、地壳运动检测、市政规划控制等。

2. 海洋应用

包括远洋船最佳航线航程测定、船只实时调度与导航、海洋救援、海洋探宝、水文地质测量以及海洋平台定位、海平面升降监测等。

3. 航空航天应用

包括飞机导航、航空遥感姿态控制、低轨卫星定轨、导弹制导、航空救援和载人航天器防护探测等。

（三）GPS 的主要特点

GPS 系统具有高精度、全天候、高效率、多功能、操作简便、应用广泛等特点。

1. 定位精度高

应用实践已经证明，GPS 相对定位精度在 50km 以内可达百万分之一。100～500km 可达千万分之一，1000km 可达十亿万分之一。在 300～1500m 工程精密定位中，1h 以上观测的平面位置误差小于 1mm，与 ME5000 电磁波测距仪测定的边长比较，其边长校差最大为 0.5mm，较差中误差为 0.3mm。

2. 定位时间短

随着 GPS 系统的不断完善，软件的不断更新，目前，20km 以内相对静态定位仅需 15～20min；快速静态相对定位测量时，当每个流动站与基准站相距在 15km 以内时，流动站观测时间只需 1～2min，然后可随时定位，每站观测只需几秒钟。

3. 操作简便

GPS 接收机不断改进，自动化程度越来越高，有的已达"傻瓜式"的程度，接收机的体积越来越小，重量越来越轻，极大地减轻测量工作者的工作紧张程度和劳动强度，使野外工作变得轻松愉快。

4. 测站间无须通视

GPS 测量不要求测站之间互相通视，只需测站上空开阔即可，因此可节省大量的造标费用。由于无需点间通视，点位根据需要可稀可密，使选点工作甚为灵活，也可省去经典大地测量中的传算点、过渡点的测量工作。

5. 可提供三维坐标

经典大地测量将平面与高程采用不同方法分别施测。GPS 可同时精确测定测站点的三维坐标。目前 GPS 水准可满足四等水平测量的精度。

6. 全天候作业

目前 GPS 观测可在一天 24h 内的任何时间进行，不受阴天黑夜、起雾刮风、下雨下雪等气候的影响。

7. 功能多、应用广

GPS 系统不仅可以用于测量、导航，而且可用于测速、测时。测速的精度可达 0.1m/s，测时的精度可达几十毫微秒。其应用领域不断扩大。

（四）GPS 的构成

全球定位系统是美国第二代卫星导航系统，它是在子午仪卫星导航系统的基础上发展起来的，和子午仪系统一样，全球定位系统由空间部分（GPS 卫星星座）、地面控制部分（地面监控系统）、用户设备部分（GPS 信号接收机）三大部分组成，如图 6-7 所示。

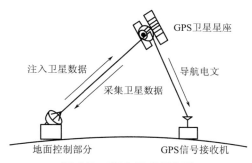

图 6-7　GPS 组成示意图

1. GPS 卫星星座

按目前的方案，全球定位系统的空间部分使用 24 颗（21 颗工作卫星和 3 颗在轨备用卫星组成）高度约 2.02 万千米的卫星组成卫星星座。

2. 地面监控系统

GPS 工作卫星的地面监控部分包括一个主控站、五个监控站和三个数据注入站。主控站位于美国科罗拉多的斯平士（Colorado Springs）的联合空间执行中心（CSOC），三个注入站分别设在大西洋、印度洋和太平洋的三个美国军事基地上，即大西洋的阿松森（Ascension）岛、印度洋的狄哥·伽西亚（Diego Garcia）和太平洋的卡瓦加兰（Kwajalein），五个监测站设在主控站和三个注入站以及夏威夷岛。

3. GPS 信号接收机

GPS 信号接收机主要由接收机硬件和处理软件组成，用于接收 GPS 卫星发射信号，经信号处理而获得用户位置、速度等信息，再通过数据处理完成导航和定位。GPS 接收机硬件一般由主机、天线和电源组成，接收机软件主要是机内监控程序和导航与定位数据的后处理软件包。

（五）GPS 在物流中的应用

GPS 技术已发展成为多领域、多模式、多用途、多机型的国际性高新技术产业。目前 GPS 在物流货物配送中主要实现了以下的功能。

（1）车辆跟踪。利用 GPS 和电子地图可以实时显示出车辆的实际位置，并可任意放大、缩小、还原、换图；可以随目标移动，使目标始终保持在屏幕上；还可实现多窗口、多车辆、多屏幕同时跟踪。利用该功能可对重要车辆和货物进行跟踪运输。

（2）提供出行路线规划和导航。提供出行路线规划是汽车导航系统的一项重要的功能，它包括自动路线规划和人工线路设计。

（3）信息查询。为用户提供主要坐标，如旅游景点、宾馆、医院等数据库，用户能够在电子地图上显示其位置。同时，监测中心可以利用监测控制台对区域内的任意目标所在位置进行查询，车辆信息将以数字形式在控制中心的电子地图上显示出来。

（4）话务指挥。指挥中心可以监测区域内车辆运行状况，对被监控车辆进行合理调度。指挥中心也可随时与跟踪目标进行通话，实时管理。

（5）紧急援助。通过 GPS 定位和监控管理系统可以对遇有险情或发生事故的车辆进行紧急援助。监控台的电子地图显示求助信息和报警目标，规划最优援助方案，并以报警声光提醒值班人员进行应急处理。

四、地理信息系统（GIS）

（一）GIS 的概念

（1）地理信息系统（geographic information system，简称 GIS）是以地理数据库为基础，在计算机的硬、软件系统支持下，对整个或部分地球表层（包括大气层）空间中的有关地理分布数据进行采集、储存、管理、运算、分析、显示和描述，并采用地理模型分析方法，实时提供多种空间和动态的地理数据，为地理研究和地理决策服务而建立起来的计算机技术系统。

（2）GIS 的分类：GIS 按研究的范围大小可分为全球性的、区域性的和局部性的；GIS 按研究内容的不同可分为综合性的与专题性的。

（二）GIS 的构成

GIS 由计算机硬件系统、计算机软件系统、地理空间数据和系统管理操作人员构成。如图 6-8 所示。

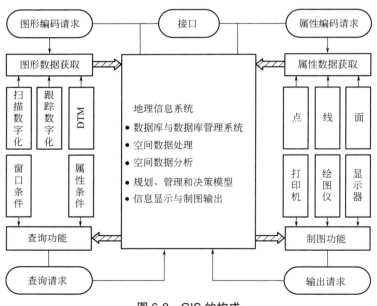

图 6-8　GIS 的构成

1. 计算机硬件系统

（1）计算机主机；

（2）数据输入设备：数字化仪、图像扫描仪、手写笔、光笔、键盘、通讯端口等；

（3）数据存储设备：光盘刻录机、磁带机、光盘塔、活动硬盘、磁盘阵列等；

（4）数据输出设备：笔式绘图仪、喷墨绘图仪（打印机）、激光打印机等。

2. 计算机软件系统

（1）操作系统；

（2）标准软件和其他支撑软件；

（3）GIS 应用软件；

如图 6-9 所示。

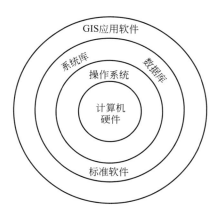

图 6-9 GIS 应用软件层次的结构

3. 地理空间数据

不同用途的 GIS 其地理空间数据的种类、精度都是不同的，但基本上都包括三种互相联系的数据类型：

（1）某个已知坐标系中的位置；

（2）实体间的空间相关性；

（3）与几何位置无关的属性。

（三）GIS 的分类

GIS 按内容、功能和作用分为工具型地理信息系统和应用型地理信息系统两大类。

1. 工具型 GIS

工具型地理信息系统也称之为地理信息系统开发平台或外壳，它是具有 GIS 的基本功能，供其他系统调用或用户进行二次开发的操作平台。目前比较流行的工具型 GIS 软件如 ArcGIS、MapInfo、GeoStar、mapGIS 等。

2. 应用型 GIS

应用型 GIS 是根据用户的需求和应用目的而设计的一类或多类专门型 GIS，它一般是在工具型 GIS 的平台上，通过二次开发完成。

（四）GIS 在物流中的应用

GIS 应用物流分析是指利用 GIS 强大的地理数据功能来完善物流分析技术。完整的 GIS 物流分析软件集成了运输路线模型、最短路径模型、网络物流模型、分配集合模型和设施定位模型等。

（1）网络物流模型。网络物流模型用于解决寻求最有效的分配货物路径问题，也就是物流网点布局问题。

（2）分配集合模型。分配集合模型可以根据各要素的相似点把同一层上的所有或部分要素分为几个组，用以解决确定服务范围的销售市场范围等问题。

（3）设施定位模型。用于确定一个或多个设施位置。在物流系统中，仓库和运输线共同组成了运输网络，仓库位于网络的节点上，节点决定着路线，如何根据供求的实际需要并结合经济效益等原则在既定区域内设立多少个仓库，每个仓库的位置、规模以及仓库之间的物流关系等，运用此模型能得到有效地解决。

（4）运输路线模型。用于解决一个起始点，多个终点的货物运输中降低物流作业成本并保证服务质量的问题，包括决定使用什么运输工具、每部运输工具的行驶路线等。

（五）GIS 在物流管理系统中的作用

1. GIS 在配送中心信息系统中的应用

通过客户邮编和详细地址，自动确定客户的地理位置（经纬度）和客户所在的区站、分站和投递段。通过基于 GIS 的查询、地图表现的辅助决策，实现对投递路线的合理调度和客户投递的合理排序。

2. GIS 在客户服务端的应用

客户通过物流信息系统调用数据库查询，查询结果能够可视化，如地图或图表显示；还可实现分析功能，如计算两地间的距离。

3. GIS 在查询货物动态情况的应用

物流企业或客户利用 GPS 或射频标签通过对物流系统的调用，随时查询在途货物的动态情况。

五、电子数据交换（EDI）技术

（一）EDI 的概念

它是一种新颖的电子化贸易工具，是计算机、通信和现代管理技术相结合的产物。它通过计算机网络将贸易、运输、保险、银行和海关等行业信息用一种国际公认的标准格式来表示，以此来实现各有关部门或公司与企业之间的数据交换与处理，并完成以贸易为中心的全部过程，如图 6-10 所示。

图 6-10　EDI 贸易方式

（二）EDI 与电子商务

1. EDI 与电子商务的关系

EDI 的功能特征主要体现在以下两个方面。

（1）EDI 可以视为电子商务的早期形态。EDI 主要用于实现企业与企业之间或企业与政府部门之间的交易，特别是对于大型的、跨国的企业。

（2）作为电子商务基础的 EDI 是基于增值网的、成熟的、适合企业到企业（B to B）的电子商务方式和技术，已成为电子商务的核心技术，并成为企业实施电子商务的重要手段之一。

2. EDI 与电子商务的区别

EDI 虽然与电子商务有相辅相成的关系，但 EDI 与电子商务还是存在一定的区别，主要体现在以下四个方面。

（1）从涉及的范围看，EDI 与电子商务是两个不同范畴的概念。

（2）从技术的角度来看，EDI 主要建立在企业与企业间的专用网上，只是目前正在向互联网上转移；而电子商务主要是基于 Intranet/Extranet/Internet 的一种贸易方式。

（3）从功能的角度来看，EDI 注重数据结构的标准化，以实现业务处理的自动化和信息从计算机到计算机的传输；而电子商务是注重全局性的经济活动，重视经济活动的电子化和网络化，是信息化社会的商务模式和未来。

（4）从应用的范围来看，EDI 的应用范围一般是在企业与企业之间，特别是在具有贸易合作伙伴关系的企业之间；而电子商务的应用范围则要广泛得多。

（三）EDI 的特点

EDI 作为一种全球性的具有巨大商业价值的电子化贸易手段，具有以下特点。

（1）EDI 的使用对象是不同的计算机系统，通常是具有固定格式业务信息和经常性业务联系的单位。

（2）EDI 所传送的资料是业务资料，如发票、订单等，而不是指一般性的通知。

（3）采用共同标准化的格式，例如联合国的 EDIFACT 标准，这与一般的 E-mail 相区别。

（4）尽量避免人工介入操作，由收送双方的计算机系统直接传送，交换资料。

（5）可以与用户计算机系统的数据库进行平滑连接，直接访问数据库或从数据库生成 EDI 报文，这是传真或电子邮件（E-mail）所不具备的特点。

（6）EDI 具有跟踪、确认、防篡改、防冒领、电子签名等一系列严密的安全保密功能，其安全性比其他的通讯方式和信息处理方式更可靠。

（四）EDI 的分类

根据功能分类，EDI 可分为四类：

第一类称为贸易数据互换系统（Trade Data Interchange，简称 TDI），它用电子数据文件来传输订单、发货单和各类通知。

第二类常用的 EDI 系统是电子金融汇兑系统（Electronic Fund Transfer，简称 EFT），即在银行和其他组织之间实行电子汇兑。

第三类常见的 EDI 系统是交互式应答系统（Interactive Query Response，简称 IQR），可应用在旅行社或航空公司作为机票预定系统。

第四类是带有图形资料自动传输功能的 EDI，最常见的是计算机辅助设计（Computer Aided Design，简称 CAD）图形的自动传输。

（五）EDI 技术在物流管理中的应用

企业使用 EDI 的目的是改善作业，降低成本，减少差错。企业可以将 EDI 与企业内部的 MIS（管理信息系统）对接，实现一体化管理。企业物流管理 EDI 与 MIS 系统关联图如图 6-11 所示。

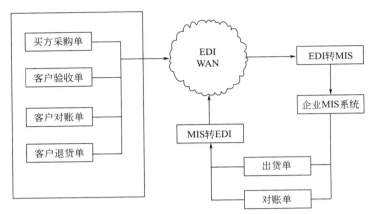

图 6-11　企业物流管理 EDI 与 MIS 系统关联图

EDI 在物流管理中的应用具体如下。

（1）发送货物业主（如生产厂商或出口商）在接到订单后制订货物运送计划，并把运送货物清单及运送时间安排等信息通过 EDI 发送给物流运输业主和接收货物业主（如零售商或进货商），以便物流运输业主预先安排车辆调配计划，接收货物业主制订接收计划。

（2）发送货物业主根据客户订单的要求和货物运送计划下达发货指令、分拣配货、打印出物流条码的货物标签并贴在货物包装箱上，同时把运送货物品种、数量、包装等货物信息通过 EDI 发送给物流运输业主和接收货物业主。

（3）物流运输业主在向发送货物业主取运货物时，利用车载扫描仪读取货物标签的物流条码，并与先前收到货物的运输数据进行核对，确认运送货物。

（4）物流运输业主在物流中心对货物进行整理、集装、列出送货清单并通过 EDI 向收货业主发送发货信息。在货物运送的同时进行货物跟踪管理，并在货物交给收货业主后，通过 EDI 向发送货物业主发送完成运送业务信息和运费的信息。

（5）收货业主在收货时，利用扫描仪读取货物标签的物流条码，并与先前收到的运输数据核对，确认后开出收货发票，货物入库。同时，通过 EDI 向物流运输业主和发送货物业主发送收货确认信息。

第四节　物联网技术与物流信息化

一、物联网与物联网技术

1. 物联网概念

物联网指的是将无处不在的末端设备和设施，包括具备"内在智能"的传感器、移动终端、工业系统、数控系统、家庭智能设施、视频监控系统等和"外在使能"的如贴上了射频识别（RFID）的各种资产、携带无线终端的个人与车辆等，"智能化物件、动物"或"智能尘埃"，通过各种无线和/或有线的长距离和/或短距离通信网络实现互联互通（M2M）、应用大集成以及基于云计算的 SaaS（software-as-a-service）营运模式，在内网（intranet）、专网（extranet）和/或互联网（internet）环境下，采用适当的信息安全保障体制，提供安全可控乃至个性化的实时在线监控、定位追溯、报警联动、调度指挥、预案管理、远程控制、安全防范、远程维护、在线升级、统计报表、决策支持、领导桌面（集中展示）等管理和服务功能，实现对"万物"的"高效、节能、安全、环保"的"管、控、营"一体化。

2. 物联网技术

物联网技术是在互联网技术基础上延伸和扩展的一种网络技术，物联网技术的核心和基础仍然是互联网技术，其用户端延伸和扩展到了任何物品和物品之间，进行信息交换和通信。

因此，物联网技术的定义是：通过 RFID、红外感应器、全球定位系统、激光扫描器等信息传感设备，按约定的协议，将任何物品与互联网相连接，进行信息交换和通信，以实现智能化识别、定位、追踪、监控和管理的一种网络技术叫作物联网技术。

从物联网技术产生、发展的过程来看，物联网技术在物流领域可以归纳为物流的自动感知、通信、检测及其他管理、应用的范畴。条形码技术、RFID 技术、传感器及传感器网络技术都属于物流的信息化技术领域。

3. 物联网的特征

和传统的互联网相比，物联网有其鲜明的特征。

（1）它是各种感知技术的广泛应用。物联网上部署了海量的多种类型传感器，每个传感器都是一个信息源，不同类别的传感器所捕获的信息内容和信息格式不同。传感器获得的数据具有实时性，按一定的频率周期性的采集环境信息，不断更新数据。

（2）它是一种建立在互联网上的泛在网络。物联网技术的重要基础和核心仍旧是互联网，通过各种有线和无线网络与互联网融合，将物体的信息实时准确地传递出去。在物联网上的传感器定时采集的信息需要通过网络传输，由于其数量极其庞大，形成了海量信息，在传输过程中，为了保障数据的正确性和及时性，必须适应各种异构网络和协议。

（3）物联网不仅仅提供了传感器的连接，其本身也具有智能处理的能力，能够对物体实施智能控制。物联网将传感器和智能处理相结合，利用云计算、模式识别等各种智能技术，扩充其应用领域。从传感器获得的海量信息中分析、加工和处理出有意义的数据，以适应不同用户的不同需求，发现新的应用领域和应用模式。

4. 物联网技术体系架构

从物联网的技术体系架构来看，物联网可以分为三层，分别是感知层、网络层和应用层，如图6-12所示。

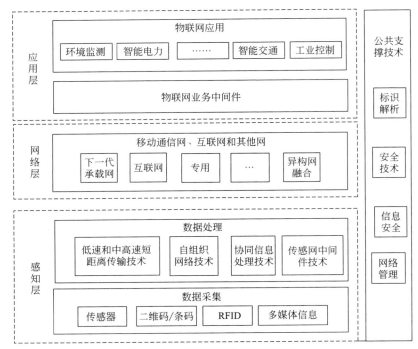

图6-12 物联网技术体系架构图

（1）感知层由各种传感器以及传感器网关组成，包括气体浓度传感器、温度传感器、湿度传感器、二维码标签、RFID标签和读写器、摄像头、GPS等感知末端。感知层的作用相当于人的眼耳鼻喉和皮肤等神经末梢，其主要功能是识别物体，采集信息。

（2）网络层由各种私有网络、Internet、有线和无线通信网、网络管理系统和云计算平台等组成，相当于人的神经中枢和大脑，负责传递和处理感知层获取的信息。

（3）应用层是物联网和用户（包括人、组织和其他系统）的接口，它与行业需求相配合，实现物联网的智能应用。

物联网的行业特性主要体现在其应用领域内，目前绿色农业、工业监控、公共安全、城市管理、远程医疗、智能家居、智能交通和环境检测等各个行业均有物联网应用的尝试，某些行业已经积累了一些成功的案例。

5. 物联网在物流业的应用

现代物流实现自动化、智能化、提高效率是物流服务的目标，物联网则是重要技术手段。物流系统采用红外、激光、无线、编码、识别、传感、射频技术、卫星定位等信息化网络技术，可视化技术在物流系统的集成应用就是物联网在物流领域的应用。

（1）物联网应用于企业原材料采购、库存、销售等领域，通过完善和优化供应链管理体系，提高供应链效率，降低成本。空中客车公司通过在供应链体系中应用传感网络技术，构建了全球制造业中规模最大、效率最高的供应链体系。

（2）应用于拣货、配货、送货环节的物流配送活动的智能化。

（3）应用于交通运输、库存管理、货物分拣等智能化、自动化技术。

二、物流信息化

（一）物流信息化的含义

物流信息化是指物流企业运用现代信息技术对物流过程中产生的全部或部分信息进行采集、分类、传递、汇总、识别、跟踪、查询等一系列处理活动，通过分析控制物流信息和利用物流信息来管理和控制物流、提高物流运作决策水平，达到合理配置物流资源、降低物流成本、提高物流服务水平的目的。

随着以计算机技术、通信技术、网络技术为代表的现代信息技术的飞速发展，人们越来越重视对信息资源的开发和利用，人类社会正从工业社会时代迈向信息时代，如今，物流信息化水平已经成为衡量一个国家现代化水平和综合国力的重要标准。

（二）物流信息化的内容

物流信息化的内容包括物流技术信息化和物流管理信息化。

1. 物流技术信息化

它是指在物流生产如运输、储存、装卸搬运、包装、配送等活动中应用的条形码识别技术、射频技术、全球卫星定位系统、地理信息系统、激光自动导向系统等物流信息技术。

2. 物流管理信息化

它是指在物流管理过程中所应用的管理信息系统和决策系统技术的信息化。

三、实现物流信息化的主要技术条件

实现物流信息化主要包括以下几种主要手段。

1. 数据库技术

物流作业是分布在不同的时间、地点，有不同的人员利用不同的载体共同完成的，要想将这些分散的数据收集在一起，被管理者用以对物流运作进行分析、控制和管理，离不开数据库技术。管理者将物流系统的数据库建成一个物流系统乃至整个供应链的公共数据平台，实现分布在不同地点和不同环节的数据的共享，不同的时间对数据库进行实时更新和共享。这就为物流运作信息数据的采集、更新和交换使用提供了前提条件。

2. 信息网络

物流系统多以实物网络形式存在，因此，物流信息网络应与实物网络相配备，结合数据库技术，物流网络可以使物流数据的采集、传输、处理等操作分散化，这正好与物流网络中网店数据分散的特点吻合。由于互联网的出现大大降低了物流信息网络的建设成本，同时也大大提高了物流业务的信息化程度。加快了物流系统对用户的反应速度。

3. 电子技术

随着社会经济进入电子信息时代，现代物流企业需要广泛采用电子技术，这些电子技术用于产品的识别和物流的自动化作业，如货架的电子标签、条码与射频技术、仓库的自动分拣机、自动堆垛机、机器人、智能系统等，将大大提高物流自动化作业程度，大大提高物流作业效率。

4. 计算机

在现代生活中，计算机已经成为人们离不开的重要工作手段，计算机是一种最基本的信息处理工具，就是前面提到的信息网络数据库和电子技术无一可以离开计算机。

现代物流信息使用的先进技术设备如数据库、信息网络、电子技术和计算机技术等都是现代电子信息技术的具体运用。这些电子技术的运用，极大地提高了物流作业的自动化程度，提高了物流效率，降低了物流成本。物流信息电子化的趋势锐不可当，特别是电子商务的广泛运用，就要求现代物流不仅要有基于互联网的信息网络，还要具有全程、全网的信息收集、处理、传递、发布、查询、跟踪等系统。

【案例分析】

联邦包裹服务公司成功的关键

联合包裹服务公司（united parcel service，UPS）是世界上最大的空中和地面包裹递送公司。1907年初建时，只是厕所大小的一间地下室。两个来自西雅图的少年Jim Casey和Claude Ryan只有两辆自行车和一部电话，当时他们曾承诺"最好的服务，最低的价格"。联合包裹公司成功地运用这一信条达100年之久。

今天联合包裹公司仍然兑现那个承诺，它每年向美国各地和185个以上的国家和地区递送的包裹和文件几乎达到30亿件。公司不仅胜过传统包裹递送方式，并且可以和联邦特快专递的"不过夜"递送生意抗衡。

公司成功的关键是投资于先进的信息技术。信息技术帮助联合包裹公司在保持低价位和改进全部运作的同时，提高了对客户的服务水平。

（1）由于使用了一种叫发货信息获取装置（DIAD）的手持计算机，联合包裹公司的司机们可以自动地获取有关客户签名、运货汽车、包裹发送和时间表等信息。然后司机把DIAD插入卡车上的车用接口，即一个连接在移动电话网上的信息传送装置。接着包裹跟踪信息被传送到联合包裹公司的计算机网上，在联合包裹公司的位于新泽西州的主计算机上进行存储和处理。在那里信息可以通达世界各地向客户提供包裹发送的证明，这个系统也可以为用户的查询提供打印信息。

（2）依靠"全程监督"，即公司的自动化跟踪系统，联合包裹公司能够监控整个发送过程中的包裹。从发送到接收过程的各个点上，有一个条形码装置扫描包裹标签上的货运信息，然后信息被输送到中心计算机中。客户服务代理人能够在与中心相连的台式计算机上检查任何包裹的情况，并且能够对客户的任何查询做出立刻反应。联合包裹公司的客户也可以使用公司提供的专门包裹跟踪软件来直接从他们自己的微型计算机上获得这种信息。

（3）联合包裹服务公司的商品快递系统，为客户储存产品并一夜之间把它们发送到客户所要求的任何目的地。使用这种服务的客户能够在凌晨1:00以前把电子货运单传送给联合包裹公司，并且在当天上午10:30货物的运送就应完成。

（4）建立自己的全球通信网络——联合包裹服务网。该网作为全球业务的信息处理通道，通过提供有关收费及送达确认、跟踪国际包裹递送和迅速处理海关通关信息的访问，联合包裹网拓展了系统的全球能力。

（5）联合包裹服务公司正在增强其信息系统的能力，以便能保证某件包裹或者若干包裹能按规定的时间到达目的地。如果客户提出要求，联合包裹公司将会在送达之前拦截包裹，并派人将其返回或者更改送货路线。而且，联合包裹顾问公司还可以使用它的系统直接在客户之间传递书信。

? 思考与分析

1. 联合包裹服务公司采用了哪些物流信息技术？
2. 这些技术同联合包裹服务公司的经营战略是怎样相联系的？

【同步测试】

一、单项选择题

1. （　　）是反映物流各种活动内容的知识、资料、图像、数据、文件的总称。
   A．信息　　　　　　B．物流信息　　　C．物联网　　　　　D．物流系统
2. 物流信息系统的功能中（　　）是信息系统的首要功能。
   A．收集数据　　　　B．存储数据　　　C．传输数据　　　　D．加工数据
3. 从系统的工作原理来看，系统一般都由信号发射机、信号接收机、发射接收天线几部分组成的是（　　）。
   A．条形码技术　　　B．射频识别技术　C．地理信息系统　　D．全球定位系统
4. GIS 由计算机硬件系统、计算机软件系统、地理空间数据和（　　）构成。
   A．属性编码　　　　B．图形编码　　　C．系统管理人员　　D．输入与显示
5. 目前，全球有两个公开的 GPS 系统可以利用，其中，NAVSTAR 系统为（　　）所拥有。
   A．加拿大　　　　　B．俄罗斯　　　　C．澳大利亚　　　　D．美国

二、多项选择题

1. 在物流活动中，尽管物流信息包含的内容非常广泛，但整体来讲可以分为（　　）物流信息。
   A．战略型　　　　　B．战术型　　　　C．经营决策型　　　D．管理型
2. 根据信息化系统的应用范围与广度，可将物流信息应用系统大致划分为（　　）层次。
   A．单点应用　　　　B．流程优化　　　C．综合管理　　　　D．公共平台
3. 全球定位系统是美国第二代卫星导航系统，全球定位系统由（　　）部分组成。
   A．空间部分　　　　B．地面控制部分　C．用户设备部分　　D．信号发送传输部分
4. GIS 按内容、功能和作用可以分为（　　）型地理信息系统和（　　）型地理信息系统。
   A．国家型　　　　　B．工具型　　　　C．民用型　　　　　D．应用型
5. 从物联网的技术体系架构来看，物联网可以分为（　　）。
   A．管控层　　　　　B．感知层　　　　C．网络层　　　　　D．应用层

三、判断题

1. 一个完整的条码符号一定是由两侧空白区、起始字符、数据字符、校验字符和终止字符以及供人识读字符组成。（　　）

2. EDI 可以视为电子商务的早期形态。（　　）

3. 不同用途的 GIS 其地理空间数据的种类、精度都是不同的，但基本上都包括三种互相联系的数据类型。（　　）

4. 只有可读写标签系统才需要编程器。（　　）

5. 一位条码中商品条码包括 128 码、ITF 码、39 码、库德巴（Coda bar）码，物流条码包括 EAN 码和 UPC 码等。（　　）

四、理解应用题

1. 某物流企业目前已经具备了计算机、必要的通信设备、系统软件、实用软件和应用软件以及相关的物流数据库，准备组建物流信息系统，请思考该物流企业现在所具备的条件可以构建一个完善的物流信息系统吗？为什么？

2. 思考物联网与互联网的区别与联系，上网查找、收集物联网应用层中物流行业的具体应用事例。

【实训操作】

【实训设计】

参观当地一家物流企业，调查了解该企业是否在经营过程中采用物流管理信息系统来进行管理？具体采用了哪些物流信息技术？这些物流信息技术对该企业产生效益了吗？

【实训目标】

通过实训，使学生了解物流信息化工作岗位及对员工的信息化素质要求，熟悉物流企业信息设备，熟悉物流信息化作业的要求和运作过程。

【实训要求】

1. 选取运用物流信息技术的典型物流企业，提前制订好调研内容和方法；
2. 规划好调研路线；
3. 强调调研的纪律，收集第一手学习资料；
4. 完成实训调研作业，在班级进行汇报和评比，并挑出优秀的在班级分享。

【实训指导】

1. 督促学生自觉遵守参观企业的管理制度，维持好现场秩序。
2. 事前对学生进行关于调查问卷、访谈方法等方面的学习指导，让学生掌握相关的调研方法。
3. 指导学生熟悉应用文写作规范，能按照规定的文体格式正确撰写调研报告。

【实训评分】

学生自评 15%；本小组内学生互评 15%；各小组互评 15%；教师评分 55%。

第七章
物流核心管理

【学习目标】

知识目标	技能目标
（1）了解物流服务的概念及其特征； （2）熟悉影响物流服务水平的因素； （3）熟悉物流成本的构成及分类； （4）理解物流服务与物流成本之间的关系	（1）熟知物流服务的内容； （2）掌握物流成本的分类及成本项目构成； （3）掌握物流成本常见的计算方法； （4）熟知物流成本控制的方法

【学习导图】

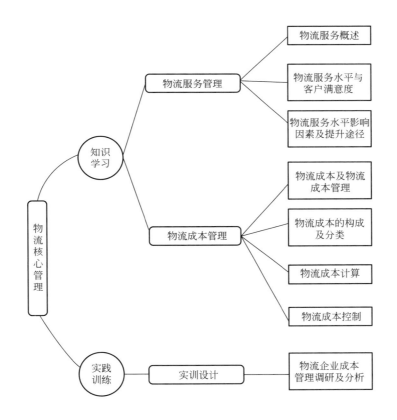

【导入案例】

UPS的特色物流服务

1907年，美国人Jim Casey和Claude Ryan创立了联合包裹公司（UPS）。目前，UPS在全球快递业中已经独占鳌头。UPS之所以取得巨大的成功，与其特色的物流服务是密切相关的。具体来说，UPS的特色物流服务表现在以下几个方面。

（1）货物传递快捷。UPS规定，国际快件三个工作日内送到目的地，国内快件保证在次日上午 8 时以前送达。而在美国国内接到客户电话后，UPS 可在 1 小时内上门取件，并当场用微型电脑办理好托运手续。

（2）报关代理和信息服务。UPS 从 20 世纪 80 年代末期开始投资数亿美元建立起全球网络和技术基础设施，为客户提供报关代理服务。UPS 的报关代理自动化系统可以使其承运的国际包裹的所有资料都存入这个系统，这样，清关手续在货物过海关之前就已办妥。UPS 的电脑化清关为企业节省了时间，提高了效益。

（3）货物及时追踪服务。UPS 的及时追踪系统是目前世界上快递业中最大、最先进的信息追踪系统。所有货物都附有一个追踪号码，系统可以随时查询货物的所处位置；非电脑网络用户可以用电话咨询网络服务中心。

（4）先进的包裹管理服务。UPS 建立的亚特兰大信息数据中心可将系统中的包裹信息从世界各地汇总到这里。包裹送达时，物流员工借助一个类似笔记本电脑的传递信息读取装置摄取客户的签字，再通过邮车上的转换器将签名直接输送到信息数据中心，从而实现了无纸化操作。送达后，包裹有关资料可在数据中心保存 18 个月。这项工作使包裹的管理工作更加科学化，也提高了 UPS 服务的可靠性。

（5）包裹检验与设计服务。UPS 设在芝加哥的服务中心曾设计水晶隔热层的包装方式，为糖果、巧克力的运输提供恒温保护；用坚韧编织袋包装，使 16 万转换器的包装经得起双层磨损。这类服务为企业节省了材料费用和运输费用，被誉为"超值服务"。

 问题

1. 什么是物流服务？
2. UPS 为客户提供了哪些物流服务？

第一节　物流服务管理

随着科技的发展和全球经济一体化的加强，加强现代物流管理已经成为企业降低物流成本、提高经济效益的新途径。为了实现这一目标，企业必须加强物流服务管理、物流成本管理，使各项物流活动实现最佳协调和配合。

一、物流服务概述

（一）物流服务的含义及特征

1. 物流服务的含义

《中华人民共和国国家标准物流术语》（GB/T 18354—2006）对物流服务定义为："为满足客户需求所实施的一系列物流活动过程及其产生的后果。"

物流服务客户管理的目的是以适当的成本提供高质量的客户服务。这二者之间是此消彼长的关系，物流服务水平提高，物流成本就会上升。要达到理想状态，就必须在加强成本管理的同时，明确相应的服务标准，强化物流服务管理，实现成本与服务之间的平衡关系。

2. 物流活动与物流服务

为用户提供相关的产品和服务，满足用户需求，这是企业根本的宗旨。按照营销理论，营销活动有四个方面，即产品与服务、促销、价格、渠道。有效的营销组合就是把四个部分有机地结合，使之产生最大的效能。与物流活动有直接联系的是渠道，物流活动的输出就是有效的渠道管理，它将产品及时准确地输送到客户手中，满足其需求。在物流经营活动中，实际上每个人、每个环节都与服务密切相关，成功的物流企业总是将企业内部和外部的过程和标准与用户需求一致起来，建立起用户价值链，以用户需求标准来实施和评价企业的组织经营，强化企业的应变能力。

在界定用户服务需求的基础上，设计与需求相符合的物流活动流程并有效地运行与控制，用物流运作能力去引导客户，争取用户占领市场是物流营销不可或缺的手段，只有通过它，才能实现产品的实体和价值的转移，达到为用户服务的目的。

3. 物流服务的基本特征

（1）增值性。物流服务能够创造出时间效用和空间效用，以节约成本为供应链提供增值利益，体现了物流服务作为价值创造活动的结果，也反映了物流服务对生产经营活动中产品和服务的增值作用。在现代市场经济中，物流服务的增值作用已经引起人们的高度重视，因为它是"第三利润源"之所在。

（2）差异性。物流服务受企业物流系统提供的服务功能和服务方式的影响，同时也受用户参与物流服务过程和对物流服务的评价和认识的巨大影响。当然，物流的个性化、多样化需求也需要有差异化、柔性化的物流服务与之相适应。

（3）网络性。在物流资源和功能组合中，现代网络理念和网络技术促进了物流服务的网络化发展。

（4）结构性。由于物流服务资源配置结构的原因，加上企业生产经营导致物流需求呈多元化、综合化趋势发展，物流服务也会体现出结构性变化，提高物流服务水平就需要重视这种服务的结构性。

（二）物流客户服务的要素及作用

1. 物流客户服务的要素

物流客户服务是企业对客户的一种承诺，是企业战略的一个重要组成部分，它与当今企业高度重视的质量管理是完全一致的，因此必须引起管理人员的重视。

从物流服务的过程来看，物流客户服务可以分为交易前要素、交易中要素、交易后要素三部分，每部分都包含了不同的服务要素。

（1）交易前要素。它是指产品销售前为客户提供服务的要素，如制定和宣传客户服务政策、完善客户服务组织，使之能按客户的要求提供各种形式的帮助。

（2）交易中要素。它是指产品从供应方向客户实际运送过程中的各种服务要素，这些服务与客户有着直接的关系，是制定客户服务目标的基础。因此，这些服务对客户满意度具有重要影响。其中，包括商品断货标准、反馈、订货的能力、订货周期的要素、时间、货物周转、系统精度、订货方便性以及产品替代性。

（3）交易后要素。它是指产品销售和运送后，根据客户要求提供的后续服务的各项要素，如设备安装、变更维修零部件、售后维修及维护、零配件供应、产品包装、处理客户投诉等。

2. 物流服务的作用

随着物流概论的成熟，人们越来越认识到客户服务成为物流系统，甚至整个企业成功运作的关键,是增强服务产品的差异性、提高产品和服务竞争优势的重要因素。物流服务的主要作用体现在以下三个方面。

(1) 提高销售收入。客户服务通常是物流企业的重要因素,它直接关系到企业的市场营销,通过物流活动提供时间和空间效用来满足客户需求,是物流企业功能的产出与最终产品。

目前,物流企业呈现出不断发展的趋势,即期望通过服务使产品差异化,通过为客户提供增值服务与竞争对手有所区别。在许多情况下,客户对企业所提供的服务水平的变化与对产品价格的变化一样敏感。提高客户服务水平,可以增加企业的销售收入,提高市场占有率。

(2) 提高客户满意度。客户服务是企业向购买其产品或服务的人提供的一系列活动。从现代市场营销概念的角度来看产品,对满足消费者需求来说,它具有三个层次的含义:即核心产品、形式产品和延伸产品。

客户关系指的是购买的全部产品,即不仅仅是产品的实物特点,还有产品的附加价值。物流客户服务就是提供这些附加价值的重要活动,它对客户满意程度产生重要影响。从本质上来说,物流功能是买卖交易的最后阶段。客户服务水平在交易时自动产生。良好的客户服务可以提高产品价值,从而提高客户对产品及服务的满意程度。因此,许多企业都将客户服务作为企业物流服务的一项重要功能。

(3) 留住客户。过去,许多企业将工作的重点放在新客户的开发上,而对如何留住现有客户研究较少。最近研究表明,留住老客户更为重要,据统计,有近70%的销售份额来自老客户,而开发一个新客户的成本,是留住一个老客户的5~10倍。对于企业来说,保持、挖掘一个老客户的服务能力,增加自身的份额比重,是实现销售增长的较容易的途径。

二、物流服务内容与客户满意度

(一) 物流服务内容

物流是实现销售过程的最终环节,但由于采用不同形式,使一部分特殊服务变得格外重要,因此,企业设计物流活动时应反映这一特点。概括起来,物流服务内容可以分为以下两个方面。

1. 传统的物流服务内容

(1) 运输服务。无论是自营物流还是由第三方提供物流服务,都必须将消费者的订货送到指定的地点。第三方一般自己拥有或者掌握一定规模的运输工具,具有竞争优势的第三方物流经营者的物流设施不仅仅在一个点上,而是一个覆盖全国或者一个大的区域的网络,因此,第三方物流服务提供方首先可能要为客户设计最合适的物流系统,选择满足客户需要的运输方式,然后具体组织网络内部的运输作业,在规定的时间内将客户的商品运抵目的地,除了在交货点交货需要客户配合外,整个运输过程,包括最后的市内配送都应由第三方物流经营者完成,以尽可能方便客户。

(2) 储存服务。物流中心的主要设施之一就是仓库及附属设备。需要注意的是,物流服务提供商的目的不是要在物流中心的仓库中存储商品,而是要通过仓储保证物流服务业务的开展,同时尽可能降低库存占压的资金,减少储存成本。因此,提供社会化物流服务的公共型物流中心需要配备高效率的分拣、传送、储存、拣选设备,目的是尽量减少实物库存水平但不降低供货服务水平。

（3）装卸搬运服务。这是为了加快商品的流通速度必须具备的功能，无论是传统的商务活动还是电子商务活动，都必须具有一定的装卸搬运能力。物流服务提供商应该提供更加专业化的装载、卸载、提升、运送、码垛等装卸搬运机械，以提高装卸搬运作业效率，降低订货周期（order cycle time，OTC），减少作业对商品造成的破损。

（4）包装服务。物流包装作业的目的不是要改变商品的销售包装，而是通过对销售包装进行组合、拼配、加固，形成适于物流和配送的组合包装单元。

（5）流通加工服务。主要目的是方便生产或销售，专业化的物流中心常常与固定的制造商或分销商进行长期合作，为制造商或分销商完成一定的加工作业，比如贴标签、制作并粘贴条形码等。

（6）物流信息处理服务。由于现代物流系统的运作已经离不开计算机，因此将各个物流环节各种物流作业的信息进行实时采集、分析、传递，并向货主提供各种作业明细信息及咨询信息，这是相当重要的。

2. 电子商务环境下的增值性物流活动

上文所述是普通商务活动中典型的物流服务内容，电子商务的物流也应该具备这些功能，但除了传统的物流服务外，电子商务还需增值性的物流服务。增值性的物流服务具体包括以下的含义和内容。

（1）增加便利性的服务。一切能够简化手续、简化操作的服务都是增值性服务。在提供电子商务的物流服务时，推行一条龙门到门式服务、提供完备的操作或作业提示、免培训、免维护、省力化设计或安装、代办业务、一张面孔接待客户、24小时营业、自动订货、传递信息和转账、物流全过程追踪等都是对电子商务销售有用的增值性服务。

（2）加快反应速度的服务。快速反应已经成为物流发展的动力之一。传统观念和做法将加快反应速度变成单纯对快速运输的一种要求，但在需求方对速度的要求越来越高的情况下，它也变成了一种约束，因此必须想其他的办法来提高速度。所以，另一种办法，也是具有重大推广价值的增值性物流服务方案，应该是优化电子商务系统的配送中心、物流中心网络，重新设计适合电子商务的流通渠道，以此来减少物流环节、简化物流过程，提高物流系统的快速反应性能。

（3）降低成本的服务。电子商务发展的前期，物流成本居高不下，有些企业可能因为承受不了这种高成本而退出电子商务领域，或者是选择性地将电子商务的物流服务外包出去，这是很自然的事情，因此发展电子商务，一开始就应该寻找能够降低物流成本的物流方案。企业可以考虑的方案包括：采取物流共同化计划，同时，如果是具有一定的商务规模、一定销售量的电子商务企业，可以通过采用比较适用但是投资比较少的物流技术和设施设备，或推行物流管理技术，提高物流的效率和效益，降低物流成本。

（4）延伸服务。延伸服务，向上可以延伸到市场调查与预测、采购及订单处理；向下可以延伸到配送、物流咨询、物流方案的选择与规划、库存控制决策建议、贷款回收与结算、教育与培训、物流系统设计与规划方案的制作等。关于结算功能，物流的结算不仅仅是物流费用的结算，在从事代理、配送的情况下，物流服务商还要替货主向收货人结算贷款等。关于物流系统设计咨询功能，第三方物流服务商要充当电子商务经营者的物流专家，因而必须为电子商务经营者设计物流系统，代替它选择和评价运输商、仓储商及其他物流服务供应商。关于物流教育与培训功能，物流系统的运作需要电子商务经营者的支持与理解，通过向电子商务经营者提供培训服务，可以培养其与物流中心经营管理者的认同感，可以提高电子商务经营者的物流管理水平，可以将物流中心经营管理者的要求传达给电子商务经营者，也便于确立物流作业标准。

以上这些延伸服务最具增值性，但也最难提供，能否提供此类增值服务已经成为现在衡量一个物流企业是否真正具有竞争力的标准。

（二）物流客户满意度

1. 物流客户满意度概念

客户满意是"客户对其要求已被满足的程度的感受"，是人们在接受了产品或服务后所做出的一种满意的心理状态，是人们对产品的一种主观综合评价。

客户满意度来源于市场营销理论的基本概念。"满意度"是客户满足情况的反馈，它表示客户在每一个满意属性上的深度，是对满意的量化界定方法，是客户对所消费的产品、服务的满意状况和程度，是由事前期望与实际感受构成。

客户满意度分为两种：行为意义上的客户满意度和经济意义上的客户满意度。

行为意义上的客户满意度，是客户在历次购买活动中逐渐积累起来的连续的状态，是一种经过长期沉淀而形成的情感诉求，它是一种不仅仅限于"满意"和"不满意"两种状态的总体感觉。

经济意义上的客户满足度，可以从其重要性方面来理解。研究表明，企业的顾客服务处于一般水平时，顾客的反应不大；一旦其服务质量提高或降低一定限度，企业的赞誉或抱怨将呈指数倍增加。

2. 实施客户满意度评价的目的

自1989年瑞典、1994年美国采用客户满意度指数测量本国经济的宏观和微观运行质量以来，世界上很多国家都开始采用客户满意度指数作为重要的经济指标。2000版ISO 9000也将客户满意作为基本质量理念之一。近几年来，国家质量技术监督局和中国质量协会以各种方式和渠道宣传、实施客户满意度理论及其应用工作。

实施客户满意度评价的目的包含宏观和微观两个方面。

（1）从宏观角度来看：客户满意度满足客户和社会需要，促进国民经济持续发展；适应全球经济一体化趋势；有利于提高企业核心竞争力，扩大市场份额；增强全民客户满意意识。

（2）从微观角度来看：客户满意度充分了解企业的用户及潜在用户的需求；改善企业的公共关系及形象，增加企业获得各种商业的机会；确保企业得到各种正确的反馈信息，减少企业拓展、投资、改进中的失误；提高企业的市场决策管理水平和工作效率，以提高企业的市场竞争力，提高企业的综合经济效益。

三、物流服务水平影响因素及提升途径

（一）物流服务管理的原则

物流企业在加强物流管理的同时，必须把握以下基本原则。

1. 以市场为导向

物流行业作为一个典型的服务行业，首先应该注重的是从客户的角度出发，以市场为中心，根据市场的需求进行相应的生产和服务。

2. 面向一般客户群体

客户的种类多种多样，企业不可能满足所有客户的需求，只能针对大多数客户的合理要求提供相应的服务。这里所说的大多数便是一般客户群体。

3. 制定多种客户服务组合

企业应根据客户的不同类型提供相应的服务，对本企业贡献大的客户，由于具有直接的利益相关性，应该采取支援型战略。对于经营规模小或者专业性的客户，由于其存在进一步发展的潜力，可采取维持型战略，以维系现有的关系。为将来可能开展的战略调整打好基础。对综合型的客户，将来进一步发展的可能性较小，所以在服务上可采取受动型战略，即在客户要求服务的条件下才开展服务。

4. 注重客户服务的对比性

企业在制定客户服务要素和服务水准的同时，应当与其他企业物流服务相比有着鲜明的特色。这是保证高服务质量的基础，也是客户服务战略的重要特征。要实现这一点，就要有具有对比性的客户服务观念，重视收集和分析竞争对手的客户服务信息。

5. 注重客户服务的发展性

客户的需求不是一成不变的，是随着社会、市场的发展不断变化的。企业在进行相关客户服务时就应该注意到这一点，为客户提供真正需要的服务。

（二）影响物流服务的因素

1. 缺货水平

缺货水平是衡量企业产品可供性的重要尺度。发生缺货时，企业要为客户提供合适的替代产品，或尽可能地从其他地方调运，或向客户承诺一旦有货立即安排运送，以尽可能保持客户的忠诚度，留住客户。

2. 信息的准确性

客户不仅希望快速获得广泛的数据信息，同时也要求这些关于订货和库存的信息是准确无误的，因此，企业应该及时更新信息系统中的数据，尤其要注意客户比较关注的信息，如库存信息、预计的送货日期等。

3. 订货的便利性

订货的便利性是指客户下订单的便利程度，单据格式不正确、用语含糊不清、等待过久等都可能导致客户产生不满情绪，从而影响客户与企业的关系。企业可以通过与客户的直接交谈来获悉这方面可能存在的问题，并尽快加以改进。

4. 订货周期的稳定性

订货周期是客户下订单到收到货物为止所跨越的时间，包括订单汇总与处理时间、货物拣选时间及包装与配送时间。通常，客户往往更加关注订货周期的稳定性，而非绝对的天数。

（三）提高物流服务水平的途径

1. 树立统筹全局的意识

客户所需的物流服务不是单纯的运输服务或仓储服务，而是安全、快速地收到货物，因此，物流企业应从供应链全过程的角度考虑服务质量。具体来说，企业应根据客户的要求和竞争企业的服务水平确定本企业的物流服务水平，并根据内外部的环境变化及时加以调整。

2. 提供差别化的物流服务

企业应保证物流服务的差别化,即与其他企业的物流服务相比具有鲜明的特色,这是保证高服务质量的基础,也是提高企业竞争力的重要手段。为此,企业应重视收集竞争对手的服务信息,为客户提供高附加值的服务。

3. 提高物流技术水平

为谋求物流服务的高效率与高质量,企业应根据需要购置先进的物流设备,并建立一个能迅速传递和处理物流信息的信息系统,利用电子化、网络化手段完成物流全过程的协调与控制,实现从网络前端到终端客户的所有服务。

4. 建立科学的服务质量评价体系

企业应根据实际情况建立服务评价体系,如数量指标、效益指标、质量指标等,以不断提升服务水平。其中,数量指标包括吞吐量、运输量、加工量等,效益指标包括利润净资产收益率、利润率、成本费用率等,质量指标包括响应及时率、单证准确率、货损货差率和意见反馈率等。

第二节 物流成本管理

物流成本是物流管理活动的重要内容,也是物流经济效益的量化指标,它能直观地体现出物流的经济效益。从分析物流成本入手,管理企业物流活动,控制企业物流成本,对提高企业的经济效益具有重要的意义。

一、物流成本及物流成本管理认知

(一)物流成本的概念

《中华人民共和国国家标准物流术语》(GB/T 18354—2006)中对物流成本(logistics cost)是这样定义的,物流成本是物流活动中所消耗的物化劳动和活劳动的货币表现。

具体地说,它是产品在实物运送过程中,如运输、储存、包装、装卸、流通加工等各个活动中所支出的人力、财力和物力的总和。物流成本从范围上有狭义和广义之分。

1. 广义物流成本

物流成本指生产、流通、消费全过程的物资实体与价值变化而发生的全部成本,包括:生产企业的采购、经过生产制造过程中的半成品的存放、搬运、装卸、成品包装,以及运到流通领域进入仓库后的验收、分类、储存、保管、配送、运输,最后到消费者手里的全过程所产生的成本。

2. 狭义物流成本

物流成本是指物资实体的场所变化所消耗的运输、储运、装卸、搬运、包装等费用形成的成本。

(二)物流成本管理认知

1. 物流成本管理概念

《中华人民共和国国家标准物流术语》(GB/T 18354—2006)中给物流成本管理所下的定

义为:"对物流活动发生的相关费用进行的计划、协调与控制。"

物流不论是从现代物流活动的构成及其对企业生产和经营的作用,还是从物流系统服务的目标性质来看,对物流成本进行管理都是十分必要的,物流成本管理是建立在物流成本的预算和计划基础上对物流活动进行实绩考核评估,实现控制成本,改善和优化物流运作的全部管理过程,是对物流全过程的成本进行核定、分析、计划、控制与优化以达到合理的物流成本,促进生产经营的有效运行,不断提高企业的经济效益的过程。

2. 物流成本管理的目的

(1) 正确反映物流成本。要进行物流成本管理,首先就要对物流成本有一个基本的数据分析与计算。该数据无论是通过统计的数据,还是通过预测分析计算的数据,都要求比较准确地反映物流的实际成本,以便以后进行协调、控制管理。

(2) 通过经济核算揭示物流管理中的薄弱环节。一般采用分析物流总成本构成的方法,即将物流费用按各环节归纳汇总后,再将其与总成本进行比较,得出各项费用占总成本的比例。对费用高的进行重点控制,找出降低成本的有效措施并加以改善。在运用数据查找问题时,要进行全面综合的分析判断,经济核算为分析判断提供了一个有效的手段。

(3) 通过成本管理控制物流运作,实现物流活动合理化。物流成本管理包括物流成本计算和物流预算管理、物流计划管理等内容,而物流预算是通过编制成本预算和计划的控制进行物流活动管理的,以达到最合理的物流运作,实现物流的服务目标和服务水平。

3. 物流成本管理的作用

据世界货币基金组织的研究表明:物流成本平均约占全球国内生产总值的12%,特别是现代物流管理理念与现代成本管理的模式的融合给物流管理带来了新的思路和方法,为降低物流成本提供了广阔的空间。物流成本管理在企业生产经营过程中所起的作用有如下几个方面。

(1) 改进企业的物流管理。企业的物流管理水平直接影响到物流成本的高低,因此,企业要降低物流成本就必须改善物流运作,提高物流管理水平。达到降低物流成本,提高经济效益的目的。

(2) 降低产品价格。无论是生产企业还是流通企业,物流成本最终都要转移到产品的成本中去,所以物流成本是产品成本的组成部分,其高低对于产品价格具有重要的影响作用。通过对物流成本的管理,降低物流成本,进而实现产品价格的降低,这就是企业所需要的市场核心竞争力。

(3) 为社会节约财富。加强物流成本管理就意味着在物流运作过程中运作环节的减少,原材料消耗费用的降低,这种费用的减少就意味着对社会财富的节约。而将节约的费用投入到企业其他增值业务中去,就可以创造更多的财富。从宏观角度看,这是一种事半功倍的社会经济效益。

二、物流成本的构成及分类

1. 物流成本的构成

不同类型企业对企业物流成本的理解不同。对专业物流企业而言,企业全部营运成本都可理解为物流成本;工业企业则指物流采购、储存和产品销售过程中为了实现物品的物理性位移而引起的货币支出,通常不包括原材料、半成品在生产加工过程中的位移费用;在商品流通企业,物流成本则指商品采购、储存和销售过程中商品实体运动所发生的费用。一般来说，一切由物流活动引起的支出都是物流成本，具体由以下五个部分构成。

（1）人工费用。从事物流工作人员的工资、奖金、津贴、社会保险、医疗保险、员工培训费等。

（2）作业消耗。物流作业过程中各种物资消耗，如包装材料、燃料、电力等的消耗及车辆、设备、场站库等固定资产的折旧费。

（3）物品消耗。物品在运输、装卸搬运、储存等物流作业过程中的合理损耗。

（4）利息支出。用于各种物流环节占有银行贷款的利息支付等，对工商企业而言，主要指存货占用资金的成本。

（5）管理费用。组织、控制物流活动的各种费用，如通信费、办公费、差旅费、咨询费、技术开发费等。

2. 物流成本的分类

物流成本一般采用如下 5 种方式进行分类，详见表 7-1。

表 7-1 物流成本分类

分类标准	种　　类
物流活动范围	供应物流成本、生产物流成本、销售物流成本、退货物流成本、废弃物物流成本
物品流通环节	运输成本、仓储成本、装卸搬运成本、流通加工成本、包装成本、配送成本
支付形态	材料费、人工费、公益费、维护费、一般经费、特别经费、委托物流费、向其他企业支付的物流费
物流成本的可控程度	高度可控成本、低度可控成本、不可控成本
物流成本与业务量的关系	固定成本、变动成本、半变动成本

三、物流成本计算

（一）物流成本计算的概念

物流成本计算，是指企业按物流管理目标对物流耗费进行确认、计量和报告。物流成本计算是加强物流企业管理，特别是加强物流成本管理、降低物流成本、减少资金占用、提高物流企业经济效益的重要手段。

（二）物流成本计算方法

企业根据确定的成本计算对象，采用相适应的成本计算方法，按规定的成本项目，通过一系列的物流费用汇集与分配，计算出各物流活动成本计算对象的实际总成本和单位成本。一般情况下，常用的物流成本计算方法有以下几种。

1. 按支付形态计算

按支付形态计算是指把工业企业的物流成本分别按运费、保管费、包装材料费、企业内部配送费、人事费、物流管理费和物流利息等支付形态记账，从中可以了解物流成本总额和各类型的计费项目的花费，如表 7-2 所示。

2. 按功能计算

按功能计算是指分别按照运输、仓储、包装、装卸搬运、流通加工、配送、信息处理等功能计算物流费用，如表 7-3 所示。这种方式能把握各功能所承担的物流费用，比按支付形

表 7-2 按支付形态计算的物流成本

单位：元

	物流成本项目	物流费用	计算基准
企业物流费用	材料费		
	工具、器具消耗费		
	燃料费		
	水电费		
	工资、津贴		
	维修费		
	消耗用品费		
	租赁费		
	折旧费		
	保险费		
	信息管理费		
	办公费		
	支付利息		
	其他费用		
委托物流费用			
企业物流费用合计			

注：计算基准是指对于能单独计算的物流费用，按实际发生额直接计入成本中；对于与其他部门混合发生的费用，则按一定标准计算应从中剥离出的物流费用部分，并计入成本中。

表 7-3 按支付功能计算的物流成本

单位：元

物流成本项目	功能	运输费	仓储费	包装费	装卸搬运费	流通加工费	配送费	信息处理费	计算基准
企业物流费用	材料费								
	工具、器具消耗费								
	燃料费								
	水电费								
	工资、津贴								
	维修费								
	消耗用品费								
	租赁费								
	折旧费								
	保险费								
	信息管理费								
	办公费								
	利息支出								
	其他费用								
委托物流费									
企业物流费用合计									

态计算成本的方法更容易找出实现物流合理化的环节。此外,用这种方法还可以计算出标准物流成本(单位个数、重量、容器的成本),进行作业成本管理、设定合理化目标。

3. 按使用对象计算

按使用对象是指通过分析物流成本用于什么对象,以此作为物流成本计算的依据,如表7-4所示。用该种方法计算成本,可以分析出物流成本都用在哪一对象上。这样做有利于对物流成本的构成进行分析,从而改进物流管理。

表 7-4 按使用对象计算的物流成本

单位:元

物流成本项目	物流费	总公司	第一分公司	第二分公司	第三分公司	第四分公司	计算依据
企业物流费用	材料费						
	工具、器具消耗费						
	燃料费						
	水电费						
	工资、津贴						
	维修费						
	消耗用品费						
	租赁费						
	折旧费						
	保险费						
	信息管理费						
	办公费						
	利息支出						
	其他费用						
委托物流费							
企业物流费用合计							

四、物流成本控制

物流成本控制就是企业在物流活动中依据物流成本标准,对实际发生的物流成本进行严格审核,进而采取不断降低物流成本的措施,实现预定的物流成本目标。

(一)影响物流成本的因素

1. 竞争性因素

企业所处的市场环境充满了竞争,企业之间的竞争除了产品的价格、性能、质量外,从某种意义上讲,优质的客户服务是竞争的成败的关键。而高效物流系统是提高客户服务的重要途径。如果企业能够及时可靠的提供产品和服务,则可以有效地提高客户服务水平,这些都依赖于物流系统的合理化。而客户服务的水平又直接决定物流成本的高低，因此物流成本在很大程度上是由于日趋激烈的竞争而不断发生变化的，企业必须对竞争做出反应。影响客户服务水平的影响因素主要有以下几个方面。

（1）订货周期。企业物流系统的高效必然可以缩短企业的订货周期，降低客户的库存，从而降低客户的库存成本，提高企业的客户管理水平，提高企业的竞争力。

（2）库存水平。存货的成本提高，可以减少缺货成本，即缺货成本与存货成本成反比，库存水平过低，或导致缺货成本增加；但是库存水平过高，虽然会降低缺货成本，但是存货成本会显著增加。因此，合理的库存应保持在使总成本最小的水平上。

（3）运输。企业采用更快捷的运输方式，虽然会增加运输成本，却可以缩短运输时间，降低库存成本，提高企业的快速反应能力。

2．产品因素

产品的特性也会影响物流成本，主要有以下4个方面。

（1）产品价值。产品价值的高低会直接影响物流成本的大小。随着产品价值的增加，每一个物流活动的成本都会增加，运费在一定程度上反映货物移动的风险。一般来讲，产品价值越大，对其所需使用的运输工具要求越高，仓储和库存成本也随着产品价值的增加而增加。高价值意味着存货中的高成本，以及包装成本的增加。

（2）产品密度。产品密度越大，相同运输单位所装的货物越多，运输成本越低。同理，在仓库中一定空间领域内存放的货物越多，单位库存成本也会降低。

（3）易损性。物品的易损性对物流成本的影响是显而易见的，易损性的产品对物流各环节，如运输、包装、仓储等都提出了更高的要求。

（4）特殊搬运。有些物品对搬运提出了特殊要求，如搬运又长又大的物品需要特殊的装载工具；有些物品在搬运过程中需要加热或制冷等，这些都会增加物流成本。

3．空间因素

空间因素是指物流系统中企业制造中心或仓库相对于目标市场或供货点的关系。进货方向决定了企业货物运输距离的远近，同时也影响着运输工具的选择及进货批量。比如企业距离目标市场太远，交通状况较差，则必然会增加运输及包装等成本，若在目标市场建立或租用仓库，则会增加仓库成本。因此环境因素对物流成本的影响是很大的。

4．其他

除上述因素外，影响企业物流成本的因素还包括企业管理成本开支的大小、资金利用率、货物的保管制度、物流合理化程度、企业的物流决策、企业外部市场环境的变化等方面的因素。

（二）降低物流成本的策略

降低物流成本是企业的"第三利润源"。因此，如何降低物流成本不仅是物流部门所追求的重要目标，也是企业最高决策层所关注的关键问题之一。从长远发展来看，企业可以通过以下几个策略降低物流成本。

1．从供应链的视角来降低物流成本

在经济全球化和合作竞争的时代，从一个企业的范围来降低物流成本是十分有限的，应该从原材料供应到最终用户的整个供应链过程来提高物流效率、降低物流成本。

2. 推进物流合理化来降低物流成本

物流合理化就是使一切物流活动趋于合理，以尽可能低的成本提供尽可能好的物流服务。物流各个活动的成本往往此消彼长，若不加以综合考虑，必然会导致成本过高。因此，物流合理化要求企业根据实际情况设计、规划物流流程，不能单纯强调某个环节的合理、有效，而是要通盘考虑。

3. 通过构建高效率的物流系统来降低物流成本

企业物流的目的是按照顾客的需要及时、准确、安全且尽可能低成本地将商品或原材料送到顾客指定的场所。但是，要达到物流的目的，必须建立包括订货、补货、运输、包装、装卸搬运、保管、流通加工、出货、配送、信息管理等一系列物流活动在内的高效率的物流系统。以便缩短物流周期，减少资金占用。

4. 通过加强物流质量管理降低物流成本

只有不断提高物流质量，才能不断减少各种差错事故，降低物流过程的消耗，从而保证良好的信誉，吸引更多的顾客，形成规模化的节约经营，从根本上降低成本。

5. 通过应用现代信息技术降低物流成本

物流管理过程需要一个可以支持有效的信息反馈和指令下达的神经中枢系统，即物流管理信息系统。以现代信息技术为基础的物流管理信息系统，可以实现物流管理的信息化，提高物流运作效率，降低物流成本。

6. 通过物流标准化降低物流成本

物流标准化包括物流设备与工具、物流作业流程及物流服务等的标准化。物流设备与工具标准化可以提高物流设施、物流设备的利用效率；物流作业流程与物流服务的标准化可以消除不必要的物流作业和过度服务，这些都有利于物流成本的降低。

7. 通过提高工作人员的物流技能来降低物流成本

物流工作需要专业的人员去做，他们的技能和工作方法、态度都将间接影响企业物流成本的高低。因此，企业要想发展物流，就必须重视物流人才的培养，同时制定出培养人才、留住人才、使用人才的管理办法，为其创造良好的工作环境。

【案例分析】

丰田汽车物流成本管理

2007年10月成立的东方环球（天津）物流有限公司（以下简称TFGL）作为丰田在华汽车企业的物流业务总包者，全面管理丰田系统供应链所涉及的生产零部件、整车和售后零件等厂外物流。作为第三方物流公司，TFGL在确保物流品质、帮助丰田有效控制物流成本方面拥有一套完善的管理机制。其控制物流成本的主要做法有以下几种。

1. 成本企划

每当出现新的物流线路，或进行物流战略调整时，前期的企划往往是今后物流成本控制的关键。企划方案需要全面了解企业的物流量、物流模式、包装形态、供应商分布、物流大致成本等各方面的信息，此外，还要考虑到企业和供应商的稼动差、企业的装卸货量和场内面积等物流限制条件。

2. 原单位管理

原单位管理是丰田物流管理的一大特色，也是丰田物流成本控制的基础。丰田把构成物流成本的因素进行分解，并把这些因素分为两类：一类是固定不变（如车辆投资、人工）或相对稳定的项目（如燃油价格），丰田称之为"原单位"；一类是随着月度线路调整而发生变动的项目（如行驶距离、车辆投入数量、司机数量），称之为"月度变动信息"。

3. 月度调整线路至最优状态

随着各物流点的月度间物流量的变动，区域内物流线路的最优组合也会发生变动。TFGL 会根据企业提供的物流计划、上月的积载率状况以及成本 KPI 分析得出改善点，调整月度变动信息，以维持最低的物流成本。

4. 成本 KPI 导向改善

对于安全、品质、成本、环保、准时率等物流指标，TFGL 建立了 KPI 体系进行监控，并向丰田公司进行月报，同时也向承运商公开成本以外的数据。通过成本 KPI 管理，不仅便于进行纵向、横向比较，也为物流的改善提供了最直观的依据。

5. 协同效应降低物流费用

TFGL 作为一个平台，管理着丰田在华各企业的物流资源，在与各企业协调的基础上，通过整合资源，充分利用协同效应，大大降低了物流费用。例如，统一购买运输保险，降低保险费用；通过共同物流，提高车辆的积载率，减少运行车辆的投入，从而达到降低费用的目的。在共同物流的费用分担上，各企业按照物流量的比例支付物流费。在具体的物流操作中，TFGL 主要从两个方面实现共同物流：一是不同企业在同一区域内共同集货、配送；二是互为起点和终点的对流物流。

以上措施表明，丰田汽车物流成本控制的基本思想是使物流成本的构成明细化、数据化，通过管理和调整各明细项目的变动，来控制整体物流费用。虽然 TFGL 管理下的丰田物流成本水平在行业中未做比较，但其通过成本企划，精细的原单位管理，成本 KPI 导向的改善以及协同效应等方法，系统化、科学化地进行物流成本控制，对即将或正在进行物流外包的企业，具有一定的借鉴意义。

❓ 思考与分析

1. 丰田公司物流成本控制的主要做法是什么？
2. 丰田汽车物流成本控制的基本思想体现在哪些方面？

【同步测试】

一、单项选择题

1. 客户满意度分为两种：（　　）意义上的客户满意度和经济意义上的客户满意度。
   A．心理　　　　　　B．生理　　　　　C．精神　　　　　　D．行为
2. 下列因素中不属于影响物流成本的因素的是（　　）。
   A．竞争性因素　　　B．产品因素　　　C．人才因素　　　　D．空间因素
3. 物资实体的场所变化所消耗的运输、储运、装卸、搬运、包装等费用形成的成本反映的是（　　）成本。
   A．狭义物流　　　　B．广义物流　　　C．现代物流　　　　D．传统物流
4. 下列反应属于电子商务环境下的增值性物流活动内容的是（　　）。

A．包装服务　　　　B．延伸服务　　　C．运输服务　　　　D．储存服务
5．物流服务的基本特征除了体现在增值性、网络性、差异性之外，还体现在（　　）。
A．安全性　　　　　B．结构性　　　　C．流动性　　　　　D．普及性

二、多项选择题

1．下列物流费用中哪些费用属于物流成本的构成费用（　　）。
A．利息支出　　　　B．作业消耗　　　C．物品消耗　　　　D．管理费用
2．物流服务的作用主要体现（　　）层次。
A．提高销售收入　　B．满足客户需求　C．提高顾客满意度　D．留住顾客
3．实施客户满意度评价的目的包含（　　）方面。
A．整体　　　　　　B．宏观　　　　　C．微观　　　　　　D．局部
4．按照物流成本与业务量的关系的分类标准，物流成本可以分为（　　）。
A．固定成本　　　　B．变动成本　　　C．混合成本　　　　D．半变动成本
5．提高物流服务水平的途径包括（　　）。
A．树立统筹全局意识　　　　　　　　B．提供差别化物流服务
C．提高物流技术水平　　　　　　　　D．建立科学的服务质量体系

三、判断题

1．按支付形态计算物流成本的方法不属于常用的物流成本计算方法。（　　）
2．常见物流分类标准中不包括按物流成本与业务量的关系分类。（　　）
3．物流成本管理的作用之一是降低产品价格。（　　）
4．建立科学的服务质量评价体系是提高物流服务水平的途径之一。（　　）
5．物流服务客户管理的目的是以适当的成本提供高质量的客户服务。（　　）

四、理解应用题

1．物流成本与物流服务是此消彼长的关系，如何在提高物流服务质量的同时控制住服务成本的上升？
2．思考为什么说物流成本降低了，不仅能把产品的价格降低了，而且还能为社会节约财富？

【实训操作】

【实训设计】

越来越多的企业认识到加强物流成本管理的重要性，不同企业在物流成本管理的相关制度、流程、表单、方法、内容及效果等方面不尽相同。调研当地一家物流企业实际物流成本管理状况，总结出该企业物流成本管理的优劣之处。

【实训目的】

通过调研当地企业物流成本的管理情况，使学生掌握物流成本的管理方法，锻炼物流成本管理的能力。

【实训要求】

1. 建议学生最好组合成小组调研；
2. 设计好物流成本管理的调研方案；
3. 收集第一手学习资料，并对该企业物流成本管理的优劣进行比较；
4. 完成实训调研作业，在班级进行汇报和评比，并挑出优秀的在班级分享。

【实训指导】

1. 指导学生设计调研方案内容；
2. 指导学生设计调研方案设施方法；
3. 指导分析调研数据；
4. 指导学生完成并分享分析报告。

【实训评分】

学生自评15%；本小组内学生互评15%；各小组互评15%；教师评分55%。

第八章
物流优化管理

【学习目标】

知识目标	技能目标
（1）了解物流标准化概念和供应链管理的概念； （2）熟悉物流标准化的分类、形式及主要内容； （3）理解供应链的含义和特征； （4）理解电子商务下的集成供应链管理	（1）掌握物流标准化的重要意义； （2）掌握供应链管理的含义和特征； （3）掌握供应链管理的内容和基本原则； （4）掌握供应链管理与物流管理的关系

【学习导图】

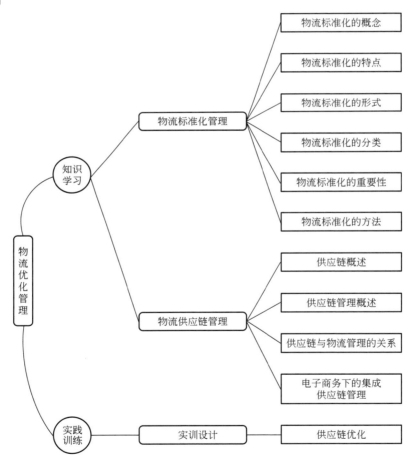

【导入案例】

沃尔玛的物流战略

在 1979 年，凯马特是美国零售业的巨头之一，拥有 1891 家商店，平均每家商店的收入为

725万美元。当时的沃尔玛只是美国南方的一个小零售商,只有229家商店,每家商店的收入也只是凯马特的一半。在十余年时间里,沃尔玛改变了自己。1992年,沃尔玛每平方英尺的销售额最高,并且在所有零售商中,其库存周转次数和运营利润都是最高的。如今,沃尔玛是世界上最大、利润最高的零售商。沃尔玛是如何成功的呢?其起点在于坚持不懈地致力于满足顾客的需要。它的目标是保证顾客无论何时何地都能买到所需的商品,以及优化成本结构,提供具有竞争力的定价。实现这个目标的关键在于使库存的连续补充成为其核心战略。通过直接转运技术,商品被源源不断地送达沃尔玛的仓库,在那里商品不做停留就被分送到各商店。这个战略大大降低了沃尔玛的销售成本,并使其向顾客提供天天低价成为可能。

 问题

1. 物流的高效运作对沃尔玛的商业成功做出了怎样的贡献?
2. 沃尔玛采用的库存战略有怎样的优势?

第一节 物流标准化管理

一、物流标准化的概念

随着世界经济的快速发展和现代科学技术的进步,物流业作为国民经济中一种新兴的服务业正在全球范围内迅速发展。在国际上,物流业的发展速度成为衡量国家现代化程度和综合国力的重要标志之一。在国内,各有关政府部门和机构对我国物流业也给予了高度重视。

当前,随着信息技术、电子商务等的快速发展,国际物流业已经进入快速发展阶段,先进国家为了提高物流运作效率都在积极致力于建立相应的现代物流系统并使之标准化。尤其是随着经济全球化和物流国际化的发展,物流标准越来越重要,在全球范围内受到广泛关注。

我国物流业发展尚属于起步阶段,物流成本是发达国家的3倍,而且物流标准化工作相对落后于物流业,影响了我国物流一体化和电子商务的发展,不利于我国物流系统之间及与国际物流系统之间兼容。为此,物流标准化受到政府有关部门、科研机构及物流相关企业的高度重视,成为相关部门和机构标准化工作的重点,国内制造、销售及物流企业对物流过程的标准化问题也进行重点考虑,将其看作节约物流成本的重要手段。

1. **标准及标准化的概念**

GB/T 20000.1—2014《标准化工作指南 第1部分:标准化和相关活动的通用术语》条目5.3中对标准描述为:通过标准化活动,按照规定的程序经协商一致制定,为各种活动或其结果提供规则、指南或特性,供共同使用和重复使用的一种文件。附录A 表A.1 序号2中对标准的定义是:为了在一定范围内获得最佳秩序,经协商一致制定并由公认机构批准,为各种活动或其结果提供规则、指南或特性,供共同使用和重复使用的一种文件。

国家标准《标准化工作指南 第1部分:标准化和相关活动的通用词汇》(GB/T20000.1—2002)对"标准化"的定义是:为了在一定范围内获得最佳秩序,对现实问题或潜在问题制定共同使用和重复使用的条款的活动。

2. **物流标准化的概念**

物流标准化是以物流系统为对象,围绕运输、储存、装卸、包装以及物流信息处理等物流活动，制定、发布和实施有关技术和工作方面的标准，并按照技术标准和工程标准的配合性要求，统一整个物流系统的标准的过程。物流标准化对于提高物流作业效率，加快商品流通速度，保证物流质量，减少物流环节，提高物流管理效率，降低物流成本具有巨大的促进作用，同时也有利于推动物流技术的发展。物流标准化具有以下含义。

（1）物流标准化是制定标准、贯彻标准并随着发展的需要而修订标准的活动过程，是一个不断循环、螺旋式上升的过程。

（2）物流标准是物流标准化过程的产物。标准化的目的和作用，都是要通过制定和贯彻具体标准来实现的。因此，制定、修订和贯彻物流标准，是物流标准化的基本任务和主要内容。

（3）物流标准化的效果只有在社会实践中实施才能表现出来。如果整个物流实现标准化，每一项标准得到贯彻实施，可以加快运输、装卸的速度，降低库存费用，减少中间损失，提高工作效率，获得显著的经济效益。

（4）物流标准化是一个相对的概念。从深度上讲，无论是单个标准，还是标准系统，随着客观情况的变化都要经过不断调整。每经过一次调整，它的结构就更趋合理，功能水平就相应提高，并逐步向深层次发展。从广度上看，一项孤立的标准，即使很完整，水平很高，标准化的目的也是不容易实现的，还必须把与之相关的一系列标准都建立起来，形成一个系统，发挥系统的整体作用，这个系统再与其他系统相结合、配套，形成更大的系统。物流标准化的活动过程就是系统的建立和系统之间协调、发展的过程。

二、物流标准化的特点

（1）物流标准化系统是属于二次系统，或称后标准化系统。物流及物流管理思想诞生较晚，组成物流大系统的各个分系统在没有归入物流系统之前，早已分别实现了本系统的标准化，并且经多年的应用和不断发展巩固已很难改变。在推行物流标准化时，必须以此为依据，个别情况固然要将有关旧标准化体系推翻，按物流系统所提出的要求重建新的标准化系统，这就必然要求从适应及协调角度建立新的物流标准化系统，而不可能全部创新。

（2）物流标准化要求体现科学性、民主性和经济性。这是标准的"三性"，由于物流标准化的特殊性，必须非常突出地体现这三性，才能搞好这一标准化。

科学性的要求是要体现现代科技成果，以科学实验为基础，在物流中，则还要求与物流的现代化（包括现代技术及管理）相适应，要求能将现代科技成果联结成物流大系统，否则，尽管各种具体的硬技术标准化水平颇高，十分先进，但如果不能与系统协调，单项技术再高也是空的，甚至还起相反作用。

民主性指标准的制定要采用协商一致的办法，广泛考虑各种现实条件，广泛听取意见，使标准更具权威，易于贯彻执行。

经济性是标准化主要目的之一，也是标准生命力如何的决定因素，物流过程不像深加工那样引起产品的大幅度增值，即使通过流通加工等方式，增值也是有限的，所以，物流费用多开支一分，就要影响到一分效益，但是，物流过程又必须大量投入消耗，如果不注重标准的经济性，片面强调反映现代科技水平，片面顺从物流习惯及现状，引起物流成本的增加，自然会使标准失去生命力。

（3）具有较强的国际性。改革开放以来的事实表明，对外贸易和交流对我国经济的发展作用越来越大，而所有的对外贸易又最终靠国际物流来完成。因此，我国的物流标准从运输工具、包装、装卸搬运工具、流通加工等都要与国际物流标准相一致，积极采用国际标准，完善国内标准体系，提高运输效率，缩短交货期限，保证物流质量。有利于促进对外贸易，降低成本，增加外汇收入。

三、物流标准化的形式

标准化的形式是标准化内容的表现形态。标准化有多种形式，每种形式都表现不同的标准化内容。研究标准化形式及其特点，是为了便于在实际工作中根据不同的标准化任务选用适宜的标准化形式，达到既定的目标。在标准形式中运用较多的有简化、统一化、系列化、通用化和组合化。

1. **简化**

简化是在一定范围内缩减物流标准化对象的类型数目，使之在一定时间内满足一般需要的标准化形式。

2. **统一化**

统一化是把同类事物两种以上的表现形态归并为一种或限定在一个范围内的标准化形式。统一化的目的是消除混乱，为人类的正常活动建立共同遵循的秩序。在物流中，对于各种编码、符号、代号、标志、名称、单位、包装运输中机具的品种规格系列和使用特性等，必须实现统一。如铁路宽度，我国过去有多种，极大地妨碍了运输，现在统一轨距为 1435mm。这样，凡按标准建造的铁路，火车都可通过，提高了运输速度和经济效益。

3. **系列化**

系列化是对一类产品中的一组产品同时进行标准化的一种形式，是标准化的高级形式，它按照用途和结构将同类型产品归并在一起，使产品品种典型化，又把同类型的产品的主要参数、尺寸，按优先数理论合理分级，以协调同类产品和配套产品与包装之间的关系。比如按国际标准化组织（ISO）标准确定并制造集装箱系列，不仅广泛适用于各类货物，极大地提高了运输能力，而且为计算船舶载运量和港口码头吞吐能力、公路与桥梁的载荷能力提供了依据。

4. **通用化**

通用化是指在互相独立的系统中，选择和确定具有功能互换性或尺寸互换性的子系统或者功能单元的标准化形式。互换性是通用性的前提，互换性有两层含义，一是指产品的功能可以互换；二是指尺寸互换性。通用化的目的在于最大限度地减少重复劳动。通用化程度越高，对市场的适应性越强。

5. **组合化**

组合化是按照标准化的原则，设计制造出若干组通用性较强的单元，再根据需要进行拼合的标准化形式。活字印刷术是组合化的典型创造。对于物品编码系统和相应的计算机程序也同样可以通过组合化使之更加合理化。

四、物流标准化的分类

（一）基础标准

基础标准是制订其他物流标准应遵循的、全国统一的标准，是制订物流标准必须遵循的技术基础与方法指南。主要包括专业计量单位标准、物流基础模数尺寸标准、物流专业名词标准等。

1. 专业计量单位标准

物流标准是建立在一般标准化基础之上的专业标准化系统，除国家规定的统一计量标准外，物流系统还要有自身独特的专业计量标准。

2. 物流基础模数尺寸标准

基础模数尺寸是指标准化的共同单位尺寸，或系统各标准尺寸的最小公约尺寸。在制订各个具体的尺寸标准时，要以基础模数为依据，选其整数倍为规定的尺寸标准，这样，可以大大减少尺寸的复杂性，使物流系统各个环节协调配合，并成为系列化的基础。基础模数尺寸一旦确定，设备的制造、设施的建设、物流系统中各环节的配合协调、物流系统与其他系统的配合就以其为依据。目前，国际标准化组织（ISO）认定的物流基础模数尺寸是：600mm×400mm。

3. 集装基础模数尺寸

集装基础模数尺寸是最小的集装尺寸，它是在物流基础模数尺寸基础上，按倍数推导出来的各种集装设备的基础尺寸。在物流系统中，由于集装尺寸必须与各环节的物流设施、设备相配合，在对整个物流系统设计时，通常以集装尺寸为核心进行设计。集装模数尺寸是物流系统各个环节标准化的核心，它决定和影响着其他物流环节的标准化。

4. 物流建筑基地模数尺寸

它主要是指物流系统中各种建筑物所使用的基础模数，在设计建筑物的长、宽、高尺寸、门窗尺寸以及跨度、深度等尺寸时，要以此为依据。

5. 物流专业术语标准

包括物流专业名词的统一化、专业名词的统一编码以及术语的统一解释等。物流专业术语标准化可以避免由于人们对物流词汇的不同理解而造成物流工作的混乱。

6. 物流核算、统计标准化

物流核算、统计的标准化是建立系统情报网、对系统进行统一管理的重要前提条件，也是以系统进行宏观控制与微观监测的必备前提。这一标准包含下述内容。

（1）确定共同的、能反映系统及各环节状况的最少核算项目；

（2）确定能用以对系统进行分析并可为情报系统收集、储存的最少的统计项目；

（3）确定核算、统计的具体方法，确定共同的核算统计计量单位；

（4）制定核算、统计的管理、发布及储存规范等。

7. 标志、图示和识别标准

物流中的货物、工具、机具都在不断运动，因此识别和区分工作十分重要。对于物流对象，需要设置既容易识别又容易区分的标记，有时还需要自动识别——用复杂的条形码来代替用肉眼识别。标记、条形码的标准化是物流系统中重要的标准化内容。

（二）分系统技术标准

1. 运输车船标准

对象是物流系统中从事物品空间位置转移的各种运输设备，如火车、货船、拖挂车、卡车、配送车等。从各种设备有效衔接、货物及集装的装运与固定设施的衔接等角度制订的车厢、船舱尺寸标准，载重能力标准，运输环境条件标准等。此外，从物流系统与社会关系角度出发，制定的噪声等级标准、废气排放标准等。

2．作业车辆标准

对象是物流设施内部使用的各种作业车辆，如叉车、台车、手车等。包括尺寸、运行方式、作业范围、作业重量、作业速度等方面的技术标准。

3．传输机具标准

包括水平、垂直输送的各种机械式或气动式起重机、传送机、提升机的尺寸，传输能力等技术标准。

4．仓库技术标准

包括仓库尺寸、建筑面积、有效面积、通道比例、单位储存能力、总吞吐能力、温湿度等技术标准。

5．站台技术标准

包括站台高度、作业能力等技术标准。

6．包装、托盘、集装箱标准

包装、托盘、集装箱系列尺寸标准，包装物强度标准，包装、托盘、集装箱荷重标准以及各种集装、包装材料、材质标准等。

7．货架、储罐标准

包括货架净空间、载重能力、储罐容积尺寸标准等。

（三）工作标准及作业规范

工作标准是指对工作的内容、方法、程序和质量要求所制定的标准。物流工作标准是对各项物流工作制定的统一要求和规范制度，主要包括：各岗位的职责及权限范围；完成各项任务的程序和方法以及与相关岗位的协调、信息传递方式；工作人员的考核与奖罚方法；物流设施、建筑的检查验收规范；吊钩、索具的使用、放置规定；货车和配送车辆运行时刻表、运行速度限制以及异常情况处理方法等。

物流作业标准是指在物流作业过程中，物流设备运行标准，作业程序、作业要求等标准。这是实现作业规范化、效率化及保证作业质量的基础。

五、物流标准化的重要性

物流标准化是物流发展的基础。因为物流是一个复杂的系统工程，对待这样一个大型系统，要保证系统的统一性、一致性和系统内部各环节的有机联系，需要许多方法和手段，标准化是现代物流管理的重要手段之一。它对降低物流成本、提高物流效益具有重大的决定性作用，能保障物流活动的通畅，加快流通速度，减少物流环节，最大限度地节省投入和流通费用，保证物流质量，提高经济效益和服务质量。在我国实现物流标准化具有非常重要的现实意义。

1. 物流标准化是实现物流各环节衔接的一致性，加快流通速度的需要

通过制定和执行相关物流标准，不仅可以保证物流活动各环节的技术衔接和协调、规范服务质量、加快流通速度，而且可以合理利用物流资源，提高资源利用效率。

2. 物流标准化是降低物流成本、提高物流效益的有效措施

通过物流标准化，可以实现物流各个环节的有机结合，减少无效劳动，提高设备、设施及器具的实用效率，从而达到降低成本，提高经济效益的目的。

3. 物流标准化有利于对外贸易的发展

物流标准化有利于运输工具、包装、装卸等方面采用国际标准，在国际贸易实务方面，更有利于开展国际合作，促进我国对外经济贸易的发展。

4. 物流标准化有利于物流设施设备的生产制造

物流设施绝大部分都是由相关行业提供的，在相关行业都在实行标准化生产的时候，只有我们的设施、设备也实行国际或国内标准时，才能实现物流系统和这些生产系统的无缝对接，方便快捷地得到我们所需要的产品。

5. 物流标准化为物流管理的科学化创造了前提条件

物流的标准化使物流管理的内容、目标、模式更加清晰明确，有利于提高物流管理的效率，有利于物流管理在更大范围内、更高层次上的统一。

6. 物流标准化是物流服务的质量保证

物流标准化可以规范物流企业，物流活动的根本任务是将工厂生产的合格产品保质保量并及时地送到用户手中。物流标准化对运输、保管、配送、包装、装卸等各个子系统都制订了相应的标准，形成了物流质量保证体系，只要严格执行这些标准，就能将合格的物品送到用户手中。

目前我国市场上出现了越来越多的物流企业，其中不乏新生企业和从相关行业转行的企业，层出不穷的物流企业也使物流队伍参差不齐。物流业整体水平不高，不同程度地存在着市场定位不明确、服务产品不合格、内部结构不合理、运作经营不规范等问题，影响了物流业的健康发展。建立与物流业相关的国家标准，对已进入物流市场和即将进入物流市场的企业进行规范化、标准化管理，是确保物流业稳步发展的需要。

六、物流标准化的方法

1. 确定物流基础模数尺寸

物流基础模数尺寸的作业和建筑模数尺寸的作用大体是相同的，考虑的基点主要是简单化。基础模数尺寸一旦确定，设备的制造、设施的建设、物流系统中各环节的配合协调、物流系统与其他系统的配合就有所依据。

由于物流标准化系统较之其他标准化系统建立较晚，所以确定基础模数尺寸主要考虑了目前对物流系统影响最大而又最难改变的事物，即输送设备。采用"逆推法"以及由输送设备的尺寸来推算最佳的基础模数。同时，在确定基础模数尺寸时要考虑现在已通行和已使用的集装设备，并从行为科学的角度研究人及社会的影响。从与人的关系看，基础模数尺寸是适合人体操作的高限尺寸。目前ISO中央秘书处及欧洲各国已基本认定600mm×400mm为基础模数尺寸，如图8-1所示。模数尺寸的配合关系如图8-2所示。

2. 确定集装基础模数尺寸

集装基础模数尺寸是物流设施与设备的尺寸基准。物流标准化的基点应建立在集装的基础之上，所以，在基础模数尺寸之上，还要确定集装的基础模数尺寸（即最小的集装尺寸）。

集装基础模数尺寸可以从600mm×400mm按倍数系列推导出来，也可以在满足600mm×400mm的基础模数尺寸的前提下，从卡车或大型集装箱的分割系列推导出来。目前，ISO确定的集装基础模数尺寸：以1200mm×1000mm为主，也允许1200mm×800mm及1100mm×1100mm。如图8-3所示。

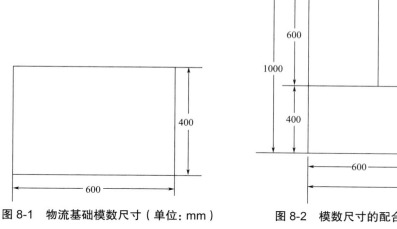

图 8-1 物流基础模数尺寸（单位：mm）　　图 8-2 模数尺寸的配合关系（单位：mm）

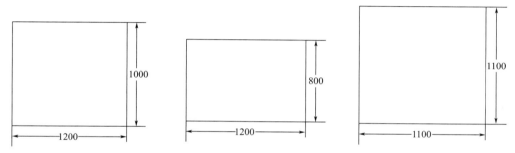

图 8-3 物流集装模数尺寸（单位：mm）

3. 以分割及组合的方法确定系列尺寸

物流模数作为物流系统各环节的标准化的核心，是形成系列化的基础。依据物流模数进一步确定有关系列的大小及尺寸，再从中选择全部或部分确定为定型的生产制造尺寸，这就完成了某一环节的标准系列。系列尺寸的推导关系如图 8-4 所示。

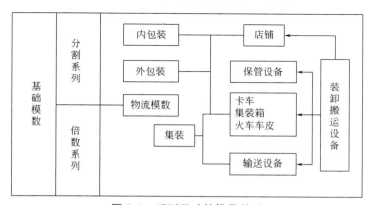

图 8-4 系列尺寸的推导关系

第二节　物流供应链管理

一、供应链概述

（一）供应链的概念

生产企业依赖供应商提供原材料、零部件，如果都要自己去制造加工，生产周期就太长了；同样，生产出来的产品也要通过流通领域的销售商供应给用户，如果整个流通渠道不畅通，产品就很难进入市场。所以供应商→制造商→销售商，这三者之间的相互依存关系形成一个"供应链"。

供应链也有其他的称呼法。例如，从商品的价值是在业务链中渐渐被增值的角度而言，可称为价值链（value chain）；另外，从满足消费者需求的业务链角度而言，还可称为需求链（demand chain）。《中华人民共和国国家标准物流术语》（GB/T 18354—2006）将供应链定义为"生产和流通过程中，涉及将产品或服务提供给最终客户活动的上游与下游企业所形成的网链结构"。

供应链的结构模型如图8-5所示。从图中可以看出，供应链是一个网链结构，由围绕核心企业的供应商、供应商的供应商和客户、客户的客户组成。一个企业是一个节点，节点企业之间是供应与需求的关系。它是一个"供应"和"需求"的网络，包括了从原料到成品，最后到达最终消费者的整个活动过程。供应链也是一个动态系统，它包括不同环节之间持续不断的信息流、产品流和资金流。

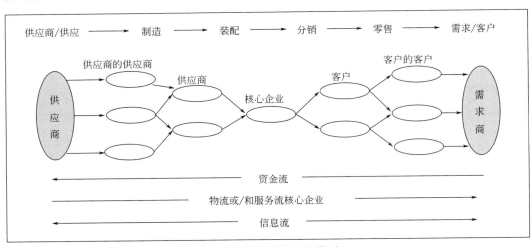

图 8-5　供应链的结构模型

（二）供应链的特征

1. 复杂性

因为供应链节点企业组成的跨度不同，供应链往往由多个、多类型甚至多国家的企业组成，所以供应链结构模式比一般单个企业的结构模式复杂。

2. 动态性

供应链管理因企业战略和适应市场需求变化的需要，其中节点企业需要动态地更新，这就使得供应链具有明显的动态性。

3. 需求拉动性

供应链的形成、存在和重构都是基于一定的市场需求而发生的，并且在供应链的运作过程中，用户的需求拉动是供应链中信息流、物流、资金流运作的驱动源。

4. 交叉性

节点企业可以是这个供应链的成员，同时又是另一个供应链的成员，众多的供应链形成交叉结构，增加了协调管理的难度。

二、供应链管理概述

（一）供应链管理的含义

作为一种管理思想，供应链管理的概念是在 20 世纪 80 年代提出的。在当时的经济环境下，企业管理者认识到如果只是有能力生产品质优良的产品，并不能保证其走向成功。企业只有快速提供市场所需求的产品，并将产品快速地交到客户的手中，才能成功。但是，这种成功必须依赖一个有效的供应链网络，以及供应链伙伴的协作，因此，企业认识到要获得竞争优势，就必须进行供应链管理。随着人类进入信息化社会，信息技术应用领域越来越广，在供应链管理中的作用也越来越明显。

供应链管理是对供应链涉及的全部活动进行计划、组织、协调与控制。供应链管理框架是三个相互紧密联系的要素的结合：供应链的结构、供应链的业务流程、供应链管理的组成要素。

供应链的结构是由供应链成员及成员之间的联系所组成的网络；业务流程是指客户产生具体的价值输出的活动；管理组成要素是那些使业务流程跨越整个供应链得到集成和管理的管理变量。供应链管理的定义与这个新的框架结合起来，使供应链管理的原理迈向了下一个革命性的发展阶段。

供应链管理的实施包括识别所需连接的关键供应链成员，有哪些流程必须和每一个关键成员相连接，以及对每一个过程连接采用什么类型或程度的集成。供应链管理的目标是使公司和包括最终客户在内的整个供应链网络的竞争力和赢利能力实现最大化。因此，对供应链流程进行集成以及积极的重组行动的目标，应该在于提升横跨供应链成员的总体流程的高效性和有效性。

供应链管理的基本思想就是以市场和客户需求为导向，以核心企业为盟主，以提高竞争力、市场占有率、客户满意度和获取最大利润为目标，以协同商务、合作竞争和双赢原则为基本运作模式，达到对整个供应链上的信息流、物流、资金流、业务流和价值流的有效规划和控制，从而将客户、销售商、供应商、制造商和服务商等合作伙伴连成一个完整的网链结构，形成一个极具竞争力的战略联盟。

（二）供应链管理的内容

作为供应链中各节点企业相关运营活动的协调平台，供应链管理应把重点放在以下几个方面。

1. 供应链战略管理

供应链管理本身属于企业战略层面的问题，因此，在选择和参与供应链时，必须从企业发展战略的高度考虑问题。它涉及企业经营思想，是在企业经营思想指导下的企业文化发展战略、组织战略、技术开发与应用战略、绩效管理战略等，以及这些战略的具体实施。供应链运作方式、为参与供应链联盟而必需的信息支持系统、技术开发与应用以及绩效管理等都必须符合企业经营管理战略。

2. 信息管理

信息以及对信息的处理质量和速度是企业在供应链中获益大小的关键，也是实现供应链整体效益的关键。因此，信息管理是供应链管理的重要方面之一。信息管理的基础是构建信息平台，实现供应链的信息共享，通过 ERP（企业资源计划）和 VMI（供应商管理库存）等系统的应用，将供求信息及时、准确地传递到相关节点企业，从技术上实现与供应链其他成员的集成化和一体化。

3. 客户管理

客户管理是供应链的起点。如前所述，供应链源于客户需求，同时也终于客户需求，因此供应链管理是以满足客户需求为核心来运作的。通过客户管理，详细地掌握客户信息，从而预先控制，在最大限度地节约资源的同时，为客户提供优质的服务。

4. 库存管理

供应链管理就是利用先进的信息技术，收集供应链各方以及市场需求方面的信息，减少需求预测的误差，用实时、准确的信息控制物流，减少甚至取消库存（实现库存的"虚拟化"），从而降低库存的持有风险。

5. 关系管理

通过协调供应链各节点企业，改变传统的企业间进行交易时的"单向有利"意识，使节点企业在协调合作关系基础上进行交易，从而有效地降低供应链整体的交易成本，实现供应链的全局最优化，使供应链上的节点企业增加收益，进而达到双赢的效果。

6. 风险管理

信息不对称、信息扭曲、市场不确定性以及其他政治、经济、法律等因素，导致供应链上的节点企业存在运作风险，必须采取一定的措施尽可能地规避这些风险。例如，通过提高信息透明度和共享性、优化合同模式、建立监督控制机制，在供应链节点企业间合作的各个方面、各个阶段，建立有效的激励机制，促使节点企业间的诚意合作。

从供应链管理的具体运作看，供应链管理主要涉及以下四个领域：供应管理，生产计划，物流管理，需求管理。具体而言，包含以下内容：

（1）物料在供应链上的实体流动管理；

（2）战略性供应商和客户合作伙伴关系管理；

（3）供应链产品需求预测和计划；

（4）供应链的设计（全球网络的节点规划与选址）；

（5）企业内部与企业之间物料供应与需求管理；

（6）基于供应链管理的产品设计与制造管理、生产集成化计划、跟踪和设计；

（7）基于供应链的客户服务和物流（运输、库存、包装等）管理；

（8）企业间资金流管理（汇率、成本等问题）；

（9）基于 internet/intranet 的供应链交互信息管理。

（三）供应链管理的基本原则

（1）以消费者为中心的原则。将消费者按照履约要求进行分类并努力调整业务运营以满足消费者的要求。

（2）贸易伙伴之间密切合作、共享利益和共担风险的原则。供应链企业之间的关系是合作伙伴之间的关系，如果没有这种战略伙伴关系，供应链的一体化就难以实现。贸易伙伴之间应密切合作、共享利益和共担风险。

（3）促进信息充分流动的原则。整合销售与运营计划，确保企业内部销售部门和运营部门之间、供应链合作伙伴之间对于客户需求的信息的实时沟通。

（4）制定客户驱动的绩效指标。引导供应链上所有企业的行为并对每个企业的表现进行评价和跟踪。

三、供应链管理与物流管理的关系

供应链管理是由物流管理发展而来的，但是供应链管理已经超出了物流管理的范围。物流管理是将企业内部的物流活动和战略同供应链上合作伙伴的物流活动和战略进行集成，以降低总成本，提高整个渠道的顾客服务水平，而供应链管理的核心是通过供应链上合作伙伴的密切合作来获得竞争优势。物流是为满足顾客需求，对来源点到使用点的货物、服务及相关信息的有效率、有效益的活动进行计划、执行与控制的供应链过程的一部分，可见物流管理的战略导向是客户需求，物流是供应链过程的一部分。物流管理将物流视为获取最大的内部战略优势的资源，而供应链管理则以物流运作的一体化为基础，来创建"虚拟组织"，它超过企业边界渠道界限，将相关组织的核心竞争能力连接在一起。供应链管理与物流管理的区别主要有以下几点。

（一）供应链管理是物流运作管理的扩展

供应链管理要求企业从仅关注物流活动优化，转到关注优化所有的企业职能，包括需求管理、市场营销以及制造、财务和物流，将这些活动紧密地集成起来，以实现在产品设计、制造、分销、顾客服务、成本管理以及增值服务等方面的重大突破。

（二）供应链管理是物流一体化管理的延伸

供应链管理将企业外部存在的竞争优势以一定形式"借"为己用，关注外部集成和跨企业的业务职能，通过重塑他们与代理商、顾客和第三方联盟之间的关系，来寻找生产率的提高和竞争空间的扩大。通过信息技术和通信技术的应用将整个供应链连接在一起，企业将视他们自己和他们的贸易伙伴为一个扩展企业，从而形成一种创造市场价值的全新方法。

（三）供应链管理是物流管理的新战略

物流管理是基于供应链的运作而形成的。供应链管理提供一种在整个供应链上持续降低成本以提高生产率的机制。然而供应链管理的关键要素，在于它的战略方面。供应链管理扩展企业的外部定位和网络能力，将使企业建立一个共同市场和竞争视野，构造一个变革性渠道联盟，以寻找在产品和服务方面的重大突破。

因此，供应链管理是供应链的集成物流活动，被重新确认为集成和管理供应链的关键业务过程。基于所形成的这个供应链管理和物流的区别，美国物流管理委员会在2001年修订了物流的定义："物流是供应链运作中，以满足客户要求为目的，对货物、服务和相关信息在产出地和销售地之间实现高效率和低成本正向和反向的流动和储存所进行的计划、执行和控制的过程。"

四、电子商务下的集成供应链管理

（一）电子商务对供应链管理的影响

电子商务使顾客导向、价值链的最佳化成为现实。需求拉动已经出现，这意味着在供应计划、物流和大规模定制上的一场革命，也表明了通过提高计划决策水平，精确地满足顾客和伙伴需求，来大量削减过高的分销成本的机会成为现实。

电子商务为中小企业融入实时供应网中创造了可能性。扩展的供应链管理思想的应用通过协调众多供应商、内/外供应链管理系统和中小企业形成协作并满足全球市场的需求，扩大了传统的供应链管理系统的范围。与传统的供应链管理系统不同，从广度上来说，在扩展的供应链管理系统，一个公司可以与其供应商、供应商的供应商、贸易伙伴、顾客以及顾客的顾客整合起来。通过共享从销售点到供应商存货水平等所有环节的信息，在扩展的供应链系统中的所有参与者能够赢得竞争优势、优化绩效和获益。具体来讲，有以下几个影响。

1. 信息分享

信息整合是供应链整合的基础。对于整个供应链内部的公司而言，为了协调他们的产品、财务和信息流，它们必须能随时获得正确地、及时地反映它们供应链状态的信息。所有供应链合作伙伴不断提高获得及时的共享信息的能力，是改善供应链业绩的关键。而互联网信息中心是共享信息的关键。互联网是不同实体之间有效的电子链接，也被证明是信息共享的理想平台。互联网的力量来源于开放的标准，允许大规模访问者以低成本、简单的、普通的、安全的方法获取信息。

2. 计划编制同步

一旦供应链成员之间同意共享信息，接下来合理的步骤应该是在对共享信息做什么上达成一致。计划编制同步是指合作伙伴之间能同步地交换信息和知识，这样他们能合作创造同步的补给计划。

3. 工作流程协调

互联网允许企业通过协调、整合，甚至通过对关键流程的自动控制，进一步加强彼此之间的协作。工作流程协调包括了采购、订单执行、工程变化、最优化设计以及金融交易等活动。结果是形成更有效的成本、更快的速度、更可靠和更少错误的供应链操作。

4. 业务模式变革

公司一旦认识到电子商务的重要性，则使供应链整合成为可能，就会发现追求业务目标、开发战略和业务模式的全新方法，而这些方法在互联网以前是没有出现的或是不可能出现的。这些新业务模式和机会是可以无限制想象的。

（二）电子商务化的供应链管理（e-SCM）

电子商务模式的出现可以为企业实施供应链管理提供有力的信息技术支持和广阔的活动舞台。电子商务的发展改变了企业应用供应链管理获得竞争优势的方式。

电子商务化的供应链管理，即将电子信息技术应用于供应链管理中。其根本优势就在于通过网络技术可以方便迅捷地收集和处理大量的供应链信息。有了这些信息资源，供应商、制造商和销售商就可以制订切实可行的需求、生产和供货计划，使信息沿着整个供应链顺畅流动，有助于整个产业运行的组织和协调。通过电子商务的应用，可以对供应链大量的信息资源进行有效的管理，提高整个供应链的运作效率。电子商务化的供应链管理可以提供诸如信息自动处理、客户订单执行、采购管理、存货控制以及物流配送等服务系统，以提高货物和服务在供应链中的流动效率。其中，关键是要将单个商业应用提升为能够运作于整个商业过程的集成系统，也就是要有一套适用于整个供应链的电子商务解决方案，包括实施框架、优化业务流程、技术标准、通信标准及软硬件设备等。

【案例分析】

经营中的尴尬局面

联想是著名的IT制造企业，其采购部门分布于北京、上海、香港、深圳和台北及全球一些地区，在全球有300多家零售供应商。联想的生产基地分布在北京、上海和惠阳等地区，拥有5000多家国内客户渠道并在欧洲、美洲以及亚太地区设有海外平台，客户60%~70%来自个人和中小型企业，联想的代理商、分销商、专卖店、大客户和散户等可通过联想的电子商务网站下订单，然后联想通过ERP系统和综合计划系统以及采购协同网站等，安排零件材料采购、成品生产和物流实施等，最终实现客户需求。其中联想没有自己的物流公司，在实施采购物流时采取供应商JIT送货、联想自己实施以及第三方物流方式，在实施产品配送物流时则采用第三方物流。

? 思考与分析

1. 分析联想供应链管理流程。
2. 联想供应链管理是如何实施的？

【同步测试】

一、单项选择题

1. 在物流标准化的全部活动中，（　　）是一个关键环节，是建立最佳秩序，取得最佳效益的落脚点。
　　A．制定标准　　　　B．贯彻实施标准　C．修订标准　　　　D．调查
2. 现代物流的特征之一是物料的集装单元化，而（　　）是集装单元化的关键。
　　A．统一化　　　　　B．通用化　　　　C．标准化　　　　　D．规范化
3. 供应链是（　　）结构。
　　A．直链　　　　　　　　　　　　　　B．支链
　　C．网链　　　　　　　　　　　　　　D．环状
4. 供应链是一个（　　）系统，它包括不同环节之间持续不断的信息流、产品流和资金流。
　　A．动态系统　　　B．固定系统　　　C．独立系统　　　D．复杂系统
5. 为了能使供应链具有灵活快速响应市场的能力，供应链在设计时应遵循（　　）

原则。
A．集优原则 B．简洁性原则
C．协调性原则 D．动态性原则

二、多项选择题

1．目前，国际标准化组织（ISO）认定的物流基础模数尺寸是（　　）。
A．500mm×300mm B．600mm×400mm
C．800mm×600mm D．600mm×1000mm
2．以下属于物流分系统技术标准中的作业车辆标准的有（　　）。
A．运行方式标准 B．载重能力标准
C．作业重量标准 D．船舱尺寸标准
3．物流基础标准主要包括（　　）。
A．工作人员考核与奖罚方法 B．专业计量单位标准
C．物流基础模数尺寸标准 D．专业名词标准
4．供应链管理主要涉及的领域为（　　）。
A．供应 B．生产计划 C．物流 D．需求
5．供应链管理的目标在于（　　）。
A．提高用户服务水平 B．提高设备的利用程度
C．寻求提高用户服务水平和降低总交易成本的平衡
D．降低总交易成本

三、判断题

1．物流标准化系统属于一次系统。（　　）
2．物流基础模数尺寸的作用和建筑模数尺寸的作用是不相同的。（　　）
3．供应链不仅是一条连接供应商到用户的物流链、信息链、资金链，而且还是一条增值链。（　　）
4．价值链就是供应链。（　　）
5．供应链管理的目标就是获取最大利润。（　　）

四、理解应用题

1．物流标准化有哪些具体内容？
2．试分析目前我国物流标准化工作存在哪些问题。
3．试述供应链管理和物流管理的关系。
4．供应链管理在发展过程中，应遵循什么原则？
5．联系实际，谈谈供应链管理在今后的发展趋势。

【实训操作】

【实训设计】

1．选择当地一家大中型企业，通过调研，模拟其供应链运作，提出优化方案。
2．体会该企业单环节优化和通过供应链协作整体优化的不同之处，总结供应链管理的

优点和缺点。

【实训目的】

站在单个企业的角度,模拟供应链,通过供应链管理进一步对其进行优化。

【实训步骤】

1. 把学生分成两组,站在单个企业的角度,他们分别代表供应商、经销商、批发商和零售商,老师扮演顾客;

2. 每个小组根据调研的材料,模拟该企业供应链运作,对成本进行计算,总成本最小者获胜;

3. 通过零售商公布真实的需求信息,模拟供应链中需求信息的共享;

4. 为了使结果更具可比性,两个小组的零售商接受的客户的订购数量都是相同的,变化幅度为 0.68。

第三篇
物流管理发展趋势

第九章
其他物流管理形式

【学习目标】

知识目标	技能目标
（1）了解绿色物流、电子商务物流、精益物流的概念及其特征； （2）理解实现绿色物流的意义； （3）熟悉电子商务物流的模式； （4）理解精益物流的内涵	（1）熟知绿色物流管理的内容和推行绿色物流的主要措施； （2）熟悉电子商务物流的过程； （3）熟知精益物流实现的条件； （4）掌握精益物流实现的方法

【学习导图】

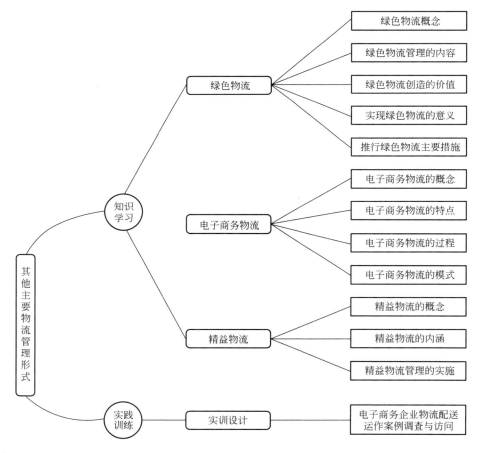

【导入案例】

贝克啤酒的绿色运输

船舶运输是贝克啤酒出口营业的最主要运输方式，贝克啤酒厂临近不来梅港，是其采用海运的最大优势，凭借全自动化设备、尺度集装箱，可在8分钟内灌满啤酒，15分钟内完成一切发运手续。每年，贝克啤酒经海运发往美国的啤酒就达到9000 TEU（1TEU=20尺集装箱）。

之所以选择海运方式，贝克啤酒解释为环保，欧洲甚至世界规模陆运运输的堵塞和污染日益严重，贝克啤酒选择环保的方式，不仅节约了运输成本，还为自己贴上了环保的金色印记。

问题

1. 贝克啤酒厂为什么选择海运方式？
2. 如何理解"贝克啤酒选择环保的方式，不仅节约了运输成本，还为自己贴上了环保的金色印记"这句话？
3. 贝克啤酒厂这种做法对其他企业有什么启示作用？

第一节 绿色物流

经济发展离不开物流，社会发展离不开环境保护，随着科技的发展、社会的进步，人们对环境保护的意识在逐步增强，因此，发展现代物流要首先考虑环境保护问题，形成一个与环境共生性的绿色物流体系已经成为全社会的共识。

一、绿色物流概念

1. 绿色物流的概念

《中华人民共和国国家标准物流术语》（GB/T 18354—2006）对绿色物流的定义为："以降低对环境的污染、减少资源消耗为目标，利用先进物流技术规划和实施运输、储存、包装、装卸、流通加工等物流活动。"

绿化物流是指在物流过程中降低物流对环境造成危害的同时，实现对物流环境的净化，使物流资源得到最充分利用。它包括物流作业环节和物流管理全过程的绿色化。从物流作业环节来看，包括绿色运输、绿色包装、绿色流通加工等。从物流管理过程来看，主要是从环境保护和节约资源的目标出发，改进物流体系，既要考虑正向物流环节的绿色化，又要考虑供应链上的逆向物流体系的绿色化。绿色物流的最终目标是可持续发展，实现该目标的准则是经济利益、社会利益和环境利益的统一。

2. 绿色物流的内涵

绿色物流是以经济学一般原理为基础，建立在可持续发展理论、生态经济学理论、生态伦理学理论、外部成本内部化理论和物流绩效评估的基础上的物流科学发展观。同时，绿色物流也是一种能降低物流活动对环境的污染，减少资源消耗，利用先进的物流技术规划和实施运输、仓储、装卸搬运、流通加工、包装、配送等作业流程的物流活动。

绿色物流的内涵包含以下5个方面。

（1）集约资源。这是绿色物流的本质内容，也是物流业发展的主要指导思想之一。通过整合现有资源，优化资源配置，企业可以提高资源利用率，减少资源浪费。

（2）绿色运输。运输过程中的燃油消耗和尾气排放，是物流活动造成环境污染的主要原因之一。要想打造绿色物流，首先要对运输线路进行合理布局与规划，通过缩短运输路线，提高车辆装载率等措施，实现节能减排的目标。另外，还要注重对运输车辆的养护，使用清洁燃料，减少能耗及尾气排放。

（3）绿色仓储。绿色仓储一方面要求仓库选址要合理，有利于节约运输成本；另一方面，仓储布局要科学，使仓库得以充分利用，实现仓储面积利用的最大化，减少仓储成本。

（4）绿色包装。包装是物流活动的一个重要环节，绿色包装可以提高包装材料的回收利用率，有效控制资源消耗，避免环境污染。

（5）废弃物物流。废弃物物流是指在经济活动中失去原有价值的物品，根据实际需要对其进行收集、分类、加工、包装、搬运、储存等，然后分送到专门处理场所后形成的物品流动活动。

二、绿色物流管理的内容

1. 产品绿色设计

绿色物流建设应该起自于产品设置阶段，以产品生命周期分析等技术提高产品整个生命周期环境绩效，在推动绿色物流建设上发挥先锋作用。

2. 绿色生产

绿色生产又包括绿色原材料的供应、绿色设计与制造。绿色产品的生产首先要求构成产品的原材料具有绿色特性，绿色原材料应符合以下要求：环境友好型；不加任何涂镀、废弃后能自然分解并能为自然界吸收的材料；易加工且加工后无污染或污染最小；易回收、易处理、可重用的材料，并尽量减少材料的种类，这样有利于原材料的循环使用。

绿色制造则追求两个目标，即通过可再生资源、二次能源的利用及节能降耗措施缓解资源枯竭，实施持续利用；减少废料和污染物的生成排放，提高工业品在生产过程和消费过程中与环境的相容程度，降低整个生产活动给人类和环境带来的风险，最终实现经济和环境效益的最优化。

3. 绿色包装管理

包装是绿色物流管理的一个重要方面，绿色包装是指采用节约资源、保护环境的包装，其特点是材料最省、废气最少且节约资源和能源，易于回收利用和再循环；包装材料可自然降解并且降解周期短；包装材料对人的身体和生态无害。

中国比较严重的白色污染问题，就是随地遗弃不可降解的塑料包装所导致的。

在日本，经营食品的商人已放弃塑料包装，在食品界掀起"绿色革命"，取得了较大的成效。他们的食品包装已不只是要美观和实用，照顾环境需要也成为包装业的重要课题。在对食品包装时尽量采用不污染环境的原料，用纸袋包装取代塑料包装，这也减少了将用过后的包装收集到工厂再循环所面对的技术和成本困难，绿色包装设计在这方面发挥了很大作用。

4. 绿色供应商管理

供应商的原料、材料、半成品质量的好坏优劣直接决定着最终产成品的性能，所以要实施绿色物流还要从源头上加以控制。由于政府对企业的环境行为的严格管制，并且供应商的成本绩效和运行状态对企业经营活动构成直接影响，因此在绿色供应物流中有必要增加供应商选择和评价的环境指标，即要对供应商的环境绩效进行考察。

5. **绿色运输管理**

交通运输工具的大量能源消耗；运输过程中排放的大量有害气体；产生噪声污染；运输易燃、易爆、化学品等危险原材料或产品可能引起的爆炸、泄漏等事故都会对环境造成很大的影响。因此构建企业绿色物流体系就显得至关重要。

（1）合理配置配送中心，制订配送计划，提高运输效率以降低货损量和货运量，开展共同配送，减少污染。共同配送是以城市一定区域内的配送需求为对象，人为地进行有目的、集约化的配送。它是由同一行业或同一区域内的中小企业协同进行配送。共同配送、统一集货、统一送货可以明显地减少货流，有效地消除交错运输，缓解交通拥挤状况；可以提高市内货物运输效率，减少空载率；有利于提高配送服务水平，使企业库存水平大大降低，甚至实现零库存，降低物流成本。

（2）实施联合一贯制运输。联合一贯制运输是物流现代化的支柱之一。联合一贯制运输是指以件杂货为对象，以单元装载系统为媒介，有效地巧妙组合各种运输工具，从发货方到收货方始终保持单元货物状态而进行的系统化运输方式。通过运输方式的转换可削减总行车量，包括转向铁路、海上和航空运输。

（3）评价运输者的环境绩效。由专门运输企业使用专门运输工具负责危险品的运输，并制定应急保护措施。企业如果没有绿色运输，将会加大经济成本和社会环境成本，影响企业经济运行和社会形象。

6. **存储管理**

储存在物流系统中起着缓冲、调节和平衡的作用，是物流的一个中心环节。储存的主要设施是仓库。现代化的仓库是促进绿色物流运转的物资集散中心。绿色仓储要求仓库布局合理，以节约运输成本。布局过于密集，会增加运输的次数，从而增加资源消耗；布局过于松散，则会降低运输的效率，增加空载率。仓库建设前还应当进行相应的环境影响评价，充分考虑仓库建设对所在地的环境影响。例如，易燃、易爆商品仓库不应设置在居民区，有害物质仓库不应设置在重要水源地附近。采用现代储存保养技术是实现绿色储存的重要方面，如气幕隔潮、气调储存和塑料薄膜封闭等技术。

7. **绿色流通加工**

流动加工是指在流通过程中继续对流动中商品进行生产性加工，使其成为更加适合消费者需求的最终产品。流动加工具有较强的生产性，也是流通部门对环境保护大有作为的领域。

绿色流通加工的途径主要分两个方面：一方面变消费品分散加工为专业集中加工，以规模作业方式提高资源利用效率，以减少环境污染；另一方面是集中处理消费品加工中产生的边角废料，以减少消费品分散加工所造成的废弃物污染。

8. **绿色装卸**

装卸是跨越运输和物流设施而进行的，发生在输送、储存、包装前后的商品取放活动中。实施绿色装卸要求企业在装卸过程中进行正当装卸，避免商品体的损坏，从而避免资源浪费以及废弃物对环境造成污染。另外，绿色装卸还要求企业消除无效搬运，提高搬运的活性，合理利用现代化机械，保持物流的均衡顺畅。

9. **绿色物流政策**

为减少物流活动中的资源浪费，需要政府从整个社会层面对物流领域进行干预。政府环保物流政策的实施工具包括：通过立法和制定行政规则，将节约资源、保护环境的物流要求制度化；利用舆论工具进行环境伦理、绿色观念、绿色意识的大众宣传；利用税收及收费手段对物流活动污染制造行为予以限制和惩罚，以基金或补贴的形式对节约资源、保护环境的物流行为予以鼓励和资助；利用产业政策直接限制浪费资源和制造污染的物流企业发展等。

三、绿色物流创造的价值

实践证明，绿色物流是有价值的，而且不但体现在无形价值上，还体现在有形价值上。

1. 无形价值

无形价值包括企业形象、企业信誉、企业责任等。不可否认，绿色物流对现代物流企业创造其社会价值有重要作用。绿色物流将物流企业推向可持续发展的前沿，有助于物流企业树立良好的企业形象和赢取公众信任。此外，物流企业也比较容易获得一些与环境相关的认证，如 ISO 14000 环境管理体系，从而在激烈的市场竞争中占有一定的优势。

2. 有形价值

首先，绿色物流有利于树立良好的企业形象，使企业更容易获得股民和其他投资者的青睐；其次，绿色物流企业通过对资源的集约利用、对运输仓储的科学规划及合理布局，降低物流成本及物流的环境风险成本，拓展有限的"第三利润"空间；第三，资源循环、资源回收利用等逆向物流举措可以给物流企业带来实际收益，成为物流企业新的利润源泉。

四、实现绿色物流的意义

1. 人类环境保护意识的觉醒

随着世界经济的不断发展，人类的生存环境也在不断恶化。具体表现是：能源危机，资源枯竭，臭氧层空洞扩大，环境遭受污染，生态系统失衡。以环境污染为例，全球 20 多个特大城市的空气污染超过世界卫生组织规定的标准。人类的认识往往滞后于客观自然界的发展，当前生态环境保护的意识逐渐被人类所认识。20 世纪 60 年代以来，人类环境保护意识开始觉醒，十分关心和重视环境问题，认识到地球只有一个，不能破坏人类的家园。于是绿色消费运动在世界各国兴起，消费者不仅关心自身的安全和健康，还关心地球环境的改善，拒绝接受不利于环境保护的产品、服务及相应的消费方式，进而促进绿色物流的发展。与此同时，绿色和平运动在世界范围内展开，环保勇士以不屈不挠的奋斗精神，给各种各样危害环境的行为以沉重打击，对于激励人们的环保热情，推动绿色物流的发展，也起到了极其重要的作用。

2. 各国政府和国际组织的倡导

绿色物流的发展与政府行为密切相关。凡是绿色物流发展较快的国家，都得益于政府的积极提倡，各国政府在推动绿色物流发展方面所起的作用，主要表现在：一是追加投入以促进环保事业的发展；二是组织力量监督环保工作的开展；三是制定专门政策和法令来引导企业的环保行为。

环保事业是关系到人类生存与发展的伟大事业，国际组织为此作出了极大的努力并取得了显著成效。1972 年，第 27 届联合国大会决议通过把每年的 6 月 5 日作为世界环境日，每年的世界环境日都规定有专门的活动主题，以推动世界环境保护工作的开展。联合国环境署、世贸组织环境委员会等国际组织召开了许多环保方面的国际会议，签订了许多环保方面的国际公约与协定，也在一定程度上为绿色物流发展铺平了道路。

3. 经济全球化潮流的推动

随着经济全球化的发展，一些传统的关税和非关税壁垒逐渐淡化，环境壁垒逐渐兴起。ISO 14000 成为众多企业进入国际市场的通行证。ISO 14000 的两个基本思想是预防污染和持续改进，它要求建立环境管理体系，使其经营活动、产品和服务的每一个环节，对环境的影响最小化。ISO 14000 不仅适用于第一、二产业，也适用于第三产业，更适用于物流业。物流企业要想在国际社会上占一席之地，发展绿色物流是其理性选择，尤其是中国加入 WTO 后，将逐渐取消大部分外国股权限制，外国物流业将进入中国市场，势必给国内物流业带来巨大冲击，也意味着未来的物流业会有一场激烈的竞争。

4. 现代物流业可持续发展的需要

绿色物流是现代物流可持续发展的必然。物流业作为现代新兴产业，有赖于社会化大生产的专业分工和经济的高速发展。而物流要发展，一定要与绿色生产、绿色营销、绿色消费等绿色经济活动紧密衔接。人类的经济活动不能因物流而过分地消耗资源、破坏环境，以至于造成重复污染。此外，绿色物流还是企业最大限度降低经营成本的必由之路。一般认为，产品从投产到销出，制造加工时间仅占 10%，而几乎 90% 的时间为仓储、运输、装卸、分装、流通加工、信息处理等物流过程。因此，物流专业化无疑为降低成本奠定了基础。

五、推行绿色物流主要措施

1. 树立绿色物流观念

要发展物流，首先应树立绿色物流的观念。环境保护是人类社会经济可持续发展规律的客观要求，绿色物流是当今经济可持续发展的一个重要组成部分，政府官员和企业领导加强对环境保护工作的重视，是成功实施绿色物流的关键。

2. 推行绿色物流经营

物流企业要围绕绿色环保和可持续发展的理念开展经营，不能安于现状，不思进取。要积极加强企业各个环节的绿色化建设，使用绿色包装，开展绿色流通加工，通过第三方物流的建立和对物流流程、环节以及各设施设备的技术创新、技术引进和技术改造，提高企业的营运能力和技术水平，最大限度地降低物流的能耗和货损，增强环保能力，防止二次污染。

3. 应用和开发绿色物流技术

绿色物流不仅依赖绿色物流观念的树立，绿色物流经营的推行，更离不开绿色物流技术的应用和开发。没有先进物流技术的发展，就没有现代物流的立身之地；同样地，没有先进绿色物流技术的发展，就没有绿色物流的立身之地。而我国的物流技术与绿色要求有较大的差距，如在物流机械化、物流自动化、物流信息化及网络化方面，与西方发达国家的物流技术相比，大概有 10～20 年的差距。要大力开发绿色物流技术，否则绿色物流就无从谈起。

4. 制定绿色物流法规

绿色物流是当今经济可持续发展的一个重要组成部分，它对社会经济的不断发展和人类生活质量的不断提高具有重要意义。正因为如此，绿色物流的实施不仅是企业的事情，还必须从政府约束的角度，对现有的物流体制强化管理。

政府可以借鉴发达国家的实践经验来制定政策法规，从物流活动的各个具体环节入手，制定相关政策和法规，如治理车辆的废气排放、限制城区货物行驶路线、收取车辆排污费、促进低公害车的普及等；通过政府指导作用，促进企业选择合理的运输方式，发展共同配送，统筹建立现代化的物流中心；通过道路与铁路的立体交叉发展、建立都市中心环状道路、制定道路停车规则及实现交通管制系统的现代化等措施，减少交通堵塞，提高配送效率。

5. 加强对绿色物流人才的培养

绿色物流作为新生事物，对营运筹划人员和各专业人员的素质要求较高，因此，要实现绿色物流的目标，培养和造就一批熟悉绿色理论和实务的物流人才是当务之急。

第二节　电子商务物流

一、电子商务物流的概念

1. 电子商务概念

电子商务就是通过计算机网络进行的生产、经营、销售和流通等活动。它不仅指基于 Internet 进行交易的活动，也指所有利用电子信息技术来解决问题、扩大宣传、降低成本、增加价值和创造商机的商务活动。

2. 电子商务物流的概念

电子商务物流是指在电子商务活动中，为实现商流转移而进行的接收、储存、包装、搬运、配送等实物处理与流动过程。

狭义的电子商务物流仅仅包括传统的储存、搬运、配送等物流作业，广义的电子商务物流还包括整个电子商务活动中的物流运作流程，如订单接收、拣货、包装以及上游企业的原材料采购等。

二、电子商务物流的特点

电子商务给全球物流带来了新的发展，使物流具备了一些新的特点。

1. 信息化

物流信息化是电子商务的必然要求，物流信息化表现为物流信息的商品化、物流信息收集的数据库化和条码化、物流信息处理的电子化和计算机化、物流信息传递的标准化和实时化、物流信息存储的数字化等。因此，条码技术、数据库技术、EDI 等技术与观念在我国的电子商务物流中将会得到普遍的应用。

2. 自动化

自动化的基础是信息化，核心是机电一体化，外在表现是无人化，效果是省力化。物流自动化的设备非常多，如条码、RFID 系统、自动分拣系统、自动存取系统、自动导引系统、货物自动跟踪系统等，这些设备在发达国家已普遍用于物流作业中，而我国由于物流业起步较晚，发展水平低，自动化技术的普及还需要很长的时间。

3. 网络化

物流网络化是物流信息化的必然结果，是电子商务物流活动的主要特征之一。这里的物流网络有两层含义：一是物流配送系统的计算机通信网络，包括物流配送中心与供应商或制造商之间的计算机网络，以及配送中心与下游客户之间的计算机网络；二是组织中的网络，即企业内部网（intranet）。

4. 智能化

智能化是物流自动化、信息化的一种高层次应用，物流作业过程中的大量决策问题（如库存水平的决定、运输路线的选择、物流配送中心经营管理的决策支持等）都需要借助于大量的知识才能解决。为了提高物流现代化的水平，物流的智能化已成为电子商务物流发展的一个新趋势。

5. 柔性化

柔性化的物流是适应生产、流通与消费的需求而发展起来的一种新型物流模式，要求物流配送中心根据消费需求"多品种、小批量、多批次、短周期"的特色，灵活组织和实施物流作业。此外，物流设施、商品包装的标准化，物流的社会化、共同化也都是电子商务物流的新特点。

三、电子商务物流的过程

在电子商务环境下，供应商通过 Internet 接收客户的订单，与客户进行交易谈判，双方达成一致意见后，供应商从采购原材料开始，按照客户的要求生产出相应的产品，最后通过物流配送网络将货物送到客户手中，这就是电子商务物流的一般过程，如图 9-1 所示。该过程集成了供、产、销三大流程，使信息流和实物流得以顺畅流动。

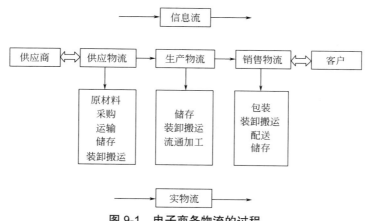

图 9-1 电子商务物流的过程

四、电子商务物流的模式

常见的电子商务物流模式有自营物流模式、物流外包模式、自营与外包相结合的配送模式、物流一体化模式四种。

（一）自营物流模式

自营物流是指电子商务所涉及的全部物流任务均由电子商务企业自身来完成，即电子商务企业在各地的网民密集地区设置自己的物流配送网点，在获得消费者的购物信息后，由配送网点将消费者在网上所购的商品送到消费者手中。

1. 自营物流的优缺点

优点：可以准确把握企业的经营目标，对物流过程和物流成本进行有效控制，提高客户服务水平，满足消费者"即购即得"的购物需求。

缺点：电子商务企业需要在物流配送方面投入大量人力、物力和财力，而且投资风险大，规模效益不高，需要有较大规模的配送需求来支撑。

2. 自营物流的适用范围

自营物流模式适用于以下两类电子商务企业。

（1）资金实力雄厚且业务规模较大的电子商务企业。在第三方物流不能满足其成本控制目标和客户服务水平要求的情况下，这些电子商务企业可自行建立适应业务需要的物流系统，并可向其他物流服务需求方（如其他的电子商务企业）提供综合服务流服务，以充分利用物流资源，实现规模效益。

（2）传统的大型制造企业或批发企业经营的电子商务网站，这类企业在长期的传统业务中已经建立起初具规模的营销网络和物流配送体系，在开展电子商务时只需将其加以改进和完善，就可以满足物流配送的要求。

3. 自营物流的注意事项

电子商务企业采取自营物流模式时需注意以下几点。

（1）企业必须对跨行业经营产生的风险进行严格评估。新组建的物流公司必须按照物流的要求来运作，才有可能取得成功。

（2）如果电子商务企业的业务量未达到一定规模，就不宜自建物流配送系统，否则将导致较多的车辆回程空驶、装载率低等现象，从而导致物流成本居高不下，影响企业的经济效益。

（3）自营物流的核心是建立集物流、商流、信息流于一体的现代化物流配送中心。电子商务企业在自建物流配送中心时，必须广泛利用条码技术、数据库技术、EDI 技术等信息技术，才能满足电子商务对配送中心提出的各种新的要求。

（二）物流外包模式

物流外包又称第三方物流或合同物流，是以签订合同的方式，在一定期限内将部分或全部物流活动委托给专业的物流企业来完成。

物流通常不是电子商务企业的核心业务，电子商务企业将物流业务外包给第三方物流企业，而把资源和精力集中在自身的核心业务上，可以获得最大的投资回报。

1. 物流外包的优缺点

优点：可以借助第三方物流企业在专业方面的优势，高效、快速地完成物流任务，降低物流成本，为客户提供专业化、多功能和全方位的优质服务，还可避免电子商务企业在物流配送方面花费太多的时间和精力。

缺点：①如果电子商务企业与第三方物流企业之间沟通不畅，就会导致生产的盲目和运力的浪费或不足，以及库存结构不合理等问题；②电子商务企业过分依赖于第三方物流企业，容易受制于人，在供应链关系中处于被动地位；③对电子商务企业而言，将业务外包给其他企业可能导致信息泄露，增加经营风险。

2. 物流外包的适用范围

物流业务外包模式适用于那些规模较小、业务量少、实力较弱、没有完整的物流系统的电子商务企业。

（三）自营与外包相结合的配送模式

自营与外包相结合是指电子商务企业将自身不擅长或成本较高的物流活动外包给第三方

物流企业来完成，自己则承担能够胜任的或成本较低的物流活动。

1. 自营与外包相结合的配送模式的特点

在这种模式下，电子商务企业拥有自己的仓库和区域配送中心，通过信息化平台和网络技术实现与第三方物流公司的合作，将其最后环节的配送交由专业的物流公司来完成，共同实现对消费者的物流配送。这要求电子商务企业和第三方物流企业能实现双向信息对接，彼此之间能共享数据。

采用自营与外包相结合的配送模式，既可以使企业实现资源利用的合理化和最优化，又能保证服务，充分节约成本。

2. 自营与外包相结合的配送模式的适用范围

自营与外包相结合的配送模式，适用于拥有自己的物流系统，但物流设施和物流网络不完善的电子商务企业。

（四）物流一体化模式

物流一体化是指以物流系统为核心，由生产企业、物流企业、销售企业和消费者组成的供应链整体化和系统化的物流模式。

物流一体化要求专业化物流管理人员和技术人员充分利用专业化物流设备、设施，发挥专业化物流运作的管理经验，以求取得整体最佳的效果。物流一体化是物流产业化的发展趋势，它必须以第三方物流的充分发展和完善为基础。

1. 物流一体化模式的特点

物流一体化模式具有以下特点：

（1）具有大量化、共同化、信息化的特点。

（2）要对所有供应链企业的物流体系实行统一的信息管理和调度。

（3）通过加强供应链的整体化和系统化，提高物流效率，降低物流成本，达到整体最优化的效果。

2. 物流一体化的形式

物流一体化有三种形式，即垂直一体化、水平一体化和物流网络。

垂直一体化：是指以电子商务企业为供应链上的核心企业，将供应商、物流企业、用户等纳入管理范围，利用企业的自身条件建立和发展与供应商、物流企业和用户的合作关系，保证物流在各个环节畅通。垂直一体化是目前应用最为广泛的物流一体化形式。

水平一体化：是指通过同行业中多个企业在物流方面的合作而获得规模效益，提高物流效率。

物流网络：是指某个物流一体化系统的某个环节同时又是其他物流一体化系统的组成部分，这种形式是垂直一体化和水平一体化的综合体。

第三节　精益物流

精益物流是起源于日本丰田公司的一种物流管理思想，其核心是追求消灭包括库存在内的一切浪费，并围绕此目标发展的一系列具体方法。它是从精益生产的理念中蜕变而来的，是精益思想在物流管理中的应用。

一、精益物流的概念

1. 精益物流的含义

精益思想的理论诞生后,物流管理学家则从物流管理的角度对此进行了大量的借鉴工作,并与供应链管理的思想密切融合起来,提出了精益物流的新概念。

《中华人民共和国国家标准物流术语》(GB/T 18354—2006)将精益物流定义为:消除物流过程中的无效或不增值作业,用尽量少的投入满足客户需求,实现客户的最大价值,并获得高效率、高效益的物流。

2. 精益物流的特征

物流涉及信息、运输、存储、装卸、配送、包装等技术的集成。物流的任务是以尽可能低的成本,对原材料、在制品和成品的库存进行地理上的定位,经过物流过程,使原材料流入到制造设施中去,再通过市场营销的渠道把产品送到客户手中。

精益物流具有以下特征。

(1) 客户至上,加强与客户的关系。物流企业属于服务型的行业,没有有形的产品,它的产品就是"服务"。因而,客户是物流企业的生命线,没有客户也就什么都无从谈起,再好的物流流通手段、物流装备技术、管理方法等都运转不起来。物流企业的服务形式就是直接面向客户,这种服务的最高境界在于保持与客户的密切关系,让客户感受到你的服务是一流的,价格是最公道、最合理的。

(2) 以"人"为本,建立团队协作精神。现代物流具有九个本质特征,即物流目标的系统化、物流要素的集成化、物流组织的网络化、物流接口的无缝化、物流信息的电子化、物流运作的规范化、物流经营的市场化、物流管理的现代化、物流服务的系统化。从中可以看出,九个本质特征虽然都依靠技术进步的手段求得发展,但更重要的是以人为本推行团队协作的工作方式。一个团队要负责整个项目的物流系统设计、开发、规划、运营等复杂细致的工作,就必须根据实际情况做出调整和规划。团队是企业集中各方面人才的组织形式。企业一方面实行激励机制,为员工创造良好的工作条件和晋升途径;另一方面又给员工一定的工作压力和自主权,以同时激励员工不断学习新知识、勇于创新和实现自我价值,从而形成既合作又竞争的企业文化。

(3) 以"精、简"为手段,尽力消除不必要的浪费。精益物流就是去除在物流流通中的一切多余的环节,实行精简。在物流过程中,采用先进的交通工具、通信手段(GPS)和信息技术(EDI、电子商务、条形码等)使每个企业在物流过程中实现价值增值。同时在组织机构上,纵向减少层次,横向打破部门壁垒,将多层次分工的管理模式转化为平行、扁平的网状管理结构。

(4) 以"零误差"为目标,准时满足客户的需求。精益生产所追求的目标是尽可能零缺陷、无废品。同样,精益物流是为顾客实行准确、准时配送以满足客户的需要。虽然每个人或企业都不能达到百分之百正确、毫无误差,但是,这要作为一种目标永无止境地去追求,使企业树立优质服务、客户至上的理念,真正实行、实现精益物流。

3. 精益物流的作用

为企业在提供满意的顾客服务水平的同时,把浪费降低到最低程度。物流活动中的浪费现象很多,常见的有不满意的顾客服务、无需求造成的积压和多余的库存、实际不需要的流通加工程序、不必要的物料移动、因供应链上游不能按时交货或提供服务而等候、提供顾客不需要的服务，努力消除这些浪费现象是精益物流最重要的内容。

4. 精益物流管理的原则

精益物流是运用精益思想对企业物流活动进行管理，其基本原则是：

（1）从顾客的角度而不是从企业或职能部门的角度来研究什么可以产生价值；

（2）按整个价值流确定供应、生产和配送产品所有必需的步骤和活动；

（3）创造无中断、无绕道、无等待、无回流的增值活动流；

（4）及时创造仅由顾客拉动的价值；

（5）不断消除浪费，追求完善。

二、精益物流的内涵

（一）精益物流的目标

1. 以客户需求为中心

在精益物流系统中，顾客需求是驱动生产的原动力，是价值流的出发点。价值流的流动要靠下游顾客来拉动，而不是靠上游的推动，当顾客没有发出需求指令时，上游的任何部分不提供服务，而当顾客需求指令发出后，则快速提供服务。系统的生产是通过顾客的需求拉动的。

2. 准时

货品在流通中能够顺畅、有节奏地流动是物流系统的目标。而保证物品的顺畅流动最关键的是准时。准时的概念包括物品在流动中的各个环节按计划按时完成，包括交货、运输、中转、分拣、配送等各个环节。物流服务的准时概念是与快速同样重要的方面，是保证货品在流通中的各个环节以最低成本完成的必要条件，同时也是满足客户要求的重要方面之一。准时是保证物流系统整体优化方案能得以实现的必要条件。

3. 准确

准确包括：准确的信息传递，准确的库存，准确的客户需求预测，准确的送货数量等。准确是保证物流精益化的重要条件之一。

4. 快速

精益物流系统的快速包括两方面的含义：第一是物流系统对客户需求的反应速度，第二是货品在流通过程中的速度。

物流系统对客户的需求的反应速度取决于系统的功能和流程。当客户提出需求时，系统应能对客户的需求进行快速识别、分类，并制定出与客户要求相适应的物流方案。客户历史信息的统计、积累会帮助制定快速的物流服务方案。

货品在物流链中的快速性包括，货物停留的节点最少，流通所经路径最短，仓储时间最合理，并达到整体物流的快速。速度体现在产品和竞争上是影响成本和价值的重要因素，特别是市场竞争激烈的今天，速度也是竞争的强有力手段。快速的物流系统是实现货品在流通中增加价值的重要保证。

5. 降低成本

降低成本、提高效率，精益物流系统通过合理配置基本资源，以需定产，充分合理地运用优势和实力；通过电子化的信息流，进行快速反应、准时化生产，从而消除诸如设施设备空耗、人员冗余、操作延迟和资源浪费等，保证其物流服务的低成本。

6. 系统集成

精益物流是由资源、信息流和能够使企业实现"精益"效益的决策规则组成的系统。精益物流系统则是由提供物流服务的基本资源、电子化信息和使物流系统实现"精益"效益的决策规则所组成的系统。

具有能够提供物流服务的基本资源是建立精益物流系统的基本前提。在此基础上，需要对这些资源进行最佳配置，资源配置的范围包括：设施设备共享、信息共享、利益共享等。只有这样才可以最充分地调动优势和实力，合理运用这些资源，消除浪费，最经济合理地提供满足客户要求的优质服务。

7. 信息化

高质量的物流服务有赖于信息的电子化。物流服务是一个复杂的系统项目，涉及大量繁杂的信息。电子化的信息便于传递，这使得信息传递迅速、准确无误，保证物流服务的准时和高效；电子化信息便于存储和统计，可以有效减少冗余信息传递，减少作业环节，降低人力浪费。此外，传统的物流运作方式已不适应全球化、知识化的物流作业市场竞争，必须实现信息的电子化，不断改进传统业务项目，寻找传统物流产业与新经济的结合点，提供增值物流服务。

（二）精益物流管理方法

精益物流的管理是一个严格的精准的系统过程，涉及人员管理、货物流动、信息传递、系统协调、技术支持等诸多方面，一般来说，主要包括以下几个方面的内容：

1. 严格拉动的思想

精益物流管理方法严格要求按照拉动的概念，以最终需求为起点，由后道作业向前道作业按看板所示信息提取材料（商品），前道作业按看板所示进行补充生产。在生产流程的安排上，要求生产制造过程（可推广到整个供应链）保持平准化，即生产制造过程安定化、标准化和同步化。这样，不仅可以满足顾客的需求，提高顾客服务水平，而且可以实现低水平的库存，降低成本。

2. 重视人力资源开发的利用

精益物流管理方法要求重视人力资源的开发和利用，这包括对员工的培训使其掌握多种技能成为多能工。同时要求给予作业现场人员处理问题的责任，做到不将不良品移动到下道作业，确保产品的质量做到零缺陷。精益物流管理要求从局部优化到系统优化。企业的所有员工要具有团队精神，共同协作解决问题，造就一支致力于不断改善和革新的团队。

3. 小批量生产

小批量生产的优势在于能减少在制品库存，降低库存、维持成本，节约库存空间，易于现场管理。当质量问题发生时，容易查找和重新加工。在生产进度安排上允许有一定的弹性，可按需求进行调整，对市场需求的变化能做出迅速及时的反应。同时，小批量生产要求在变换产品组合时，生产线的切换程序简便化和标准化，进而使生产切换速度加快，为此要求供应商能小批量、频繁及时供货。

4. 与供应商长期可靠的伙伴关系

精益物流管理方法要求供应商在需要的时间提供需要数量的物料。进一步要求供应商能对订货的变化作出及时、迅速的反应，具有弹性，因此，必须选择少数优秀的供应商，并与他们建立长期可靠的伙伴合作关系，分享信息情报，共同协作解决问题，实现合作伙伴间的合作共赢。

5. 高效率、低成本的物流运输方式

精益物流管理方法要求高效率、低成本的物流运输装卸方式，要求供应商小批量、频繁运送。但是小批量、频繁运送将增加运输成本，为了降低运输成本，精益物流管理方法要求积极寻找集装机会。另外，需要使小批量物品的快速装卸变得容易的设备。

6. 决策层的支持

精益物流管理方法要求企业最高决策管理层的大力支持。与视库存为企业资产，认为库存是经营所必需的传统管理方法不同，精益物流管理方法视库存为负债，认为库存是浪费。精益物流管理要求企业对整个体系进行改革甚至重建，这需要大量投资和花费很多时间，也存在着较大风险，如果没有决策管理层的支持，企业不可能采用精益方法，即使采用了，也可能由于部门间不协调或投入资源不足，不能发挥精益方法的优势。

三、精益物流管理的实施

（一）精益物流管理实施成功的条件

1. 以供应链管理为基础

精益物流的实施，必须以供应链管理的思想为基础，才能使准时、高效、低成本的优势得以充分发挥。具体而言，主要包括以下几点。

（1）放弃非核心业务。在全球经济一体化的趋势下，自给自足的"纵向一体化"生产方式已丧失了竞争力，取而代之的是跨行业、跨地域的"横向一体化"协助生产模式，协助企业之间的业务联系由供应链管理来保证。供应链上每个节点企业的业务都应不再追求"纵向一体化"管理模式，而应以突出自己的核心业务来提高企业的核心竞争。至于非核心业务，则应有选择地选择予以放弃。

（2）改进物流供应链模式。从企业竞争战术的角度考虑，物流外包更能够提高企业物流运营效率，更能降低物流运营成本，因而与第三方物流携手合作是企业未来物流模式的主要形式。应根据供应链管理的需要，以最快满足顾客需求为宗旨，不断修正和设计供应链的内外结构及业务流程，优化资源要素，增强整个供应链的竞争力。

（3）与供应商和分销商建立战略伙伴关系。要充分利用外部资源，与供应商和分销商建立合作—竞争的战略伙伴关系，实现优势互补。应选择合适的供应商和分销商，以物流或产品为纽带构建供应链系统。

2. 加强信息技术的应用

现代物流与传统物流有着明显的差别，现代物流是一个庞大的、复杂的、与高科技装备相结合的系统工程。目前发达国家已经普遍应用数据库技术（date base）、条码技术（bar code）、电子订货技术（EOS）、电子数据交换技术（EDI）、全球卫星定位系统（GPS）、物资采购管理（MRP）、企业资源规划（ERP）等信息技术，使这些国家在提高物流效率、降低物流成本方面取得了显著成效。

3. 增加物流的柔性和敏捷性

加强物流实施的柔性和敏捷性，就是要求一方面要有"以不变应万变"的缓冲能力，另一方面又要有"以变应变"的适应能力。增加柔性和敏捷性使制造企业能够获得更好的适应性，从而在激烈的市场竞争中立于不败之地。

4. 精益化生产及合理供货

精益物流是客户拉动的物流系统，其与企业的精益化生产紧密结合。精益化生产意味着小批量，其优势在于减少在制品库存，降低原材料库存，易于管理。小批量生产的切换速度快，因而要求供应商能小批量、频繁及时的供货。制造企业作为精益生产的实施者和精益物流的最直接需求者，其生产均衡与否以及其供货政策是否合理在很大程度上影响并制约着整个精益物流系统的运作效果。

5. 精益物流思想与团队精神相结合

任何先进的设施和系统都要人来完成，人的因素往往发挥着决定性的作用，精益物流系统的实施也应体现以人为本的原则。在正确认识产品流、信息流和物流等一系列价值流的基础上，对包括管理层和全体员工在内的企业所有人员进行精益物流思想的灌输，使他们理解并接受精益物流思想。因此，应从整个系统角度齐心协力地消除一切不合理现象，杜绝浪费，并以满足最终客户需求为中心，形成一种鼓励创新的氛围，在不断完善的基础上实现跨越式的提高，从而充分体现精益物流效益决策的内涵，促进物流体系的不断完善，使企业形成较强的竞争能力。

（二）精益物流的实现方法

精益物流的根本目的就是要消除物流活动的浪费现象，如何有效地识别浪费就成了精益物流的出发点，为此，物流专家做了大量的工作，创建了一些"工具箱"，Daniel T.Jones 等曾总结了这方面的成果，认为目前行之有效的方法有 7 种：过程活动图、供应链反应矩阵、产品漏斗图、质量过滤图、需求放大（扭曲）图、决策点分析图、实体结构图，而其中最常用的方法是过程活动图和实体结构图。

1. 过程活动图

它起源于工业工程领域，工业工程的很多技术可以被用来消除工作场所的浪费、矛盾和不合理，进而能够更加容易、快速和便宜地提供高质量的产品和服务，工业工程的一些技术，正是由于这个原因而广为人知，而流程分析则是其中最普通的一种。

2. 实体结构图

它是从整个供应链的角度识别价值流，有助于了解供应链的结构及供应链运行状况，一般由容量结构图和成本结构图两部分组成。与过程活动图一样，通过实体结构图可以消除不必要的活动，或简化、合并活动或调整活动顺序以达到减少浪费的目的。综上所述，运用供应链管理的整体思维，站在顾客的立场，无限追求物流总成本的最低是精益物流真正核心所在。精益物流示意图如图 9-2 所示。

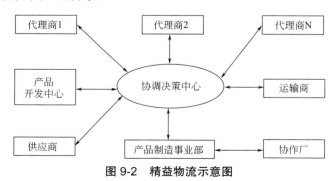

图 9-2　精益物流示意图

【案例分析】

中邮物流的精益物流

成立于2003年的中邮物流有限责任公司,是专业经营和管理邮政物流业务的大型国有企业。公司下设31个省级子公司,是集仓储、封装、配送、加工、理货、运输和信息服务于一体的现代化综合性物流企业。公司以一体化精益物流、中邮快货、分销配送三大板块为主要业务发展方向,依托和发挥中国邮政"两网三流"的资源优势和"百年邮政"的良好信誉,坚持"至诚至信,精益求精"的理念,采用先进物流运作模式和技术手段,努力为客户提供个性化、量体裁衣的各类完善的物流解决方案。

公司运用第三方物流的经营理念、管理模式和技术方法,发挥中国邮政品牌与资源优势,整合邮政物流资源及必要的社会物流资源,建立与国际物流网络对接、覆盖全国的物流网络和先进、高效的物流信息平台,形成了一体化物流服务体系,实现实物流、信息流与资金流的融合,为客户提供供应链解决方案和综合物流服务,并将邮政物流发展成为中国规模最大、具有国际竞争力的第三方物流企业。

中邮物流按照"母公司—子公司—分公司"的框架,在全国范围内建立起以中邮物流为统一品牌的体制先进、结构合理、组织有序、运行高效的组织管理体系。围绕经济和社会发展需要,以多批次、高时效、高附加值、小批量、小体积、小重量的物品为主,重点为IT(电子、电信)、医药、出版、汽车配件、高档消费品、烟草、电子商务等行业的国内外大中型制造企业、品牌流通企业提供定制化、高层次的精益物流服务。

中国邮政推行先进的邮政网络运行体制,在全国大中城市建有201个较大规模的邮件处理中心,覆盖全国2300多个县级以上城市。邮件处理场地4300万平方米,经整合后,约有300万平方米的场地可以做物流仓储库或物流集散中心。依托这些资源,中邮物流拥有中国覆盖面最广、最全的物流运营网点,提供物流的处理、储存、配送等服务项目。

中邮物流拥有遍布全国城乡、规模强大、品牌统一的营销和投递网。形成一个由飞机、火车、汽车等不同运输工具组成的庞大的干线运输网。拥有邮路2.1万余条,330多万公里。

公司的营销投递网络中,现有营业局所67万处,投递局所4万多处,投递人员12万多人,投递用机动车辆15万台。不论是经营规模还是服务范围,邮政的营销、投递网在国内物流配送行业中都居于首位。

中邮物流也拥有中国覆盖面最完整、延伸最广泛的物流集散网络。为支撑中邮物流的发展,公司先后组建了北京、广州、南京、郑州、武汉、长沙、成都、西安八大区域集散中心,并通过京广、京哈、京沪和沪广等七大行邮(包)专列和干线邮路,将其连接成为统一指挥、统一运作,覆盖31个省、区、市的300多个地方、1800多个县的现代物流集散网络。

中邮物流力求与国际物流行业发展同步、接轨,开发建设了适合现代和未来物流企业发展需求的信息系统。其覆盖全国主要城市的一体化物流信息系统可为业务受理、仓储、运输、跟踪查询等提供信息支持。

一体化物流业务是中邮物流的核心业务,该业务重点面向IT电子、医药、化妆品、汽车零配件等行业,以多批次、高时效、高附加值、小批量、小体积、小重量的物品为对象,根据客户需求,定制从订单处理、运输、仓储、配送到库存管理、流通加工、信息服务、退货处理、代收货款的端到端的一体化物流解决方案,为客户提供实物流、信息流和资金流"三流合一"的供应链管理服务。

目前，公司已建立起完善的"两级接入、三级联动"的业务开发机制，拥有了一大批品牌好、规模大、效益佳的核心客户群体。中邮物流在大连设立的"新领军者村"则成为参加夏季达沃斯论坛的代表们交流沟通的良好场所。

? 思考与分析

1. 中邮物流的精益物流主要内容是什么？
2. 从中邮物流的一体化物流可以得到什么启示？

【同步测试】

一、单项选择题

1. "以降低对环境的污染、减少资源消耗为目标，利用先进物流技术规划和实施运输、储存、包装、装卸、流通加工等物流活动。"反映的是（　　）。
   A．精益物流　　　　B．电子商务物流　C．绿色物流　　　　D．定制物流
2. 消除物流过程中的无效或不增值作业，用尽量少的投入满足客户需求，实现客户的最大价值，并获得高效率、高效益的物流所说的是（　　）。
   A．绿色物流　　　　B．应急物流　　　C．逆向物流　　　　D．精益物流
3. 供应商通过 Internet 接收客户的订单，与客户进行交易谈判，双方达成一致意见后，供应商从采购原材料开始，按照客户的要求生产出相应的产品，最后通过物流配送网络将货物送到客户手中，这反映的是（　　）的一般活动过程。
   A．电子商务物流　　B．国际物流　　　C．社会物流　　　　D．企业物流
4. 物流一体化有三种形式，即垂直一体化、水平一体化和（　　）。
   A．物流集装化　　　B．物流网络　　　C．物流系统化　　　D．物流标准化
5. 以"零误差"为目标，准时满足客户的需求是（　　）的目标之一。
   A．电子商务物流　　B．精益物流　　　C．国际物流　　　　D．绿色物流

二、多项选择题

1. 精益物流的实现方法中最常用的方法有（　　）。
   A．过程活动图　　　　　　　　　　　B．供应链反应矩阵
   C．决策点分析图　　　　　　　　　　D．实体结构图
2. 下列选项中是精益物流目标的是（　　）。
   A．准时　　　　　B．准确　　　　　C．快速　　　　　　D．降低成本
3. 物流一体化形式中物流网络是指某个物流一体化系统的某个环节同时又是其他物流一体化系统的组成部分，这种形式是（　　）和（　　）的综合体。
   A．综合一体化　　B．垂直一体化　　C．水平一体化　　　D．全程一体化
4. 实践证明，绿色物流是有价值的，而且不但体现的（　　）上，还体现在（　　）上。
   A．使用价值　　　B．附加价值　　　C．无形价值　　　　D．有形价值
5. 常见的电子商务物流的模式有（　　）。
   A．自营物流模式　　B．物流外包模式

C．自营与外包相结合的配送模式　　　D．物流一体化模式

三、判断题

1．实践证明，绿色物流是有价值的，而且不但体现在无形价值上，还体现在有形价值上。（　　）

2．严格拉动的概念不属于精益物流管理的方法范畴。（　　）

3．信息化、自动化、网络化、智能化、柔性化是电子商务物流的特点。（　　）

4．绿色产品设计、绿色生产、绿色包装管理、绿色供应链商管理、绿色运输管理是绿色物流管理的所有内容。（　　）

5．精益物流是起源于日本丰田公司的一种物流管理思想，其核心是追求消灭包括库存在内的一切浪费，并围绕此目标发展的一系列具体方法。（　　）

四、理解应用题

1．物流运输过程中的迂回运输是企业中普遍存在的现象，思考这与精益物流管理思想是否相悖，请运用所学精益物流管理思想阐述该如何解决。

2．生活及企业中常见的物流废弃物很多，特别是一些包装材料，请运用绿色物流管理的理念阐述该如何加以解决。

【实训操作】

【实训设计】

对某电子商务企业物流配送运作案例调查和访问

【实训目标】

通过调研当地电子商务企业物流配送运作情况，使学生结合电子商务企业的实际经营，加深对电子商务物流配送运作模式的认识和理解。

【实训要求】

1．由学生自愿分组，每组 3～5 人选择 1～2 家电子商务企业进行调查访问。

2．在调查访问前，应根据课程所学的基本理论知识制定调查访问提纲，包括调查问题与安排。

【实训指导】

1．调查访问后，指导学生每人写出一份简要调查报告。任课教师组织一次课堂讨论。

2．经过讨论评选出几篇有价值的调查报告供全班学生交流，提高学生对物流企业运营的理解和认识。

【实训评分】

学生自评 15%；本小组内学生互评 15%；各小组互评 15%；教师评分 55%。

参考文献

[1] 罗纳德．H．巴罗．企业物流管理——供应链的规划、组织与控制［M］．王晓东等，译．北京：机械工业出版社，2002．
[2] 赵跃华．现代物流管理概论［M］．北京：北京大学出版社，2015．
[3] 屈冠银．电子商务物流管理［M］．北京：机械工业出版社，2003．
[4] 李日保．现代物流信息化［M］．北京：经济管理出版社，2005．
[5] 谢金龙，李陶然，王俊凤．物流信息技术与应用［M］．北京：北京大学出版社，2010．
[6] 李贞．现代物流管理概论［M］．北京：航空工业出版社，2014．
[7] 黄中鼎．现代物流管理［M］．第3版．上海：复旦大学出版社，2014．
[8] 杨霞芳．现代物流技术［M］．上海：复旦大学出版社，2004．
[9] 钱廷仙．现代物流管理［M］．南京：东南大学出版社，2005．
[10] 周建亚．物流基础（核心课）［M］．北京：中国财富出版社，2007．
[11] 邵建利．物流管理信息系统［M］．上海：上海财经大学出版社，2005．
[12] 曹雄彬．供应链管理［M］．北京：机械工业出版社，2004．
[13] 易华，李伊送．物流成本管理［M］．第2版．北京：机械工业出版社，2009．
[14] 鲁楠，刘明鑫．采购管理与库存控制［M］．第3版．大连：大连理工大学出版社，2014．
[15] 李严锋，张丽娟．现代物流管理［M］．第3版．大连：东北财经大学出版社，2013．
[16] 牛鱼龙．世界物流经典案例［M］．深圳：海天出版社，2003．
[17] 王欣兰．现代物流管理概论［M］．第2版．北京：清华大学出版社，2012．
[18] 鲍新中．物流成本管理与控制［M］．北京：电子出版社，2006．
[19] 信海红．质量技术监督基础［M］．北京：中国质检出版社，2014．
[20] 万融．商品学概论［M］．第5版．北京：中国人民大学出版社，2013．
[21] SCM研究会．图解供应链管理［M］．北京：科学出版社，2003．
[22] 科伊尔，巴蒂，兰利．企业物流管理［M］．文武等，译．北京：电子工业出版社，2003．
[23] 李燕，刘志学．戴尔的敏捷物流管理模式［J］．中国物流与采购，2006，（6）．
[24] 薛威，孙鸿．物流企业管理［M］．北京：机械工业出版社，2004．
[25] 张锋，林自葵．电子商务与现代物流［M］．北京：北京大学出版社，2002．
[26] 马世华，林勇．供应链管理［M］．第2版．北京：机械出版社，2005．
[27] 真虹．物流装卸与搬运［M］．北京：中国出版社，2004．
[28] 真虹，张婕妹．物流企业仓储管理与实务［M］．北京：中国物资出版社，2003．
[29] 王明智．物流管理案例与实训［M］．北京：机械工业出版社，2003．
[30] 甘卫华，马智胜．采购管理［M］．南昌：江西高校出版社，2007．
[31] 陈雅萍，朱国俊，刘娜．第三方物流［M］．北京：清华大学出版社，2008．
[32] 芮桂杰．第三方物流［M］．北京：中国财政经济出版社，2008．
[33] 骆念蓓．国际物流管理［M］．北京：北京大学出版社，2008．
[34] 蔡淑琴．物流信息与信息系统［M］．北京：电子出版社，2007．
[35] 贺东风．物流系统规划与设计［M］．北京：中国物资出版社，2006．
[36] 董千里．物流企业运作与实务［M］．北京：人民交通出版社，2005．
[37] 齐二石．物流工程［M］．北京：高等教育出版社，2006．
[38] 韩经纶．论逆向物流的成因及战略价值［J］．商贸经济，2004，5．
[39] 吉福林．企业绿色物流刍议［J］．商业时代，2003，10．
[40] 林勇．物流管理基础：第四方物流［M］．武汉：华中科技大学出版社，2007．
[41] 张静芳．我国废弃物物流的现状分析与研究［J］．物流技术．2004，9．
[42] 张余华．欧盟物流管理［M］．北京：高等教育出版社，2010．

[43] 张余华. 现代物流管理 [M]. 北京：清华大学出版社，2010.
[44] 林勇. 物流管理基础 [M]. 武汉：华中科技大学出版社，2008.
[45] 唐纳德. J. 鲍尔索克斯，戴维. J. 克劳斯. 物流管理——供应链过程的一体化 [M]. 林国龙等，译. 北京：机械工业出版社，1999.
[46] 詹姆士. R. 斯托克. 战略物流管理 [M]. 绍晓东等，译. 北京：中国财政出版社，2003.
[47] 李严峰. 产业物流与供应链 [M]. 北京：经济科学出版社，2005.
[48] 梁军，王刚. 采购管理 [M]. 北京：电子工业出版社，2010.
[49] 任文超. 最有前景的获利方式 [G]. 中国物流技术创新大会论文，2004.
[50] 唐渊. 国际物流学 [M]. 北京：中国物资出版社，2004.
[51] 《国际物流师培训教程》编委会. 国际物流师培训教材 [M]. 北京：中国经济出版社，2006.
[52] 许良. 物流信息技术 [M]. 第2版. 上海：立信会计出版社，2012.
[53] 铃木秀郎. IT时代的物流服务 [M]. 关志民，译. 北京：机械工业出版社，2004.